MINERVA
人文・社会科学叢書
71

韓国における「権威主義的」体制の成立

―李承晩政権の崩壊まで―

木村　幹著

ミネルヴァ書房

しずくの幸ある将来のために

まえがき

そういうことはやめて率直になろう。君も僕もみな知らなかったのだ。みんな眠っていたのだ。〔中略〕この国が解放されるとあらかじめわかっていた人など一人もいないのだ。[1]

漢江を挟んで立ち並ぶ高層マンション。市庁前の喧騒。真新しいビジネス街に、巨大な地下ショッピングモール。今日の大韓民国の首都・ソウルは、確かに活気に満ちている。そこに見られるのは、通貨危機を克服し、高度成長期から安定成長期へと差し掛かりつつある成熟した韓国の社会であり、またその成果としての経済的繁栄と自由を謳歌する人々の姿である。解放、そして建国から半世紀以上を経た韓国は、確かに何ものかを成し遂げた。多くの論者が――時に嫉妬の念さえ交えて――そうするように、それは基本的には「成功の物語」として語られるべきものである。

「成功」の前提には、苦難があった。戦火により廃墟と化した街に、行き場を失い通りに佇む人々。わずか半世紀たらず前のソウルは、今日のそれとは全く異なる都市であった。彼らの目の前にあったのは、かつてと変わりなく、彼らを見下ろすかのように聳え立つ大韓民国中央庁舎――かつての朝鮮総督府――と、朝鮮王朝時代からの聖山、南山に作られつつある、巨大な現職大統領・李承晩の銅像[2]であった。そして、社会に充満する失意と閉塞感は、政治面においては、次第に強化される李承晩政権の「権威主義的」支配として現れてきていた。そして、それは銅

朝鮮戦争により破壊されたソウル市街（1950年）

（出典）　朴己出『韓国政治史』（民族統一問題研究院朴己出先生著作刊行会，1978年）108頁。

像が完成する頃、その頂点を迎えることとなるのである。

しかし、もちろん、そのことは韓国の過去がすべからく暗黒であったことを意味しはしない。朝鮮戦争終結から遡ることわずか五年前の八月一五日、かつての朝鮮総督府——この時は国会議事堂——の前では、華やかな建国式典が繰り広げられていた。今日の観点からするならば、確かにそれを、引き続く朝鮮民主主義人民共和国の成立とともに、朝鮮半島の南北分断を既成事実化し、人々を朝鮮戦争へと導くこととなる第一歩であったということはできよう。しかしながら、そのことから、当時の人々もまた、どれだけ奇形的なものであったにせよ、彼らがまさに長年望んできたもの——即ち自らの主権国家——を、獲得したこの日を、何らの喜びをも持って迎えなかった、というなら、それはやはり事実に反すると言うべきであろう。当時の新聞その他の記録を見れば明らかなように、当時の韓国人は、この日を、そしてそれから朝鮮戦争までの間続いた、「短かった安定期」[3]を、一定の喜びと期待を持って過ごしていた。少なくともそこには、確かに限られたものであったにせよ、様々な人々が活発な議論を、国会で、街で繰り広げられる環境があった。「盗人のようにやって来た解放」[4]が彼らをどこへ連れていくのかは、明らかではなかった。しかし、人々はまだ未来について語っていたのである。[5]

希望に満ちた時代から、一転して陰鬱とした閉塞感に満ちた時代へ。時代の急激な変化をもたらしたのが、朝鮮戦争であることは明らかであった。しかしながら、同時に見落とされてはならないのは、この韓国における失意と閉塞感に満ちた状況が、戦争が休戦状態に入った後も、そのままの状態で保たれることとなったことであろう。確かに四月革命は、李承晩による「権威主義的」体制を打倒することにより、一時は、韓国の行く末に明るい光を投げかけたかに見えた。しかし、それにより実現された第二共和国は、人々が望んだものとはほど遠いものであり、人々はそれに大きく失望することとなる。失望に満ちた体制は、やがて朴正熙らによる五・一六軍事クーデタへと導かれた。人々は再び、失望の底に沈み、社会は陰鬱さを増すこととなる。

韓国は何故、このような陰鬱な時代を経ることを余儀なくされたのであろうか。見落とされてはならないのは、彼らを失望の底に沈みこませた当時の体制が、人々による積極的な支持を受けたものではなかったと同時に、その大部分の期間において曲がりなりにも「選挙」を経ることによりその正統性を獲得したものだったことであろう。李承晩政権が「選挙」に多くを依存していたことは明らかであり、実際、彼らはその「選挙」に実質的に敗れること――そしてそれを「不正選挙」により糊塗すること――により、自らの政権を失うこととなる。同様のことは、民政移管から維新体制までの朴正熙政権についても言うことができよう。なるほど人々はそれを熱狂的に支持はしなかった。しかし、同時に人々は、それを積極的に排除することも――一九六〇年を顕著な例外として――行わなかったのである。一体、何が、このようなことを可能とさせたのであろうか。

本書は、このような問題意識から出発した研究である。この問題について、筆者は次のよう

南山公園の李承晩銅像

（出典）『서울』（서울特別市史編纂委員会【韓国】，1957年）22頁。

に回答する。「盗人のようにやって来た解放」は、解放後の韓国において、国内派、即ち日本統治期を朝鮮半島にて過ごした人々の政治的発言力を小さなものとさせた。日本統治期を日本支配と「共存」した彼らは、その支配の正統性において、困難な状況下においても取りあえず民族運動を継続していた亡命運動家達に対して著しい劣位に置かれることを余儀なくされた。亡命運動家達が、互いに闘争して、淘汰された結果出現したのは、最後に残された有力亡命運動家である李承晩が、その支配の正統性において他を圧倒する状況であり、それゆえ、彼は一定期間、事実上の政治的フリーハンドを握ることとなる。李承晩の周囲には、やがて彼を中心とする「政府党」が形成され、野党とそれを組織したかつての国内派は、組織と正統性の双方において、与党に対抗不可能な状況に追い込まれることとなる。第二共和国の民主党政権、そして朴正熙政権は、この「政府党」を引き継ぐ形でその支配を行い、支配は少なくとも一定期間は安定する。

説明の成否については、読者諸賢の評価を待つこととしたい。ともあれ、早速、本文に入っていくこととしよう。

韓国における「権威主義的」体制の成立——李承晩政権の崩壊まで

目次

まえがき
凡　例
序章　脱植民地化と「政府党」……1
——第二次世界大戦後新興独立国の民主化への一試論——
1　独立の理想と現実……2
2　「権威主義」政権化の諸類型……4
「権威主義的」体制と「民主主義的」体制——「政府党」を手がかりとして　4
脱植民地化から「権威主義的」体制移行への諸類型　6
3　「権威主義的」体制の成立……10
類型（A）——志向されなかった制度的民主主義　10
類型（B1）——民主主義の制度的崩壊　14
4　「政府党」と脱植民地……18
フィリピンとセイロン——実現された権力交代　18
類型（B2）——「政府党」支配とその背景　21
5　「政府党」体制の崩壊と政党のイデオロギー化……26
「反対党」のディレンマ　26
韓国——「地域主義」と政党の「列柱化」　30
6　「政府党」支配の終焉と「イデオロギー」——「鋤」、「剣」、そして「本」……33

第Ⅰ部　日本統治から与村野都へ――「正統保守野党」の興亡―― 37

第一章　「東亜日報グループ」の登場 39
――日本統治とその構造――
1　日本統治と国内資本 40
2　「東亜日報グループ」前史 43
蔚山金氏の登場 43
金性洙の登場と人脈形成 48
3　「東亜日報グループ」の登場 51
中央学校入手 51
経営権独占と「東亜日報人脈」の成立 55
土地から総督府系資金へ 63
4　運動の基盤とその資金 71

第二章　「正統保守野党」の誕生 75
――米軍政府期の「東亜日報グループ」――
1　米軍政期と「正統保守野党」 75
2　解放直後の「東亜日報グループ」 79

総督府からの勧誘　79
「東亜日報グループ」の政治活動再開　84
3　韓国民主党の成立……87
反「人民共和国」勢力の合流　87
主流派と非主流派　89
4　韓国民主党の選択……94
蜜月から対立へ　94
反信託統治運動　99
「米軍政府与党」　104
5　李承晩との連合……106
第三章　「正統保守野党」の変質と「東亜日報グループ」の政治的解体……111
――「権威主義的」体制成立の前提条件として――
1　建国の裏側で……111
2　「正統保守野党」の挑戦……114
大韓民国成立と韓国民主党の野党転落　114
警察権を巡る葛藤　119
3　民主国民党の攻勢……122
「短かった安定期」　122
一九五〇年国会議員選挙と朝鮮戦争勃発　125

4　自由党「権威主義的」体制の成立……129
二つの「自由党」　129
「釜山政治波動」と民主国民党の敗北　131
5　「正統保守野党」の変質と「東亜日報グループ」の退場……133
「湖南財閥」の経済的衰退と「東亜日報グループ」の解体　133
「正統保守野党」の変質と趙炳玉の台頭　137
6　「独立」の意味……141

第Ⅱ部　独立運動のカリスマと「政府党」

147

第四章　「建国の父」とその時代……149
——李承晩再論——
1　大韓民国を考える……149
2　「建国の父」の誕生……152
失われた世代　152
政治的サバイバル　156
3　「大韓民国」成立と李承晩……161
「海外派」の優越　161
米軍政府との距離　162

4 李承晩の遺産……165
第五章 自由党体制の成立と崩壊……169
――韓国における最初の「権威主義的」体制――
1 自由党体制の歴史的意義……170
2 在地社会と自由党……173
第一共和国期における「選挙」の重要性 173
「馬山三・一五義挙」事後処理過程に見る在地社会の自由党 175
「与村野都」を支えた自由党組織 179
3 政府と自由党……188
国務総理の重要性 188
李起鵬の登場 192
4 「李起鵬体制」とその限界……196
「李起鵬体制」の政治構造 196
「不正選挙」への道 204
5 組織力の限界……208
終章 李承晩以後……213
――四・一九から五・一六へ――
1 四月革命後の李承晩……214
2 「革命」と世論……216

世論調査から見た李承晩　216
責任を巡って　220
3　政治的空白の中で……222
方向性の喪失　222
失われたもの　227
4　空白の原因……231
「基本原則」の喪失　231
「指導力」への渇望　235
5　「日常」への回帰……240
「革命」という名の「革命」の終わり　240
民政移管への道　243
むすびにかえて……249
註　253
あとがき　291
人名・事項索引

凡例

1　本書においては、大韓民国の略称として「韓国」を、朝鮮民主主義人民共和国の略称として「北朝鮮」を用いる。ただし、原典を直接引用する場合等は必ずしもその限りではない。

2　引用部において［　］にて囲んだ部分は、文意を明確化するために筆者が補った部分である。

3　註部においては、各章において再度登場した文献については、出版社や出版年等を省略して表記する。日本語、韓国語にて書かれた著作については、慣例に従い、書籍の出版地を省略する。

4　本文、註部の双方において、旧漢字はできるだけ新漢字に置き直して表記した。

序章　脱植民地化と「政府党」

——第二次世界大戦後新興独立国の民主化への一試論(1)——

解放後の韓国における権威主義体制。これを考える上で重要なことは、韓国のそれに類似した体制が、韓国と同様、第二次世界大戦後に独立を果たした、当時のいわゆる「新興独立国」に数多く見られたということであろう。希望に満ちた建国の後、当初は民主主義を志向した体制が、一〇年も経たないうちに崩壊、あるいは形骸化し、権威主義体制化する。その経過のみを見ても明らかなように、韓国における権威主義体制とその成立を、これら「新興独立国」において幅広く見られたものと比べて、特段に異質なものであるということは控えめにいっても容易ではなかろう。

しかしそもそも、どうして、当初は絶大な希望と期待とともに出発したはずの「新興独立国」の多くが、「権威主義体制化」を経験しなければならなかったのであろうか。まずこの問題から、本書における考察をはじめることとしよう(2)。

1　独立の理想と現実

ボンベイ政庁前では、時計が十二時を打つと同時に、帝国主義の象徴であったユニオン・ジャックに代えて三色旗が掲揚され、バルコニーに姿を現したケール州首相が民衆に向かって呼びかけた――「いまこそ諸君は自由である」。広場に集まった民衆は、互いに抱き合い、叫んだ――「われわれは自由だ！　自由だ！」。その声に同調するように、港に停泊する汽船や町の工場から、いっせいに汽笛やサイレンが鳴り響いた。(3)

第二次世界大戦後の旧植民地諸国の独立。インド独立の日、ボンベイの街角で見られたこの歓喜の爆発に見られたように、それは旧植民地の住民に非常な喜びと期待を持って迎えられた。

しかし、このような喜びと期待を持って迎えられたアジア・アフリカ新興独立諸国のその後の行く末は、周知のように多難なものであった。なかんずく独立後のこれら諸国に大きな影を投げかけたのは、これら諸国の多くが独立後、当初の美しき「理想」とはかけ離れた、一個人、あるいは一勢力が他に対して圧倒的な優位を保つ体制へと傾斜していったことであろう。しかし、それならば圧倒的な期待を持って迎えられたこれら新興独立諸国は、どうして判を押したように「理想からの逸脱」への道筋を辿っていったのであろうか。

この問題を考える上で重要なことは、本章が問題とする脱植民地化以後の新興独立諸国における、権力交代の可能性を欠いた非民主主義的体制――後述するように本章ではこれを「権威主義的」体制と呼ぶ――への傾斜という現象が、北東アジアからサブサハラ・アフリカに至るまでの（西欧からの移民が多数を構成する地域を除く）極めて広範囲な地域に、それぞれの地域が抱える文化的、社会的、さらには経済的多様性にもかかわらず、ほぼ共通して見られたということであろう。(4) 我々がそこに見出すことが出来る共通性は、それが「西洋」ではなかったこと、そして、本章の対象とする地域への定義づけの当然の帰結として、それが西洋諸国あるいは日本の植民地支配を経て、「脱植民地化」したこと、それのみであるといっても過言ではない。もちろん、それを、彼らの社会には「西洋の民主化を可能とした基礎的構造が存在しなかった」ということは簡単であろう。しかし、それならば、彼らの「民主化」を阻害した「非西洋的要因」とは、具体的には一体何だったのであろうか。そしてそれは、彼らが他ならぬ、植民地支配とそこからの離脱を経験したということとどのような関係を有しているのであろうか。我々はもう一度この点について、真剣に検討する必要があろう。

本章は以上のような問題意識に基づく、仮説的研究である。議論は、具体的に以下のような形で進行する。第一に、本章の対象となる新興独立諸国の「権威主義的」体制成立に至るまでの過程を、理論的に再構成しその類型化を行う。そこにおいて重視されるのは、これら諸国における制度的民主主義と、それに基づく平和的権力交代の有無である。第二に、これらの類型に沿って、各国における「権威主義的」体制への「移行」の背景に何があったかについて大まかな分析を行う。ここでのポイントは、各国における様々な形の『脱植民地化』が、「権威主義的」体制への「移行」と如何なる関係を有していたかである。最後に、以上のような手順を踏んで明らかになる、各国の「権威主義的」体制への「移行」をもたらした要因が、民主化に成功した諸国においてはどのようにして解決されていったかを、脱植民地化から「権威主義的」体制、そして「民主主義的」体制への典型的な転換を果たした韓国の例を中心に見ていくことにより、各国における民主化への展望を明らかにする。

以上で、議論の前提は整った。早速、具体的な議論へと入っていくこととしよう。

2 「権威主義」政権化の諸類型

「権威主義的」体制と「民主主義的」体制――「政府党」を手がかりとして

問題の所在を明確化するために、まず、各国が脱植民地化から「権威主義的」体制へと到着するまでの道のりを、理論的に考察してみることとしよう。

最初に、本章における考察を進めるに当たって避けて通ることのできない問題、即ちそもそも「権威主義的」体制とは、そしてこれと対比される「民主主義的」体制とは、本章で如何に位置づけられるものであるかについて、仮説的提示を行うこととしよう。ここで注意しなければならないのは、本章はその論考の目的上当然に、このような政治学における根本的かつ論争的概念について、最終的な解決を与えることを目指すものではないということであり、また、そのようなことは必要でもないということであろう。[5] にもかかわらずこれらの語句に対する、本章における操作概念としての意味を明確化することは、本章の議論を明確化するためにやはり必要であり、以下この点について簡単に整理しておくこととしたい。

この問題を考える上で我々の手がかりとなるのは、藤原帰一の「政府党」を巡る議論であろう。[6] 周知のように藤原は、東南アジア各国の制度的には多様でありながらも平和的な権力交代の現実的可能性を著しく欠いた政治体制を、与党と行政機構が一体化した「政府党」という概念を用いることにより説明し、それを「民政と軍政の区別を横断して、また制度的民主主義、全体主義、権威主義の三類型を横断」するものとして提示した。しかしながら、この現代の東南アジア諸国を念頭において構成した概念を適用する場合に問題となるのは、後述するように、多くの新興独立諸国においては、そもそも政党、そしてそれが活動の主たる舞台とするであろう選挙そのものが重視されておらず、極端な場合には停止さえされているということであろう。即ち全体主義的体制はもちろんのこと、藤原が「権威主義体制」と定義する多くの体制においても、国家が社会から遊離した体制、例えば「伝統的」あるいは「伝統的とみなされる」体制への復帰を果たした諸国のそれや、「剥き出し」の軍事独裁政権のように、そもそも国家と社会を結ぶべき政党の役割を前提としない、「政府党（あるいは政党）なき権威主義体制」の存在を理論的に想定することは可能であり、またその存在を否定することも実際、困難であろう。

にもかかわらず、藤原が自らの政府党概念を展開するに当たり、そこにおける平和的な権力交代の現実的可能性に着目したことは重要であろう。即ち藤原は「政府党」という概念を提示することにより、「制度的民主化」を果たしながらも、権力交代の現実的可能性を著しく欠いた諸国の政治体制を、西欧的な「民主主義的」体制と区別して説明する枠組みを我々に提示しようと試みているのであり、それゆえ彼の「政府党」概念の有効性は、この両者を区別する際に最も鮮明に現れることとなる。そのことは言い換えるならば、我々もまたまさにこの「政府党」概念を分水嶺として用いることにより、「民主主義的」体制とそうでない体制とを「制度的民主主義」の枠を越えて区別することができることを意味している(7)。

以上をまとめるなら図序-1のようになろう。本章において重要なことは、一九九〇年代以降の韓国や台湾のような少数の例外を除けば、第二次世界大戦後の新興独立国の多くが、依然として民主化への最後の一線を越えることができぬままにいるということであろう。そこで本章においては、仮にこのような「政府党」体制を図序-1の上方とし、いずれも権力交代の可能性を著しく欠いた体制を、便宜的に「権威主義的」体制と呼ぶこととし、逆に権力交代可能な複数の政治勢力や政党が存在し、これにより政権交代の現実的可能性が存在する体制を「民主主義的」体制と呼ぶことにしたい(8)。

それならば、第二次世界大戦後の新興独立諸国をして、この図において「政府党」より左側に留まり、その体制

図序－1　「権威主義的」体制と「民主主義的」体制

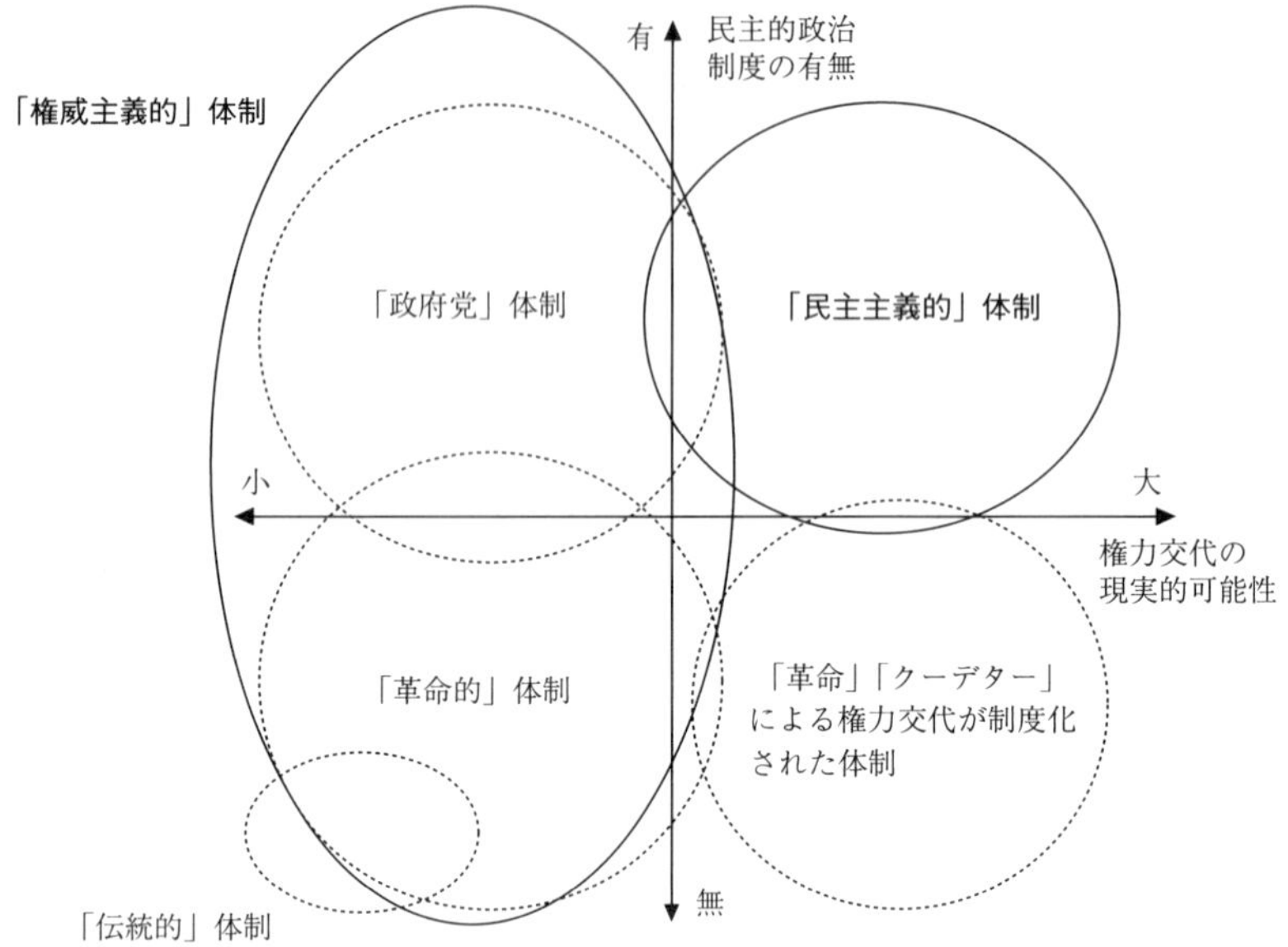

を「権威主義的」なものとさせた背景には、一体何があったのであろうか。そして、そのことは植民地支配とそこから脱したことと如何なる関係を有しているのであろうか。次にこの点について、これら諸国の多様な経験を明らかにする手がかりとして、彼らの経験を類型化してみることとしたい。

脱植民地化から「権威主義的」体制移行への諸類型

以上のような理論的整理を前提として、第二次世界大戦後の新興独立諸国の「権威主義的」体制、そしてそこへの過程はどのように類型化することができるのであろうか。この点について、まず、各々の「権威主義的」体制の成り立ちから考えてみることにしよう。

ある特定の国家が独立から特定の体制へと至るまでの道筋を考える上で第一に重要なことは、そもそも当該国家が独立当初においてどのような体制を有していたかであろう。即ち当該国家が、その独立の当初から「権威主義的」体制を有していたのであれば、この国家においてはその後の「権威主義体制化」については考える余地がないかもしれない。他方、独立当初においては「民主主義的」体制が存在したにもかかわらず、その後「権威主義的」体制へと移行していった国々については、「民主主義的」体制が何故崩壊し、「権威主義的」体制へと帰着したか、を分析することができる。当初から「権威主義的」体制を有した国家が、そのまま「権威主義的」体制を維持することとなった理由は一見簡単なように見える。しかし、それならば、「民主主義的」体制を有した諸国の多くは、どうしてその後、「民主主義」的体制を維持することができなかったのであろうか。

以上のような問題を考える時、言い換えるなら、我々が留意しなければならないのは、独立当初の新興独立諸国が「民主主義的」体制を有していたか否か、これら諸国の出発時の体制が現実的な権力交代の可能性を有していたか否かを判断することが、実際には極めて困難であるということであろう。即ち独立以前に長期の「自治」の経験を有した若干の諸国を例外として、独立当初のこれら諸国においては、独立のまさにその結果獲得した政権は彼らにとって初の「政権」といえるものであり、その段階においてこれら諸国の体制が、制度と離れて「現実的に」権力交代の可能性を有していたか否かを見通して分析することは、不可能に近い。また、独立以前の一定期間「自治」を経験した諸国においても、独立以前と以後の「政権」は、与えられた権限においても、また「政権」を選び出すシステムにおいても大きな相違が存在し、両者を単純に連続したものとして分析するのは、控えめにいっても危険であろう。

従って、各々の独立当初の各国体制について、それが「権威主義的」であったか否かを分析するに当たって、我々が実際に利用できるのは、その「現実的」権力交代の可能性ではなく、そこから後退して、とりあえず当該体制が「制度的に」権力交代の可能性を想定し、それを容認するものであったか否かに限定されることになる。それは言い換えるなら、独立当初の各国の体制は、独立当初から制度的に権力交代の可能性が想定されていないもの（a）[9]と、少なくとも制度的にそれが想定されているもの（b）、の大きく二つに類型化できることを意味している。

議論をこのように展開した場合、次に明らかなことは、このような独立当初の体制の類型から出発して、独立から「権威主義的」体制の成立への道筋をも、我々は以下のように類型化することができるということであろう。まず、(a)の体制から出発した諸国においては、独立当初から、本章でいうところの「権威主義的」体制が成立している、とみなすことができる。独立、即、「権威主義的」体制成立、という過程である(A)。

これに対して、少なくとも制度的には政権交代の可能性を想定して出発した諸国については、その後「民主主義的」体制からの「逸脱」と「権威主義的」体制への「移行」の過程が別個に存在している(B)。更に、後者の過程を分析する上で、我々が注意しなければならないのは、同様に(B)の過程をたどった諸国においても、この「移行」や「逸脱」の過程において、制度的な民主主義の外見をも放棄した諸国の過程(B1)と、制度的にはその外見を維持しつつも、現実的な権力交代の可能性が何らかの理由により失われ、あるいは、実は当初からそれを有さないことが明らかになった諸国の過程(B2)が存在するということであろう。(B1)と(B2)は、それが論理的に区分されるだけでなく、実際その過程も大きく異なるものであった。即ち(B1)においては、それが制度的改変と、多くの場合それゆえに革命やクーデタ等の大きな政治的事象を伴うであろうことが予想されるのに対し、(B2)においては、それが制度的改変を必要としない反面、民主主義的な制度にもかかわらず、ある特定勢力の継続的政権維持を可能とする、何らかの政治的・社会的システムの存在が不可欠であろう。いうまでもなく、「政府党」概念が、分析の枠組みとして最も有効に機能するのは、この(B2)の過程を経た諸国においてである。

以上をまとめると図序-2のようになろう。加えて言及しておくべきは、このような類型は、それが時間軸に沿った区分以上の意味を有しているということであろう。即ち本章において、「権威主義的」体制と「民主主義的」体制を区分するものとして提示する、現実的な平和的権力交代の可能性を考えた時、これが排除される場合として考えられるのは、第一にそれが制度面において全く容認されていない場合、第二に制度面においては容認されてい

図序－2　脱植民地から「権威主義的」体制へ(1)

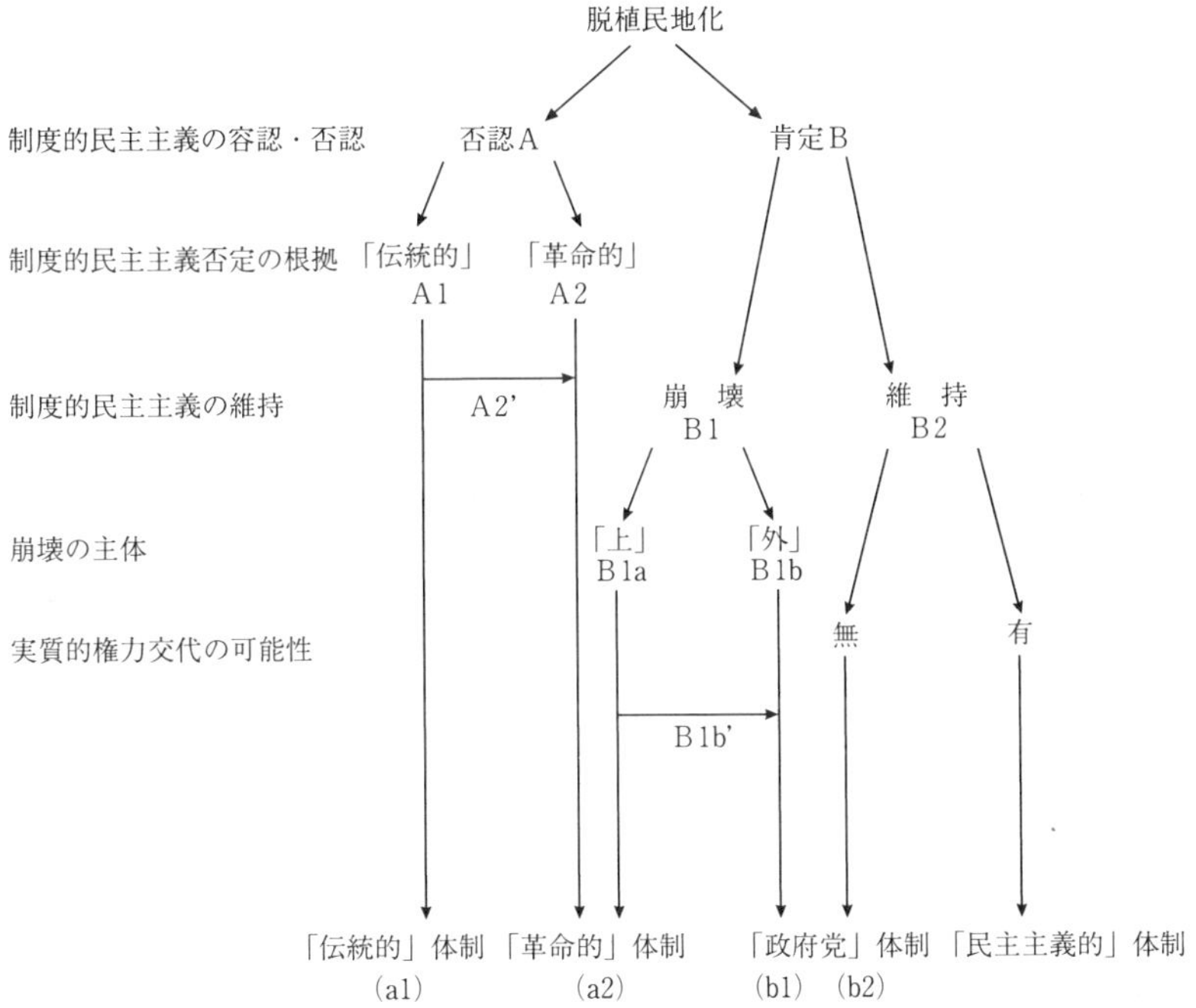

ても、それが現実のものとなる可能性が生じた場合には、物理的強制力の行使により権力交代が阻止されるか、あるいは阻止されることが予想される場合。第三に制度的にそれが容認され、現実のものとなった場合にも物理的強制力の行使による権力交代の阻止は予想されないが、にもかかわらず支配勢力と他の勢力の間に勢力の極端な不均衡が存在し、事実上それが実現されることが極めて困難である場合であろう。ここにおいて、(a)の類型が第一の場合、(b2)の類型が第三の場合に該当し、(b1)の類型が第一と第二の場合に跨って存在することは明らかであろう。

それでは、このそれぞれの類型を前提として、各国における「権威主義的」体制の成立について、我々はどのように考えれば良いのであろうか。次に、類型別にこの問題について考えてみることとしたい。

3 「権威主義的」体制の成立

類型（A）——志向されなかった制度的民主主義

宗主国からの「自由」が、政治的「自由」をもたらす。多くの国の独立運動における多くの人々の期待とは異なり、植民地からの独立直後から、制度的な政権交代の可能性を欠いた「権威主義的」体制を樹立した国は、決して少なくない。そして、仔細に見れば明らかなように、このような諸国は明白に二つの類型に分類することができる。

第一のグループは、中東、特にペルシャ湾岸諸国[10]や、幾つかの太平洋島嶼国に多く見られた、「伝統的」、あるいは伝統的とみなされた体制[11]への「復帰」を果たした諸国であり、そのほとんどが王政、あるいは首長制類似の体制（a1）を有している。もっとも、単純な王政や首長制の採用が即、これらの国において制度的に政権交代の可能性が否定されていたことを意味するものでないことは、例えばヨルダンやモロッコ、さらにはマレーシアのように、少なくとも外見的にはイギリス型の立憲君主制を志向した諸国の場合を考えれば明らかであろう。特に、後に述べるように、マレーシアについては王権が極めて弱体であり、この類型に含めることは困難である。

これらの諸国に共通することは、植民地支配に当たり宗主国が既存の王権やその他の伝統的権力を自らの支配のために利用していたこと、そして脱植民地化、特にその最終局面において、これらの諸国の独立が宗主国との武装闘争を伴うような「対決」とその勝利の結果としてよりは、宗主国との「妥協」の結果として行われたということであろう。同時に、これらの王権が各国における様々な正統化事由と離れて、実際には宗主国の植民地支配、あるいは独立運動の過程においてその性格を著しく変容させ、より極端な場合においては全く新たに作り出されたものであったことは、注意されねばならない。

（A）の類型における、もう一つの脱植民地後直ちに「権威主義的」体制へ至る道筋は、北朝鮮（朝鮮民主主義人民共和国）[12]やベトナム、アルジェリア[13]に典型的に見られたように、（a1）とは対照的に、伝統、あるいは伝統的とみなされるもの、およびイデオロギー的にこれと密接な関係を有するとみなされた宗主国勢力の、徹底的否定の上に成立した、何らかの意味での「革命的」体制（a2）へと至るものであろう。この類型に属する諸国の体制は、ソ連による軍事占領という特殊な条件下に脱植民地化を果たした北朝鮮[14]のそれを除き、（a1）とは対照的に、多くの事例において、脱植民地化過程で苛烈な武装闘争を伴う宗主国との「対決」を経験し、独立が少なくとも主観的にはその勝利の結果としてもたらされた、という共通の特徴を有している。

それでは、苛烈な武装闘争を伴う、宗主国との「対決」の結果としての独立は、これら諸国をどうして制度的民主主義を否定した体制へと導いていったのであろうか。この点を考える上で第一に重要なのが、これら諸国が独立運動を展開した、一九三〇年代から六〇年代までの時期における特殊なイデオロギー的状況であろう。周知のように、第一次世界大戦とその終結の結果としてもたらされた西欧的価値への疑念は、大恐慌を経ることにより深刻なものとなり、それはやがて一九三〇年代になると、その西欧的価値の重要な一角を占める西欧民主主義理念への挑戦となって表れてくることとなる。ドイツ、イタリア、日本における、いわゆる「ファシスト」的体制が、このような時代的風潮の産物であったことは今さらいうまでもなかろう[15]。しかしながら当時の時代的風潮を見る上で見落とされてはならないことは、同じく強力な指導者が行政的権力を握ることによって体制を強力に主導した例が数多く存在したことである。異なる方向からの西欧民主主義理念への挑戦を意味するスターリンのソ連[16]はもちろん、ルーズベルトのアメリカもまた、ドイツ、イタリア、日本と同様の、議会制民主主義に重点を置いた立法府主導の体制から、強力な指導者が主導する行政府主導の体制、即ち「指導される民主主義」への転換を意味するものとして、当時の人々に捉えられていた。即ち一九三〇年代においては、議会に重きを置いた民主主義から「指導される民主主義」へという動きは、単に一部諸国に留まらない、民主主義の普遍的な流れであるとみなされていた。後に新興独立諸国の政治的指導者として登場することとなる人々が、自らの運動の中でその主導権を確立する時期は、まさにこのような時期であったのである。時代的風潮は、彼らの政治指導の形式に影響を与え[17]、彼らは自らが模範とみなした先進国の指導者の例にならって自らの体制を作り出すこととなる[18]。

第二に重要なのは、これら諸国において展開された武装闘争を伴う形の独立運動が、その闘争遂行の必要上、彼らが率いる組織の中央集権化と、一種の戦時体制化をもたらしていったということであろう。いうまでもなく、旧宗主国との交渉と妥協による平和的な独立の場合と異なり、強大な旧宗主国との武装闘争のためには、それを調達するための資金獲得や軍事的作戦遂行のためにも、強力な組織、そしてその組織を統括する強固な規律が必要とされた。加えて見落とされてならないことは、いずれの国においても、苛烈な武装闘争が植民地住民全ての支持を受けていたわけではなく、その結果この形式の運動は、同じ植民地住民、言い換えるなら将来の国民の中にも、「敵」を作り出していったということであろう。この結果、このような闘争のために形成された組織は効率的ではあるが、自らに反対する者へ著しく非寛容なものとなり、その性格は彼らが主導する各国の独立後の体制へと受け継がれることとなる。先述した特殊なイデオロギー的風潮は、これらの体制に正統化理由を提供し、結果、体制は「権威主義的」状態のまま固定化される。

本節において興味深いのは、その体制の特質においても、また脱植民地化の過程においても、一見、全く正反対の性格を有する（a1）、（a2）の体制ではあるが、多くの場合において、（a1）が自らの体制維持に失敗した場合、その後（a2）類似の「革命的」体制（a2'）へと転化していったことであろう[19]（a1→a2'＝A2'）。このことは、次節以降でより詳しく指摘するように、一旦「権威主義的」体制として出発した諸国においては、旧体制打倒を「民主主義的」体制成立へと導くことが極めて困難であることを意味している。即ち「民主主義的」制度を欠く諸国においては、旧体制の打破が、選挙等による平和的政権交代の形で実現されることは、その定義上極めて困難であり、その打倒の過程は、（a2）の体制を有する各国が脱植民地化過程において経験したのと同じく、武装闘争をも含む「対決」、あるいは「革命」の形をとることとなる。このような「革命」を経て成立した体制においては、武装闘争の結果として「独立」した諸国同様、その当初において、顕在的、あるいは潜在的に、新体制を否定する明白な敵対勢力が存在しており、この結果、新体制はこれらの敵対勢力の巻き返しに備えて、敵対勢力、およびそれと連携する可能性のある勢力の政治的参加を著しく制限することとなる。そして、このことは、（a1）の体制が、緩やかで穏健な脱植民地化の過程を経、その結果、多分に旧宗主国の影響力を残して出発したこととあいまって、この（a1）→（a2'）の体制変化をもたらした「革命」を、当該諸国の脱植民地化の第二過程として認識させることとなる。このことは、先述した、これらの過程が進行した時代における特殊な時代的風潮ともあいまって、これら諸国を、結果的に（a2）に類似した体制へと導いていくこととなった。

見落とされてはならないことは、（a1）、（a2）いずれの体制も、その体制が政権交代のための制度を欠如していることにおいては同様であり、それゆえこれら「権威主義的」体制下においては、旧「権威主義的」体制の打倒を、平和的権力交代を可能とする「民主主義的」体制への樹立へと転換することが困難だったことであろう。本章では、一旦実現された「権威主義的」体制が、その崩壊後も、新たな「権威主義的」体制へと導かれることを、「権威主義的」体制の「再版」と呼ぶことにしよう。

「権威主義的」体制は「権威主義的」体制を「再版」した。しかし、それならばどうして、少なくとも制度的には民主主義の外見を有して出発した第二次世界大戦後の新興独立諸国においては、民主主義は「再版」されなかったのであろうか。次にこの点について、民主主義の制度的放棄にまで至った、（B1）の類型に属する過程を経た国々について、見てみることとしよう。

類型（B1）――民主主義の制度的崩壊

「民主主義的」体制の制度的崩壊。今日、第二次世界大戦後の新興独立諸国を振り返って見て印象的なことは、インドやマレーシア、シンガポール等、極めて少数の例外を別にして、独立後、今日に至るまでの過程において、ほとんど全ての国が少なくとも一度はこれを経験しているということであろう。そして、本章において重要なことは、このような民主主義の最初の制度的崩壊が、これもまた極めて少数の例外を除き、各国の脱植民地化からわずか十数年の間に起こっているということである。[20]

この点について少し具体的に見ていくならば、例えば、第二次世界大戦後、一九六〇年までに独立したアジア諸国、そしてその中で独立当初において王政や、何らかの意味での「革命的」体制を採用し、平和的権力交代の可能性を制度的に否定したものを除く諸国において、独立以後、自らが制定した憲法の正常な手続に則り、三回以上連続して、クーデタや「革命」によって中断されず、しかも有力な野党の参加を容認しつつ総選挙を行うことができたのは、インド、セイロン（当時）、シンガポール、マレーシア、フィリピン、韓国のわずか六カ国に過ぎない。言い換えるなら、第二次世界大戦後の新興独立諸国における民主主義の制度的崩壊は、それほど普遍的な現象だったのであり、このことはアフリカ諸国においてもほぼ同様であったと言ってもよかろう。

本節において重要なことは、このような制度的民主主義の崩壊が、ほぼ二つのパターンに限定されるということであろう。その第一は、インドネシア[21]やガーナ[22]に見られた制度的民主主義の「上からの」否定の類型である（Bla[23]）。これら諸国に共通しているのは、このような「上からの革命」を遂行した政治的指導者の多くが、「建国の父」として、絶大なカリスマ性[24]を有する人物であったということである。スカルノの事例[25]に典型的に現れているように、彼らはその絶大なカリスマ性を利用することにより、自らに抵抗する議会を解散、あるいは停止させた。民主主義は制度的に死滅し、あらゆる権力が彼らに集中された。[26]

しかし、それならばどうして「建国の父」達は、その強大なカリスマ性にもかかわらず議会内外での「抵抗」にあわなければならなかったのであろうか。この点において示唆的なのは、これら「建国の父」達の多くが、まさに自らのカリスマ性維持のために、諸党派から、中立的、さらには超然的な姿勢を採ろうとしていたということであろう。[27]自らこそが「国民」統合の象徴であり、諸党派を超越する存在であるとみなす彼らの多くは敢えて自らの政党を作らず、諸党派や諸党派から形成される議会に対して超越的立場から臨もうとした。[28]この結果、議会の勢力分野は「建国の父」達の個人的声望とは乖離したものとなり、議会に足場を持たぬ「建国の父」らは、時に困難な議会運営を余儀なくされた。巨大なカリスマ性と、それゆえの彼らへの個人的声望は、彼らをして自らの意思、即ち彼らの考える「国民の意志」に従わず、自らの「個別的利益」ばかりを主張する議会や諸党派を「解散」あるいは「停止」させる方向へと導くこととなる。カリスマは「規則とはおよそ無縁[28]」なのである。

「指導された民主主義[29]」は彼らの志向を正当化するとともに、巨大なカリスマ性を有する第一人者へと制度的にも権力を集中させていった。その背景に存在したのは、脱植民地化に伴うこれら諸国の新たなイデオロギー的状況であった。脱植民地化に伴う急激な社会変化とその結果としての独立は、かつての植民地住民達に対し、受動的な被支配者から主権国家を有する輝かしい新ネーションの一員へとアイデンティティを再構築することを要求した。「建国の父」達は、人々がこのように新たなるアイデンティティを獲得せんとするその瞬間に、彼らに自らが何者であるかの説明を与える者達であり、「建国の父」達のカリスマ性はそこにこそ出来していた。[30]この意味で、少数の旧英領諸国を例外として、この時期の新興独立諸国の多くが、議院内閣制ではなく何らかの形での大統領制を採用したのは、この脱植民地化の結果として特定人物にカリスマ性が集中したことと無縁ではなかった。

結果としてのカリスマ性と制度的権力双方の単一人物への集中は、彼らによる、民主主義の制度的停止をも正当化した。彼らは言う。彼らは「建国の父」兼大統領として、国民の付託を受ける存在であり、彼らの意思は即ち、国民の意思に他ならない。そのような彼らの「民主性」と比べるなら、議会における各党派の勢力配分が示す「民意」などはとるにたらぬものであり、両者が対立した場合優先されるべきは当然大統領の意思である。そもそも彼らのような「強力な指導者」に指導されることは「民主主義」において必要なのである、と。確かに、民主主義に「指導者」が必要であるとするならば、当時のこれら諸国において、それは「建国の父」である彼ら以外には存在せず、そしてそれこそが、逆に議会や議会に進出した他の諸党派にとって、自らの政治活動における最大の障害として存在していた。即ち、この状況下においては、たとえ「建国の父」達の行為が、彼ら自身が定めたルールや規範に反していても、議会や諸党派は「建国の父」達の巨大なカリスマ性に対抗できる人物、即ち彼らに代わって大統領や国家元首となるべき人物を容易には探し得ず、結局、多くの場合、彼らを担ぎ続ける他はなかった。このような「代わるべき者」の不在は、議会や諸党派の「建国の父」達への抵抗力を極端に弱めさせ、これら諸勢力は最終的に「建国の父」への自滅的挑戦を行うか、沈黙するかを選択せざるを得なかった。

民主主義の制度的崩壊の第二類型は、いうまでもなくこれが「上から」と同時に、「外から」、特に軍部等、制度的民主主義の枠外にいる勢力を巻き込んで進行されるものである(B1b)。(B1a)の類型との関連において興味深いのは、この類型における民主主義の制度的崩壊とそれを引き起こした様々な諸事象、即ち軍事クーデタやこれに類する事象が、これまた多くの例において、「建国の父」達の死後、あるいは、独立後一定期間を経て、彼らのカリスマ性が著しく磨耗した後に行われているということである。[31] このような「建国の父」達の物理的・実際的なカリスマ性消滅と、その後の政治的混乱そのものは、単に(B1b)の類型に止まらず、他の類型においても顕著に見ることができる。(B1b)は、「建国の父」達のカリスマ性消滅後の政治的混乱が、結果として、制度的民主主義の崩壊へと帰着した類型であるということができよう。この類型に限らず、他の類型において「権威主義的」体制へと帰着した諸国においても、カリスマ的指導者の物理的・実質的消滅が、制度的民主主義否定の「再確認」と、「権威主義的」体制の「再版」を導いた事例は枚挙に暇がない[32]（特に、blaからの移行。bla→blb'＝Blb'）。

本章において重要なことは、このようなカリスマ的指導者の物理的・実質的消滅に伴い、成立あるいは「再版」される「権威主義的」体制（blb'）が、（Bla）の結果として成立する「権威主義的」体制（bla）と比べて、はるかに「剥き出し」の、言い換えるなら、物理的強制力を全面に押し出した性格を有していることであろう。いうまでもなくこの背景にあるのは、（bla）の体制においては、政府が国民を統制しあるいはそこから支持を獲得するに当たり、これら指導者のカリスマ性を利用することができるのに対し、カリスマ的指導者亡き後の「権威主義的」体制は同様のことを期待し得ず、その結果、物理的強制力に多くを頼らざるを得ないという事情であろう。同様のことは、（A）の過程により樹立された諸国の体制（a）についてもいうことができる。即ち「建国の父」達により樹立された（a）の体制もまた、それを樹立した指導者のカリスマ性の物理的・実質的消滅より危機に直面し、この危機に対する体制としての対応を余儀なくされる。先の（A2'）の事例、さらには（A2）から更に制度的改変を経て、異なる「権威主義的」体制（a2'）へと接続された事例は、多くの場合この範疇で説明することができる。

ともあれ重要なことは、このような「権威主義的」体制への「移行」において、カリスマ的指導者の存在と、そのカリスマ性の浮沈が極めて重要な役割を果たしているということであろう。それならば、この点は、制度的には民主主義の外形を維持し続けた国においてはどのようだったのであろうか。次に節を変えてこれらの体制について見てみることとしよう。

4 「政府党」と脱植民地

フィリピン[33]とセイロン[34]――実現された権力交代

独立当初に民主主義の制度的外形を有した国々が、制度的外見を維持しつつも現実的には政権交代の可能性を喪失し、「権威主義的」体制へと移行する。この（B2）の類型に属する諸国の例は決して多くはない。その背景には、何よりそもそも前提として、民主主義の制度的外形を独立後そのまま維持した諸国が少数であったということがあった。しかしながら、本章においてこれらの諸国の事例が重要なのは、第二次世界大戦後の新興独立諸国における「権威主義的」体制の成立を考える上で、これら諸国の事例こそが、新興独立諸国の「権威主義的」体制を、制度以外の部分において支えたものが何であったかを我々に知らしめてくれるからである。独立直後の各国の制度的多様性にもかかわらず、第二次世界大戦後の新興独立諸国の多くが、ひとしく「権威主義的」体制へと帰着していった背景には何があり、それは、これら諸国が植民地支配とそこからの離脱を経験したこととどのような関係を有しているのか。このことを考える上で、制度的には最も「権威主義的」体制から遠かったはずの諸国における「権威主義的」体制への転落を見ていくことは、極めて重要である。

ここで重要な示唆を与えてくれるのは、同じように独立直後において、制度的に権力交代を前提とする体制をもって出発し、その枠組みの中で、実際に平和的な権力交代を経験した例外的諸国の事例であろう。既に述べたように、第二次世界大戦後一九六〇年までに独立を果たしたアジア諸国の中で、その後、三度以上連続して独立後の憲法の規定に従い、与党に対する野党の実質的な挑戦を容認する中で総選挙を行えたのは、わずか六カ国に過ぎなかったが、この中の二カ国、フィリピンとセイロンだけがこの間に実際に権力交代を果たしている。両国においてはその後も、この時、与野党双方の立場から権力交代を果たした勢力が交互に政権を担当する状況が続くなど、他の新興独立諸国とは明確に区分される「民主主義的」な状況が存在した。しかし、それならばこのような両国の特殊な「民主主義的」体制を支えたものは一体何だったのであろうか。そして、どうして同じことは、同様に制度的民主主義の外形を維持した他の諸国においては実現しなかったのであろうか。

このような立場から、改めてフィリピン、セイロン両国の事例を振り返って見て容易に気づくことは、脱植民地から二大政党制の成立に至るまでの両国の極めて類似した経験であろう。この点について、まず両国における権力交代の実現過程そのものについて指摘できることは、両国における権力交代を演出した勢力が、ともに、独立以前の「自治」の時代から一貫して両国を支配してきた旧寡頭支配勢力により構成された単一の政党、言い換えるなら旧与党の分裂の結果として生まれてきたということであろう。即ち独立直後のフィリピンを特徴づけた、国民党と自由党からなる二大政党制は、コモンウェルス期における支配政党であった国民党が、独立後の大統領職を巡っての内部対立の結果、ロハスら一部有力者が離党して分裂し、新たに自由党を結成したことにより生まれたものであり、この国民・自由両党は独立後、暫くの間、現職大統領を有する党派が必ず次の大統領選挙で敗北するという、他の新興独立国とは明らかに区別される極めて特異な政治的状況を作りあげることとなる。

セイロンにおいても、一九五六年の政権交代を実現したMEPの中核をなしたスリランカ自由党は、内政自治の時代から一貫してセイロンを支配してきた統一国民党から、有力政治家の一人であり当時セイロン政治・経済を支配していた有力大地主一族の一つバンダラナイケ家の代表者であったS・W・R・Dバンダラナイケらが離党した結果生まれた政党であり、このフィリピンと同じ名称の両党もまた、その後この国における二大政党制の担い手として度々の権力交代を実現することとなる。

他方、脱植民地化の過程においても、両国の類似性は顕著である。この点において両国に特徴的なことは、その独立が武力による抵抗の結果としてよりも、むしろ旧宗主国との妥協の結果として極めて穏健な形で実現されたということであろう。重要なことは、その結果、独立後の両国が他国とは異なり、独立運動の中で巨大なカリスマ性を獲得した強力な政治的指導者を欠くこととなったということである。フィリピンのケソンは、妥協的な独立の中においても、相対的に大きなカリスマ性を有する指導者であったが、その彼のカリスマ性は他ならぬ彼自身が、独立の日を待たずして死去したことにより、独立後の政治において発揮されることはなかった。セイロンのD・Sセナナヤケによる、英軍の駐留継続をも容認する「妥協的」独立は、隣国インドの対照的な姿勢ともあいまって彼の「建国の父」としての威信を大きく傷つけ、後に自由党によるシンハリ・ナショナリズムの攻撃対象となることとなる。その彼もまた、独立からわずか四年後に事故死し、その相対的に小さかった「建国の父」のカリスマ性さえ物理的に消滅する。スリランカ自由党が政権交代を実現したのは、彼の死の四年後のことである。

しかしながら、本節においてより重要なことは、このようなカリスマ的な「建国の父」の不在、もしくは早期における物理的消滅が、即座に両国における政治的混乱と「権威主義的」体制の成立をもたらさなかったということであろう。そして、この点において両国を他国とをわかつのは、両国において政権交代を演出した二大政党の背後に、植民地期から引き継がれた強力な寡頭支配勢力、なかんずくパトロン＝クライアント的な影響力を行使し得る大地主層が、脱植民地化過程で支配の正統性を失わず政治的に健在な状態で存在していたということである。即ち、独立当初の両国において各々の政権を支えていたのは、「建国の父」達のカリスマ性よりも、むしろ個々の政治家の有する在地社会における強力な政治基盤であり、それゆえ両国の有力政治家達は国家や行政機構の力を借りずとも、自ら自身の力により一定の政治的足場を確保することができた[35]。他国においては圧倒的な力を発揮した「政府党」の圧力に抗して与党から離脱した政治家が政治的に生き残り、強力な野党を形成して二大政党制を構成し得たのは、まさにこのような行政機構に依存しない、政治家個々の独自の政治的基盤ゆえであった。

同様の性格を与党もまた有していたことは、翻って旧与党が野党に転落した際に重要な意味を持つこととなった。重要なことは、政権交代が一度実現することは、その後も政権交代可能な体制が維持されることを意味しはしない、ということである。むしろ理論的に考えるなら、「政府党」の圧力にも抗することのできる独自の政治基盤を有する強力な勢力が、新たに政権を獲得して「政府党」としての強みをも獲得するならば、新与党と他勢力間の政治的均衡はかえって崩壊し、逆に新与党によるより強力な「権威主義的」体制が実現する可能性さえ存在しよう。このことが両国において現実のものとならなかった背景にあったのは、旧与党の政治家達もまた、新与党の政治家達同様、在地社会に固有の政治的基盤を有するタイプの政治家であったということである。一言でいうなら両国においては、植民地期からその勢力を引き継いだ大地主層の在地社会における支持基盤が、独立の結果として生まれた「国家」の介入をはねつけるに十分な状態で存在し、それゆえこれら勢力が分裂し二大政党を構成することにより、「民主主義的」体制が極めて容易に実現された。その背景にあったのは、両国における「緩やかな」脱植民地化が、両国の従前からの寡頭支配層の権威を傷つけず温存したことであった。

それでは、これらのことは権力交代が実現されなかった諸国においては、どうだったのであろうか。次にこの点について見てみることとしたい。

類型（B2）――「政府党」支配とその背景

フィリピンとセイロンにおいて権力交代が実現された背景にあったのは、直接的には植民地期から存在する支配政党の分裂とその結果として出現した二大政党制であった。それでは、権力交代が実現しなかった諸国においては、同様のことは存在したのであろうか。

このような観点から、競争的な選挙を維持しつつも一定期間民主主義の制度的外形を維持した諸国を見た時に明らかなことは、これらの諸国においても独立前後における時期、支配政党の分裂が見られなかったわけではなかったということであろう。この点について、先に挙げた独立直後において一定期間競争的な選挙制度を維持した六つのアジアの新興独立諸国から、フィリピンとセイロンを除いた四つの国、インド、シンガポール、マレーシア、韓国について見てみるなら、我々はその顕著な例をこの四カ国のいずれにおいても確認することができる。即ちインドにおける国民会議派からのインド社会党（後の人民社会党）の分離[36]、シンガポールにおける人民行動党からの社会主義戦線の分離[37]、マレーシアにおけるＵＭＮＯからのＩＭＰの分離[38]、そして、韓国における李承晩支持勢力の中からの院内自由党勢力や朝鮮民族青年団系勢力、更には張沢相支持勢力の分離[39]、がそれである。

しかしながら重要なことは、これらの諸国においては、これら支配政党からの有力政治家や勢力の離脱と新党結成が、その後、支配政党の圧倒的な優位を切り崩すには至らず、かえって与党から離脱した勢力自身の政治的凋落をもたらすこととなったということであろう。例えば、インド社会党は、国民会議派からの分離後最初の総選挙において惨敗を喫し、それはシンガポールの社会主義戦線や、マレーシアのＩＭＰも同様であった。韓国において支配政党であった自由党を離脱した勢力もまた、選挙の度に自らの勢力を縮小させ、最終的には従来から存在する野党、民主党へ合流することを余儀なくされた。ここにおいて見落とされてならないことは、これら支配政党からの離脱勢力の不振の原因を、彼ら自身、特にその指導者の政治的力量に求めることは直接的には困難だということであろう。ガンディーやネルーと並び、インド政治における「三人、もしくは四人の最重要人物」といわれたインド社会党の指導者ナラヤン[40]はもちろん、社会主義戦線のリム・シチョン[41]や、ＩＭＰのダト・オン[42]、さらには韓国の李範奭、張勉や張沢相[43]はともに、ネルー、リー・クァンユー、ラーマン、李承晩らにとって、自らの地位を脅かしかねない強力な競争者であり、そのことは挑戦する者とされる者双方における共通の認識として存在していた。

にもかかわらず、彼らは時の支配政党に勝利できなかったのみならず、自らが支配政党から離脱した当時に保有していた勢力さえ維持することができなかった。この点を考える上で見落とされてはならないことは、第一に独立当時のこれら諸国においては政治指導者達の脱植民地化の過程に由来するカリスマ性が、第二位もしくはそれ以下の指導者のそれに対して、圧倒的な差異をもって存在していたということであろう。国民会議派の独立当初の圧倒的勝利を支えた背景に、ネルーの個人的カリスマ性が存在したことはよく知られていよう。(44)李承晩もまた、少なくとも独立当初の韓国の諸勢力、より正確には共産主義勢力を除く諸勢力の中においては、他の追随を許さないカリスマ性を有しており、韓国の野党はこれに代わる指導者を擁立することさえ不可能な状況であった。(45)

このような彼ら二人の巨大なカリスマ性の背景に、独立運動における彼らの指導的役割があることは明らかであり、その点については、マレーシアの支配政党となるＵＭＮＯにおいて当初指導的役割を果たしたダト・オンに対して、より明確に「ムルデカ（独立）」を主張することにより主導的役割を奪ったラーマンや、自治権獲得からマレーシア合併、そして独立へと至る過程において主導的な役割を果たしたリー・クァンユーもまた同様であった。脱植民地化過程における勝者として、自らの作りあげた枠組みに沿って、自らのネーションが何者であるかを政治的に成功裏に語る彼らのカリスマ性は、まさに彼らが独立後の枠組みに合致した理念を語るがゆえに絶大な効果を有することとなった。個人的力量や政治哲学、さらには政策等と離れて、ナラヤン、リム・シチョン、ダト・オン、李範奭、張勉、張沢相らが、ネルー、リー・クァンユー、ラーマン、李承晩に対し、このような独立運動に由来するカリスマ性において同様の地位を占めることは不可能であり、そのことは一国の指導者を決定する競争的な民主主義制度において彼らの大きな足かせとなる。

重要なことは、既に述べたように、これら諸国に典型的に見られた各国における「独立」の過程が、単に自らのネーションのための「主権国家」を獲得する過程であるということに留まらず、各国にとって自らのネーションや国家が一体何者であり、何を意味し、なにゆえに独立を果たさなければならないかを説明する正統性の論理を獲得していく過程でもあったということであろう。[46] そして、まさにこの過程において、それを主導した「建国の父」達と、他の者の差は決定的なものとなる。最終的に獲得された独立「主権国家」において、その正統性の論理と一致する主張を行う者は自らの手にカリスマ性を独占させ、それは他の者の手には届かぬものとなる。イデオロギー、それを生み出した者は、まさに自らが生みの親であるがゆえに、これを容易に「修正」することもできる。しかし、他の者がこれを試図した瞬間、彼はイデオロギーの敵となり、その攻勢に晒されることとなる。再び、カリスマは「規則とはおよそ無縁」なのである。巨大なカリスマ性が、単に彼らの個人的資質のみによって生み出されることはない。むしろそれは、体制の大きな変革期という、特殊な状況により生み出されるものなのだ。

しかし、それだけならば同じことは、少なくともセイロン、そして程度は異なるとはいえフィリピンについてもある程度はいうことができよう。しかしながら、このセイロン、フィリピン両国において、権力交代を可能とする二大政党制が生み出されたもう一つの背景に、カリスマ的指導者の相対的な不在と同時に、与野党双方が、さらには個々の政治家達が自らの政治的地位を支える在地社会に根づいた安定的な支持基盤を有していたことが、もう一度確認される必要があろう。そして、この点においても、インド、シンガポール、マレーシア、韓国において、支配政党から分離した者達は、明らかなハンディキャップを有していた。

インドとシンガポールにおいて与党に挑戦した勢力は、社会主義的な理念を主張しており、当然のことながら、彼らがセイロンやフィリピンの挑戦者たちと同様に、在地社会を支配する勢力から支持を獲得することは不可能に近かった。そもそも都市国家であるシンガポールにおいては、そのようなことは想像さえできなかったであろう。マレーシアにおいては、スルタンを中心とする旧支配層は、それが宗主国イギリスと妥協的であったことにより、独立の過程でかつてのような在地社会における圧倒的な力を失っていくこととなった。[47] 韓国においては、解放後、地主勢力は、即、親日的勢力であるとみなされており、伝統的に流動的な社会を有する特質ともあいまって、地主がその経済的力を背景に政治的進出を果たすことは事実上不可能な状態であった。インドにおいては後に、支配政党である国民会議派が、インディラ・ガンディーの政治指導を巡って、インディラ・ガンディー自らが党首を務める国民会議派（与党）と、従来から党の中核を占める「長老」達の主導する国民会議派（野党）へと大分裂したが、ここにおいても、地方有力者を傘下に収めたはずの国民会議派（野党）が、インディラ・ガンディーの「世襲された」[48]個人的カリスマ性に対して惨敗を喫しており、野党政治家にとって「地方」の支持基盤が自らの政治的立場を安定的に支えるものではないことが再確認される。

いずれにせよ本章において重要なことは、独立実現までの過程における「建国の父」達へのカリスマ性の集中と、同じくその過程における植民地期の旧支配層権力の解体あるいは損傷が、これら諸国において、支配政党から分離した勢力の政治的伸張への妨げとなっているということであろう。同様の支配政党へと挑戦する者のハンディキャップは、支配政党から分離したのではなく、独立当初から野党として存在していた勢力についてもいうことができよう。独立当初、これら諸国における産業化は依然未熟な状態にあり、政府組織を掌握する「政府党」に対して、野党が自らの政治的基盤として（先進国における社会主義政党がそうであるような）巨大な労働者組織に依存することはできなかった。他方、植民地国家を継承した「国家」の力は、未熟な労働者組織や、独立実現の過程で政治的、あるいは経済的に傷ついた伝統的寡頭支配層に比べてはるかに強大であり、それは「政府党」の支配に最大限に活用されることとなる。独立運動の中で確立された「建国の父」達の巨大なカリスマ性と、植民地期から受け継がれた巨大な国家機構。この二つを前にして、弱体な野党は自らの支持基盤を求めて途方にくれる。

ここで、もう一つ見落とされてならないのは、この「政府党」を当初支えた二つの柱の一方、即ち「建国の父」達のカリスマ性はやがては時間の経過とともに磨耗し、もしくは彼らの死とともに、物理的にも消滅することを運命づけられていたということであろう。人々がカリスマを慕い、自ら望んで「政府党」への支持を表明する時、それは確かに一見、「民主主義的」に見える。しかし、自らを支えたカリスマという衣を失った時、「政府党」の支配は、剥き出しの「国家」の支配へとその外見を変貌させる。ネルーを引き継いだインディラ・ガンディー、そして李承晩の次に「権威主義的」政権を打ち立てた朴正煕の苦悩は、ある意味では彼らの体制がネルーや李承晩の後を受けたまさにそのことによる当然の結果であった、といえばいいすぎであろうか。

政府党がカリスマを失い、「剥き出し」の支配へと転じた時、そこに初めて本当の意味で「民主化」が各国の政治日程に上ることとなる。しかし、それならば野党、あるいは「政府党」の支配にとって代わり、権力交代を実現しようとする勢力は、具体的にどのようにしてこの「政府党」の支配を打ち破り、「民主主義的」体制を実現することができるのであろうか。次に節を変えてこの点について見てみることとしよう。

5 「政府党」体制の崩壊と政党のイデオロギー化

「反対党」のディレンマ

ここまで述べてきたことをまとめてみよう。(A)の類型において明らかとなったのは二つのことであった。第一は、これら諸国が武装闘争をも伴う激しい独立運動や、「伝統的」体制から離脱する際に「革命」を経験したとの意義である。宗主国体制や「伝統的」体制からの離脱という権力交代を物理的強制力の行使により実現したこれらの諸国においては、結果として新体制の「味方」と「敵」が生み出されることとなり、新体制は「敵」の政治的巻き返しを制度的に排除する状態、即ち制度的民主主義を否定した状態で出発することを余儀なくされた。第二に、これら諸国が独立当初において制度的民主主義を採用する機会を逸したことは、これら諸国における権力交代を「革命」やクーデタ以外の形では困難なものとさせた。平和的権力交代を可能とする制度の不在は、「民主主義的」体制に必要な複数の政治勢力の成長を困難なものとさせ、結果これら諸国では「権威主義的」体制の「再版」と固定化がもたらされることとなる。

他方、(B1)の類型において明らかとなったのは、カリスマ的指導者の問題であった。重要なことは、独立運動の中でそのカリスマ性を培ったカリスマ的指導者の存在が、カリスマ的指導者あるいはこれを擁する勢力と、それ以外の勢力との間の勢力バランスを著しく不均衡なものとさせ、そのことがこれらの諸国における民主主義の制度的崩壊へと繋がっていったということであろう。(B2)の類型においても同様のことをいうことができた。即ちセイロンとフィリピンという例外的な権力交代の事例をもたらしたのは、第一に、この二カ国におけるカリスマ的指導者の不在であり、また早期の退場であった。

しかし、同時に重要であったのは、フィリピンとセイロンにおいては権力交代を実現したもう一つの背景として、両国に共通する旧宗主国との妥協と交渉に基づく脱植民地化が存在したということであった。緩やかな脱植民地化は、結果として両国の在地社会におけるパトロン=クライアント的な支配構造を独立後もそのままの形で温存することとなった。強力な支持基盤の存在は有力政治家の支配政党からの離脱を容易にさせ、彼らの政治的冒険を担保する役割をも果たしていた。言い換えるなら、この二カ国を例外とする他国においては、上述の二つの条件は満たされなかった。即ちこれら諸国においては、相対的にではあったにせよ、カリスマ的指導者が存在し、かつ脱植民地化過程における旧寡頭支配層の脱落とその結果としての政治的あるいは経済的威信の失墜が、「政府党」への対抗勢力をして自らの安定的支持基盤としてパトロン=クライアント的な在地社会の力を利用することを不可能とさせていた。安定的支持基盤の欠如は、「政府党」に対する「反対党」の抵抗力を著しく減退させ、結果として「政府党」が優位する体制が打ち立てられることとなる。

以上をまとめると図序-3のようになろう。この分析を通じて明らかなことは、いずれの道を歩んだ場合におい

図序－3　脱植民地から「権威主義的」体制へ(2)

脱植民地化過程	カリスマ的指導者	植民地期在地支配層	体制 → 対抗勢力	体制 → 制度的民主主義	「反対党」組織	現実的な平和的権力交代の可能性	体　　制
武装闘争	存　在	排　除	排　除	否　定	不　在	無	「革命的」体制 (a2)
対立的交渉	存　在	損　傷	容　認	肯　定	弱　体	小	「政府党」体制 (b2)
			(→排除)	(→否定)	(→不在)	無	「革命的」体制 (b1)
妥協的交渉	不　在	温　存	容　認	肯　定	強　大	大	「民主主義的」体制

ても、各国における「権威主義的」体制の成立の背景に、フィリピンやセイロンのように極めて妥協的な脱植民地化過程を経た例を除き、脱植民地化過程における旧寡頭支配層政治的権力の――特に支配の正統性においての――著しい損傷と、逆に支配の正統性の、彼ら以外の一部人物、あるいは一部勢力への著しい集中が存在したということであろう。この結果として出現するのは、支配の正統性と植民地国家から引き継がれた「国家」を独占する新支配勢力の、他勢力に対する著しい組織的かつイデオロギー的優越である。

一言でいうなら、それは脱植民地化そのものが、従来はそれなりの均衡を保っていた植民地期の「国家」と「社会」の勢力バランスを損傷させ、「社会」が「国家」に対する抵抗力を著しく欠いた状態を生み出したことを意味していた。それこそが、まさに西欧諸国と第二次世界大戦後の新興独立諸国の間において、前者においてはそれなりに機能した制度的民主主義が、後者において機能しなかった最大の要因であったということができよう[49]。植民地支配を経て、そこから独立を果たした――この事実、まさにそれこそが、これら第二次世界大戦後の新興独立諸国から「西洋の民主化を可能とした基礎的構造」を奪い去った最大の要因だったのである。

しかしそれでは、これら新興独立諸国がこのディレンマから脱却し平和的権力交代を果たすためには、いったい何が必要であったのだろうか。ここにおいて明らかなことは、そのためにはカリスマ的指導者亡き後も、「政府党」として組織的優位に立つ支配勢力に対し、これに対抗する勢力にも何らかの固有の基盤が必要であるということであろう。重要なことは、西洋諸国や日本においては、制度的民主主義の採用が政党の組織化の結果として、あるいは少なくともそれと平行して行われたのに対し、第二次世界大戦後の新興独立諸国においては制度的民主主義が、政党なかんずく現実的権力交代を可能とする複数の政党の組織的成長に先んじて「与えられた」ということであり[50]、それゆえこれら新興独立諸国の政治勢力はいずれも弱体な組織しか有することができなかった。独立の結果としてのカリスマ性については、それが時間の経過とともに磨耗し、最終的には消滅するであろうことは容易に予見することができる。

しかし、これら諸国において与党が有するもう一つの強み、即ち「政府党」として行政組織を支配していること、そしてその組織がこれら諸国における他の如何なる組織の力をも凌駕していることについては、状況はそう簡単には変化することはなかった。そうである以上、「政府党」への対抗勢力、即ち「反対党」[51]には、「政府党」の組織力に対抗できるだけの、何かが必要であり、それを有さぬことこそが「反対党」にとっての最大の問題であった。「政府党」による弾圧が存在することは事実であった。しかし、より深刻な問題は弾圧が仮になかったとしても、「反対党」が与党に勝利できるかどうかが定かではなかったということであった。

このように問題を考えた時、この時期の新興独立諸国におけるもう一つの問題は、冷戦下においては、各国に現実的に与えられた政治的選択肢が限定されていたということであろう。即ち冷戦下においては一方の陣営に属するものが、他の陣営への転向を意味するような政治的選択を行うことは控えめにいっても困難であり、少なくともそれを平和的に実現するためには無数の障害が存在していた。もちろん、同様のことは、両者から中立の立場をとらんとした諸国についてもいうことができよう。この時期、米ソ両陣営から「中立」を保つために必要であったのは、その政策が米ソどちらの方向にも傾かないことであり、多くの中立的諸国において、そのことはやはり彼らのとり得る政策的選択肢を著しく制限していた。

政策的選択肢の限定は、当然のことながら、各国における様々な政治勢力が少なくとも資本主義陣営対社会主義陣営の対立という伝統的な「左右」イデオロギー軸に沿っては、極めて密集した状態でしか存在を許容されないことを意味していた。言い換えるなら、このような許容範囲を超えたイデオロギー的選択を行うことは、即ち当該勢力の選択する政策の実現可能性を失わせることを意味していた。これらの勢力による平和的権力交代の可能性は著しく減少し、甚だしくは、これら勢力の活動自体が当該国家において非合法化される危険性さえ有していた。既存の枠組み内において許容されぬイデオロギー的選択を行った勢力による権力交代は、たとえそれが実現されたとしても一種の「革命」を伴わざるを得ず、このことは結果として今度は逆に従来の支配勢力とその選択肢を新体制の許容する枠組みの外へと追い出すこととなる。

伝統的な「左右」イデオロギー軸上における、政策的選択肢の限定。それは「反対党」にとっては、カリスマ的指導者を擁立し「政府党」の利点を独占する強大な支配勢力に対し、支配勢力と自らを峻別するために必要な政策的相違を打ち出すことさえ困難であることを意味していた。強大な支配勢力と選択肢の欠如。対抗勢力の苦悩はここにいっそう深くなることとなる。(52)

それでは、実際にこのような状況を打破し民主化を実現した国において、このディレンマはどのようにして解消されていったのであろうか。次にその点について、「権威主義的」体制から「民主主義的」体制への典型的な転換を果たした韓国の事例を手がかりにして、具体的に見てみることとしたい。

韓国(53)——「地域主義」と政党の「列柱化(54)」

議論をはじめる前に、脱植民地化から「権威主義的」体制へと至るまでの韓国の経験について確認しておくこととしよう。韓国の正式な独立は一九四八年であるから、第二次世界大戦後の新興独立諸国の中でも比較的早期に独立を果たした国の一つであることとなる。この国の脱植民地化において特徴的なことは、それが独立運動の結果としてよりは旧宗主国であった日本の第二次世界大戦における敗戦の結果、三年間の米軍支配を経てもたらされたことであり、このため、独立後の韓国は旧宗主国である日本の影響力を完璧なまでに排除して出発することとなった。

当然のことながら、旧宗主国の影響力消滅は、植民地期に旧宗主国との関係を有した者達の政治的立場を極端なまでに悪化させ、地主層を中心とする「国内派」の政治的立場は、亡命独立運動家達からなる「海外派」に対して脆弱なものとなることを余儀なくされた。独立を自らの手により勝ち取ることができなかったこと、言い換えるなら、積極的な独立運動に従事した経験を有する者が少数であったことは、逆に植民地期において困難な独立運動に従事していた者達の威信を、他の者達に対して比較不可能な次元までに浮上させることとなる。韓国の初代大統領李承晩は、まさにそのような人物の代表であり、米軍政期の権力闘争を勝ち残った彼は、一九四八年の独立時にはまさに他の追随を許さぬ地位を築き上げるに至ることとなる。

他方、韓国において、もう一つ重要であったのは、以上のような個人的な政治的威信――即ち本章でいうカリスマ性――の面で李承晩が他に対して圧倒的に優位する状況においてさえ、様々な問題を孕みながらではあったにせよ、競争的な選挙とそれに基づく政治的競争がその後も制度的には維持されていったということであろう。李承晩は当初、スカルノ同様、これら諸勢力の闘争に超然的な立場をとろうとした(55)が、彼らの攻撃が自ら自身に及ぶことを知ると、自らのための党派、自由党の形成に乗りだし、自由党はたちまちのうちに他党に対して圧倒的な地位を築くこととなる。野党はこの自由党の前に、特に農村部において完敗を喫し、彼らの勢力は急速に収縮することを余儀なくされた。行政組織をフルに活用して、農村部を強力に支配した李承晩と自由党は、地方における選挙を、事実上自由にコントロールし、ここに権力交代の現実的可能性を欠いた、韓国最初の「権威主義的」体制が作りあげられることとなる。

独裁性を強めた李承晩はやがて自らのカリスマ性の磨耗とともに、一九六〇年、いわゆる四月革命により打倒される。しかしながら、韓国は幕間劇的な第二共和国を経て、翌一九六一年には朴正煕らによる五・一六軍事クーデタにより、再び、そしてより典型的な「権威主義的」体制へと回帰することとなる。一九六三年の民政移管と同時に、朴正煕もまた民主共和党という「政府党」を作り出し、やはり主として農村を自らの支持基盤として、自らの支配的地位を失わずして「民政移管」を実現する。「政府党」は盤石であるかのように見えた。巨大な「政府党」支配を目前にし、挑戦に失敗した野党は沈滞と混乱、そして閉塞感の中に沈むこととなる。

しかし、韓国が他国と異なったのはここからであった。周知のように、朴正煕による二度目の制度的民主主義の停止である「維新体制」から、これまた二度目の幕間劇である「ソウルの春」、そして全斗煥による第五共和制を経て、二五年ぶりに韓国が制度的民主主義を取り戻した時、彼らの目の前にあったのは、形骸化した「政府党」の姿と、対照的な韓国政界を席巻する「地域主義」(56)、そしてその「地域主義」に沿って、慶尚南北道、全羅道、忠清道の四地域に見事なまでに「列柱化」された政治勢力であった。

以上のような韓国の「地域主義」がその淵源をどこに持ち、またどのように評価されるべきかは、本章での問題ではない。重要なのは、ここにおいてかつては極めて強固に見えた「政府党」の支配が、相対的に単一民族的な人口構成を有する韓国において、少なくとも他国においては問題にさえならない些細な差異を巡る擬似民族主義的な「地域主義」によりあっけなく崩壊したということであろう。ここにおいてもう一つ見落とされてはならないのは、このような「地域主義」に基礎を置く各政治勢力がそれぞれ組織面においては、かつての「政府党」のそれとは比較にならない程度の貧弱なものしか有していなかったということである。即ち韓国において、「政府党」の支配を打ち破り、権力交代可能な複数の政治勢力の分立を可能としたもの、それは、「政府党」に匹敵する各政治勢力の組織ではなく、各々が自らの地域の利益とその正当性を訴える擬似民族主義的なイデオロギーだったのである。

それは言い換えるなら、冷戦体制下、そして引き続く経済発展至上主義的なＮＩＥＳの時代において、国際環境や発展戦略の面から伝統的な左右イデオロギー軸上において、密集して存在することを余儀なくされた各々の政治勢力が、自らに固有に与えられた情況の中から、全く次元の異なる新たなイデオロギー軸を作り出し、自らを他から明確に区別すると同時にし、安定した支持基盤を獲得することにより、「列柱化」を果たしたことを意味していた。

それでは、このような韓国の例から、我々は一体何を学ぶことができるのであろうか。最後にこの点に触れることにより、本章を終えることとしよう。

6　「政府党」支配の終焉と「イデオロギー」——「鋤」、「剣」、そして「本」

韓国、インド[57]、そして——（Ａ２）の変形的類型であるが——台湾。振り返ってみれば、一九九〇年代は、多くの国において、各国が脱植民地化直後から有していた「政府党」体制が深刻な危機に直面した時代であった。地域主義、ヒンドゥーイズム、そして台湾独立運動。この三カ国のみをとってみても、その結果として現れたものは、一見、全く異なるかのように見える。

冷戦体制の崩壊。それがこれら諸国における「政府党」体制の危機と崩壊に一定の影響を与えていることは事実であろう。しかしながら同時に我々が注目しなければならないのは、一九六〇年代に見られたような経済的発展よりも経済的独立を優先した時代が終了し、ＮＩＥＳ型の外資を利用した輸出主導型発展戦略が、事実上各国における経済発展の自明のモデルと化したこの時代には、冷戦体制下同様、各国が実際にとり得る経済的政策の選択肢の幅は極めて限定されたものだったということであろう。事実、各国がこの時期採用した政策は、冷戦体制下においてよりも、むしろはるかに互いに類似したものであり、我々はそこに冷戦体制下以上に大きな政策的選択肢があったと見ることはできない。

重要なことは、以上のような政策的選択肢の現実的な少なさにもかかわらず、この時期、一部の国において、徐々にではあるが確実に権力交代可能な状態が出現しつつあったということであろう。そして、このような各国の権力交代実現の背景にあったのは、いずれも、フィリピンやセイロンにおいて見られたような、明確な支持基盤や組織力を持つ支配勢力の分裂というよりは、むしろ組織にではなく、宗教的原理主義や民族主義、そして特定の選挙区を越えた広範な「地域主義」といった抽象的な価値やイデオロギーに依存する新たな勢力の台頭であった。それは言い換えるなら、これら諸国において、人々の政治的選択を分ける新たなイデオロギー軸が提示され、まさにその軸に沿って、現実的な権力交代を可能とする「民主主義的」体制が成立しつつあることを示している。

韓国をはじめとする、これら「権威主義的」体制から「民主主義的」体制への転換を果たした諸国の「民主化」が意味することは明らかである。即ち第二次世界大戦後の新興独立諸国の多くでは、その脱植民地化の過程で、従来からの在地支配層の政治的権力が大きく失墜し、それゆえこれら諸国においては、フィリピンやセイロンに見られたような在来の支配層の間での安定的権力交代が不可能であった。加えて、この上に宗主国から引き継がれた相対的に大きな「国家」が君臨し、結果、各国において、制度的民主主義採用の如何を超えて特定の政治勢力が長期にわたって権力を独占する「権威主義的」体制が出現した。「国家」の組織力は、他の勢力のそれに比べて圧倒的に強力であり、他勢力はその組織力をもってこれに対抗することは不可能であった。

そのことは、権力交代、それも一定の民主主義的手続きによる平和的な権力交代を実現するためには、支配勢力にとって代わろうとする勢力には組織以外の何ものかが必要であることを、意味していた。組織によらずして人々の支持を獲得し、自らの権力掌握のために動員する。アーネスト・ゲルナーがいうように、人間社会の秩序を規定するものが、「鋤」と「剣」と「本」、即ち経済と政治とイデオロギーの三者であるとするならば(58)、先進国や外資、さらには国際機関により「鋤」の使用方法が著しく限定され、行政機構を通じて「政府党」に「剣」が独占される状況において、対抗勢力が動員可能なのは「本」以外には存在しなかった。言い換えるなら、対抗勢力による支配勢力への挑戦が成功する鍵は、対抗勢力が如何なるイデオロギーを獲得するかであり、必然的にそれが成功した暁に登場するのは、強力なイデオロギーを主張する新たな政治勢力の姿であった。

韓国の例においてもう一つ興味深いのは、このような「政府党」に対する、従来の左右イデオロギー軸とは異なる、新たなイデオロギー軸に沿った政治勢力の登場が、例えば一九五〇年代における（A2）の例に見られたように新たな「権威主義的」体制を作りあげるのではなく、むしろ彼ら自身の明確なイデオロギー性の副産物として、イデオロギーの反対側に次の権力交代の担い手となる可能性を有するもう一つの勢力を作りあげているということであろう。そして、既に明らかなように、一九五〇年代、あるいは一九六〇年代の「権威主義的体制」の「再版」と、一九九〇年代のイデオロギー的政党による権力交代とを分けたのは、前者の権力交代の担い手達が少なくともその「ゼスチャー」としては、当該国家の全国民を代表する「独立」の枠組みに沿った「ナショナル」な主張を掲げたのに対し、一九九〇年代の権力交代の担い手達が掲げたのが、少なくとも全国民が簡単に、そして挙って受け入れることの不可能な、擬似民族主義的あるいは「原理主義的」主張であったことであった。韓国のハンナラ党(59)、インドの国民会議派、そして台湾の国民党。かつての「政府党」の多くは、対抗勢力を政権につけたそのイデオロギーゆえに、新興勢力の掲げるイデオロギー軸の反対側に生き残り、今日依然として、二大勢力の一翼を構成している。

進行する「民主化」と「原理主義」の台頭。賞賛される前者と酷評されることの多い後者であるが、各国レベルにおいてはもちろん、第二次世界大戦後の新興独立諸国を広く見た場合においても、これらは決して二つの孤立した現象ではない。それがどこに行き、またどのように評価されるべきか。我々はそれをもう少し冷静に見守る必要があるのではなかろうか。

第Ⅰ部　日本統治から与村野都へ
――「正統保守野党」の興亡――

第一章　「東亜日報グループ」の登場

――日本統治とその構造――

第二次世界大戦後の新興独立国における「権威主義体制化」。その最大の原因の一つは、植民地支配とそこからの脱却の過程において、かつての在地社会支配層の政治的権力が解体し、その結果、社会が国家に対する抵抗力を失ったことにあった。植民地国家から受け継がれた強大な行政組織を傘下に収め、「建国の父」を指導者と仰ぐ与党に対し、対抗勢力は組織、イデオロギー双方の面で劣位に置かれ、自らの足場さえ容易に捜し求めることができなかった。

それは韓国においてはより具体的にどうだったのであろうか。この点を考える上で好都合なのは、韓国においては、日本統治期において在地社会における有力者として君臨し、それを基盤にソウルへと進出を果たした人々により形作られた政治勢力が、解放後においても存在したことであろう。即ち「東亜日報グループ」[1]の人々を中心に作られた、韓国民主党を創始とし、後に、民主国民党、民主党へと引き継がれていく勢力がそれである。人々は、後に、この流れを汲んだ諸政党を「正統保守野党」と呼ぶこととなる。

そこでこの第I部では、解放後において、「国内派」――日本統治期を朝鮮半島で過ごした人々――により作られた最大の政治的・経済的グループである、「東亜日報グループ」について見ることにより、韓国においてこれらの人々がどのような立場に置かれていたかを見てみることとしよう。そもそも、彼らは何者であり、どのようにして台頭していったのであろうか。また、どうして彼らは最後まで「野党」の地位に留まらざるを得なかったのであろうか。

それでは、まず彼らの日本統治期以前の状況からはじめることとしよう。

1　日本統治と国内資本

今日までの半世紀あまりの東亜日報の苦難と栄光は、そのまま我が民族の苦難と栄光に直結している。異民族統治下において民族主義を標榜して発足した言論機関の道は決して順調なものではなく、それは時に、受難と忍辱、挫折と再起の繰り返しであった。世俗的な毀誉褒貶を超越した我が先人達は、これを見事に克服し、民族の大義を旗印に掲げ、彼らに膝を屈することを知らなかった。(2)

韓国近現代史。それに関して、今日まで積み重ねられた研究はまさに膨大であり、そして、その中に数多くの注目すべきものが含まれていることは、今さら筆者が指摘するまでもないことである。しかしながら、今日振り返ってみて惜しむべきは、これらの研究の多くが、日本植民地支配の功罪や、内在的発展、さらには開化派研究や民族運動など、特定の分野に偏って存在しており、また、相互においても必ずしも十分な連携を持って行われていないということであろう。結果、韓国近現代史の多くの部分が「断絶」した状態にあり、我々は依然それについて、統一した「像」を有さぬままになっている。

このような、韓国近現代史研究における「断絶」については多くの部分を指摘できようが、そのような「断絶」

の中でも大きなものは、第一に、併合に至るまでの研究（なかんずく開化派研究）と、併合後の民族運動研究の断絶、そして第二に、日本統治期における民族運動と、解放後の韓国現代史との断絶であろう。前者においては、開化派と呼ばれる諸勢力と併合後の民族運動を行った諸勢力との関係は今日まで必ずしも明らかにされておらず、これらの中間にある一九一〇年代（より正確にいうなら、併合から三・一運動までの間）は相対的な研究の空白期として存在している。しかし、実際には、朴泳孝、尹致昊らに代表される開化派や、開化派の一翼を担った大韓協会の有力会員達は、日本統治期においても継続して社会における影響力を維持しており、実際、例えば彼らと三・一運動を担った諸勢力の間には密接な関係が存在していた。また、後者、即ち解放前の独立運動を担った諸勢力、なかんずく三・一運動の中核であった国内派政治勢力と解放後の韓国政治との関係についても、確立した研究があるとは言いがたい状況にある。近代史研究の成果が現代史研究に十分反映されていない状態であり、惜しむべき状況と言えよう。

筆者は、以上のような観点から、これらの断層を繋ぐものとしての、金性洙、宋鎮禹らに代表される「東亜日報グループ」――それには「資本としてのグループ」と「人脈としてのグループ」の両面がある――に着目し、政治学的観点を交えながら、彼らについて明らかにしようと思う。このグループを扱う理由は以下の通りである。(3)

第一に、このグループの韓国近現代史に占める重要性である。即ち彼らは一九一九年の三・一運動時には、その運動を組織する役割を果たした人々であり(4)、また、一九二〇年代から三〇年代にかけては「民族の代弁紙」東亜日報を民族運動のアリーナとして提供することにより、朝鮮半島内における民族運動に重要な役割を果たした人々である。また解放以後においては、彼らは韓国民主党、民主国民党、民主党とつながる韓国保守野党の中核となり、一九五〇年代までの「民主化闘争」の中で重要な役割を果たしたとされる。にもかかわらず、この「東亜日報グループ」に関しては、我が国において今日まで体系的な研究はなく、この実態を明らかにすることが民族運動から民主化闘争までに至る韓国の近現代史において重要であることは明らかであろう。

第二は、発展途上国政治研究全般に関わる問題である。周知のように、この東亜日報を所有する「湖南財閥」は、解放直後の韓国において最大の地主資本であり、産業資本であり、メディア所有体であり、さらには最有力の高等教育機関の一つを傘下に収める巨大資本であった。[5]解放後、彼らはその力を基盤に政治的進出を実現するが、重要なことは、にもかかわらず、彼らが結局、政争に勝利することができず、終始一貫野党の位置に留まり続けることとなったということであろう。このような、一見、強大に見える彼らが、何故韓国現代政治の主流となることができなかったのか。それは、即ち今日においても、何故韓国の巨大財閥がその韓国経済における圧倒的な存在であるにもかかわらず、依然として時の権力に従属せねばならないのかという問いに答えるためにも、必要な視点であろう。韓国の政治・社会・経済はどのような構造を有しており、何故このような現象が生じるのであろうか。

第三に筆者がこれまで一貫して取り組んでいる、韓国ナショナリズム、なかんずく親日派問題との関係がある。解放後ほぼ五〇年以上経過した現在まで、何故韓国は親日派問題に拘泥し続けているのか。その背景にはどのような構造があり、またそこには構造から発するどのような意識があるのか。このような問題を考える上で、今日における親日派論争の最大の焦点とも言える「東亜日報グループ」を扱うことは避けて通れない問題である。[6]彼らは何者であり、人々は何故それに拘り続けているのか。

もちろん本章のみによって、この巨大な歴史上の存在の全体像を明らかにすることは困難であろう。ゆえに本章では、これまで述べた問題意識を前提としつつ、主として「東亜日報グループ」の形成過程とその日本統治下におけるあり方に焦点を絞って論じることにしたいと思う。そこでの中心となる議論は以下のようである。

第一に、「東亜日報グループ」の中核である、全羅北道古阜郡に基盤を置いた蔚山金氏一族の台頭過程とそのあり方について見てみることとする。ここでは主として、東亜日報の事実上の社主であった金性洙の幼少年期と彼の父祖について論じることになる。彼らはどのような人々であり、同時代やそれ以前の人々とどのように異なったのか。第二に、「人脈としての東亜日報グループ」の形成過程と旧来の組織・人脈との関係について分析する。ここでは主として、開化派として一括りにされる併合以前の諸勢力と「東亜日報グループ」との関係が、その人脈的・組織的連続と断絶の観点から論じられることとなる。第三に、「東亜日報グループ」の経済的拡大とその背景にあった資金的構造について論じる。既に述べたように、東亜日報は京城紡織を中心とする「湖南財閥」の一企業であり、経済的にはこれらと分かちがたく結びついた存在であった。東亜日報の活動はこのような経済的基盤に支えられたものであり、また、その人脈もこの「湖南財閥」の財力を中心に形成されてきたものである。このような「湖南財閥」がいかに形成され、それはどのような経済的基盤を有していたか。そして、それは彼らの行動にどのような影響を与えたか。

本論に入る上で明らかにしておくべきことは、以上で全てである。それでは、早速、本論に入っていくこととしよう。

2　「東亜日報グループ」前史

蔚山金氏の登場

今さら指摘するまでもなく「東亜日報グループ」は、金性洙に代表される全羅北道古阜郡出身の大地主、蔚山金氏一族の財力を基盤として成長してきた勢力である。従って我々はまず、「東亜日報グループ」そのものを分析する前に、この蔚山金氏一族の登場とその成長過程について見ていく必要がある。そこで、これまでの研究を参考にしつつ、この点について簡単にまとめてみることとしよう。

よく知られているように、蔚山金氏とは新羅の敬順王を始祖とする一族である。一族の中には、朝鮮王朝草創期に重要な役割を果たした金穏や、その五代孫で李退渓と同時代の巨儒として知られる金麟厚らがいる。『蔚山金氏族譜』[7]等によれば、金性洙の祖父に当たる金尭莢も、この流れを引くものとされている。仮にこれらの資料をそのまま信用するとしても、彼らがその直系ではなく、また尭筴以前の彼の家系が、代々科挙合格者を輩出してきたような、いわゆる典型的な両班の範疇から外れたものであったということは[8]、留意されるべきであろう。

大地主として、また資本家として近現代に活躍したこの一族の歴史は、事実上、金尭筴が古阜に移住してきた頃から開始される。古阜移住以前に金尭筴が、どこに居住し、また何をもって生計を立てていたかは、残念ながら明らかではないようである。いずれにしろ重要なことは、一八五〇年頃と推定されるある時期に古阜に移住してきて以来、彼の地主としての資産は急速に拡大し、その財産と彼の社会的地位は一八七〇年頃には相当なものとなっていたことである。このことは、一八七二年には金尭筴が、また一八八八年には彼の嗣子であり後に金性洙の養父となる金祺中が、そして、一八九八年には次男であり金性洙の生父である金暻中が相次いで官位と官職を得ていることからも確認できる[9]。彼らはいずれもその以前に科挙合格を果たしてはおらず[10]、彼らの官界進出においてその資産が一定の役割を果たしたであろうことは想像に難くない。

彼らが何をもって、このような短い期間に急速な蓄財をなし得たのかは必ずしも明らかではない。この点についてある論者は、この一族が朝鮮王朝末期に一隻の船舶を所有しそれを用いて私貿易を行っていた可能性を示唆しているが[11]、この点についても詳しいことはよくわからない。いずれにせよ、我々がここで確認しておくべきことは以下の点である。それは即ちこの一族が、この地域に数百年もの長期にわたって土着してきた典型的な伝統的地主名望家ではなく、近代に入っての朝鮮社会の大きな変化の中で生まれてきた新興地主であったということである。事実、この開港以後併合までの時期は、それまでの朝鮮社会が、新しい商品経済の浸透の中で大きく変容していった

金祺中（左）と金暻中（右）

（出典）　金相万『東亜日報社史』一（東亜日報社【韓国】，1975年）78頁。

時期であり、この頃この蔚山金氏一族と同様の新興地主が各所で登場してきていた[12]。彼らの蓄財はその後も順調に進み、金堯筴が死去し、金祺中、暻中の二人の兄弟が中心となる頃になると、彼らは朝鮮社会における有数の富者の一人に挙げられるほどの財産を作りあげることとなる。

伝説と謎に満ちた金堯筴に比べ、その二人の子供、金祺中、暻中の兄弟に関しては、我々は比較的確実に彼らの足跡をたどることができる。その詳しい蓄財過程については先学の研究[13]に譲ることとするが、堯筴から祺中、暻中へと世代交代するこの時期において注目すべきは、彼らが一族の経済的台頭に符合する形で、一定の範囲ながら社会的活動にも乗り出していったことであろう。彼らが本格的に活躍しはじめる時期、即ち一九〇〇年代は大韓帝国の末期に相当し、朝鮮半島の各所でいわゆる愛国啓蒙団体が活動をはじめる時期に当たっている。彼らはこのような全国的流れに符合する形で、金祺中は大韓協会[14]、金暻中は湖南学会[15]に、それぞれ名を連ねることとなる。大韓協会は、権東鎮、南宮濬らソウル在住の知識人が結成した大韓自強会の流れを汲む団体であり[16]、また湖南学会は姜曄、白寅基ら湖南出身ソウル在住知識人が作った団体である[17]。

後に東亜日報をはじめ各所から出版されることとなる蔚山金氏を巡る各種の伝記や研究においては、金性洙らの思想的背景をみる上で、これら愛国啓蒙団体と金性洙の二人の父——即ち養父金祺中と生父金暻中——との関係を重視しているものが多い。しかし、詳しく見ていけば、金祺中、暻中がこれらの団体に必ずしも積極的に関わっていたのではないことを、我々は容易に知ることができよう。つまり、金祺中は大韓協会の会員名簿に名を連ねるだけの平会員に過ぎず、彼が積極的にこの団体と関わった形跡はない。また金暻中は確かに湖南学会の評議員にこそ名を連ねていたが、彼は自らが約束した筈のこの団体への出資さえ満足に行ってはいなかった[18]。いずれにせよこの段階においては、両者がこれらの団体に積極的に関わっていたと考えることは難しい。

もちろん、その理由として、この段階では朝鮮社会における蔚山金氏一族の威信が、後の金性洙の時代ほどには大きくなかったことを挙げることはできよう[19]。しかし先述のように、彼らの財産規模そのものは、少なくとも一九一一年までにはソウル在住の朝鮮貴族等と並ぶ朝鮮半島最富裕者の一人[20]のそれとして数え上げられるまでになっており、それより五年ほどしか遡らないこの時期においても、彼らが相当な規模の財産を保有していたことは確実である。当時の愛国啓蒙団体はそのほぼ全てが深刻な活動資金難に喘いでおり、そのことは大韓協会と湖南学会も例外ではなかった[21]。本当に彼らがこのような運動に積極的だったのであれば、彼らの果たし得る役割は大きかったはずであるが、彼らの活動はそこまで及んでいない。

それでは、何故彼らはこれら愛国啓蒙団体の運動に消極的だったのであろうか。第一に挙げられるのは、彼らの在京両班層への不信である。例えば金暻中は、後に金性洙が中央学校を入手する際に次のように考えたという。

「子供」にそのような大事業を任せようとするソウルの名士とか言う連中は信用できない。必ず、間に何者かがいて、息子を誑かしているに違いない[22]。

間接的にではあるが、ここに表明されているのは、「ソウルの名士」に対する不信の念である。彼にとって、ソウルの名士とそれを取り巻く連中は有象無象の輩であり、無条件に信頼できる者であるとはみなされていなかった。少なくともそこには、伝統的な在京両班支配層に対する畏敬の念や信頼はみられない。

これと表裏一体の関係にあるのが、この一族のもう一つの特色である経済に対する着実な志向とでも言うべきものである。今日まで、金性洙やその実弟金秊洙の伝記は数多く出版されているが、これらの中で共通して父祖の特性として強調されるのが、彼らが経済的に「倹朴」であったということである。[23]「倹朴」は確かに儒教的徳目の一つではあるが、通常、より抽象的な徳目が強調される韓国の伝記において、この徳目が他よりも強調されることは、この一族の特異な点の一つである。

このような一族の「倹朴」への志向は、例えば、金祺中が子弟に残したという、次のような家訓からも確認することができる。参考までに挙げておくなら、それは次のようなものであった。

一、事に当たりては公名正大であれ、人に対しては春風和気であれ。
二、量入計出して初めて、民富国強が可能であることを銘記せよ。
三、己に厚き者は、他者に厚くすることはできぬ。
四、生活に規道を立て、朝鮮産を愛すべし。[24]

注目すべきは、第二の家訓であろう。当時、多くの朝鮮の富国論が、観念的な段階に留まっていたのに対し、この金祺中の座右の銘は明確すぎるほど明確である。注目すべきは、ここで「民富国強」が「量入計出」と組み合わせられた形で提示されていることであろう。「量入計出」、即ち収入と支出が厳格に管理されるべきこと、実はこれこそが多くの愛国啓蒙団体に欠けていたことであった。多くの愛国啓蒙団体は、会員からの出資金により運営されていたが、当然のことながら、それは出発当初こそ設立者達の出資した資金により期待された運動を行うことが可能であったが、やがて当初の出資金が食い潰された結果として活動を沈滞させていく、という共通の道筋をたどっている。それは即ち彼らが自らの活動において十分に「量入計出」していなかったことを意味していよう。金祺中によるこの座右の銘の背景には、このような当時の朝鮮諸団体の姿があったのかも知れない。

この点を理解すれば、何故金暻中が「ソウルの名士」達に対して不信の念を抱き、これらに対する出資に消極的であったかも推察することができよう。即ち「ソウルの名士」達の経済観念——より正確に言うなら、放漫な団体経営のあり方——こそ、この一族の最も忌み嫌うところであり[25]、金暻中はそのような彼らの団体運営に対して否定的であった。「結果のわからない事業に多くの財産をつぎ込むこと」、これこそが彼らの最も忌避するところだったのである[26]。この背景には、「ソウルの名士」とは異なり、短期間に巨大な富を築き上げてきた彼らの経営者としての経験があろう。

彼らの特色はここにこそあった。そして、そのようにして培われてきた財産と、それを支えた経済観念こそが、後の金性洙による巨大な湖南財閥と、それを背景にした「東亜日報人脈」へと繋がっていくことになる。そこで次に、その金性洙による啓蒙運動とそのあり方について、具体的に見てみることとしよう。

金性洙の登場と人脈形成

金性洙が全羅北道古阜郡富安面仁村里にて生まれたのは一八九一年であるから、既に金堯莢が第一線を退き、金祺中、暻中兄弟が実質的にこの一族を主導していた時期に当たる。金性洙は金暻中の四男として生まれ、三歳の時にそれまで子供のなかった金祺中の嗣子として出系している。度々、彼に「二人の父親がいた」と言われる所以であるが、本章においてこのような彼の出生とその背景について確認しておくべきことは、第一に、彼が生まれ育った時期には、この蔚山金氏一族が大地主としての地位を既に確立していたこと、第二に、それが韓国近代史においては朝鮮王朝の末期から大韓帝国期に当たり、既に日本が韓国の植民地化へと着実にその歩を進めていた時期に当たることであろう[27]。

第一の点、即ち生まれながらの大地主の子弟として生まれ育った結果、このソウルから遠く離れた土地において、彼の父祖が与えられなかったであろう水準の教育が金性洙には与えられることとなった。彼が学校生活をはじめたのは七歳の時、伝統的な書堂教育においてであったが、一六歳の時には一三歳の時に結婚した妻の実家のあった昌平に移り住み、義父・高鼎柱の開いた英学塾で学んでいる(28)。この英学塾は、高鼎柱が自らの次男光駿と金性洙に、新学問を教えるために特別に開いたものであり、この点だけをとってみても彼が如何にこの在地社会において、特別な存在であったかを知ることができよう。

もっとも、大地主の子弟として生まれ育ったことが彼に与えた影響はこれだけではなかった。即ちこの在地社会で特別な存在であった彼は、このような環境を通じて後に彼の側近として活躍する人物達と交友関係を結ぶこととなる。宋鎮禹、白寛洙らがそれであるが、後の関係に見られるように、金性洙と彼らとの関係は、友人であると同時に時に彼らへの経済的援助をも行うパトロンでもあるという関係であった。このことはそれまでの地方出身の名士達が、科挙受験のため幼年時代にソウルに出、「ソウルの名士」達との人間関係の中で、むしろ従属的な位置に留まることを余儀なくされたことと一線を画している。経済的には十分な余裕があったはずの二人の父親が、金性洙にソウルでの教育を与えなかったことからも、金祺中、暻中等の「ソウルの名士」達に対する姿勢を、我々は再び確認することができよう。

次に、時代背景が彼に与えた影響について述べてみることとしよう。この時期の金性洙の生活基盤は全羅北道の狭い地域に限定されていた。従って我々がここで注目しなければならないのは、全体的な韓国近代史の流れも然ることながら、この時代この地方がどのような状態に置かれていたかであろう。この点において容易に指摘できることとは、この全羅北道古阜の地が、いわゆる東学農民戦争から第二次義兵運動に至るまで、一貫して激しい韓国近代史の激動に晒された土地であるということである。この点について、今日までの金性洙とその一族の伝記的史料は多くを語ることはないが、金性洙がこの土地を離れた翌年である一九〇九年、第二次義兵運動の中、金祺中が保蔵していた賭租百石が義兵達によって「執留」されたという記録を我々は見ることができる[29]。詳しい事情は不明であるが、この時期、湖南地方の多くの地主達が自らの財産を義兵に「差押」されており、この金祺中の事例も恐らくその一つであったと考えるのが適切であろう。

一言で言うなら、彼は大地主の子弟として特別な環境の中に育ち、その環境は義兵運動に代表されるような従来型の農村に基盤を持つ運動とも、また伝統的な在京両班達のそれとも一線を画するものであった。時代が彼の選択に与えた影響について、もう一つ付け加えておくなら、この時代には既に日本が朝鮮半島における最有力な列強の一つとして登場してきているということであろう。彼が英学塾に通いはじめた時期は、既に日本が韓国を保護国化していた時期に当たっており、日本の影響力は商人らを通して着実にこの地方にも浸透してきていた。事実、金性洙の学んだ英学塾の科目には、英語、算数等とともに日本語が入っていた[30]。

このような時代に生まれ育った金性洙の日本に対する感覚は、当然のことながら彼の父祖達とは、異なるものであった。この点については、日本製品を巡る彼の祖父金尭莢と彼との間の興味深い逸話が残されている。金尭莢は日本製品を「三綱五倫を乱すもの」として近くに置くことさえ許さなかったが、そのような日本製品を幼年期の金性洙はあれこれ眺め、その用途を考えて遊んでいたという。彼にとって日本商人は、「侵略の触手であると同時に、新文明の伝達者でもあった[31]」。

ソウルへの疑念と、日本への一定程度の親近感。それは彼をして次なる高等教育受容の場として、ソウルよりも東京を選ばせることとなった[32]。一九〇八年に行われた、金性洙の渡日は、彼に日本の「新文明」の力をいっそう実感させることとなった。東京に到着した彼は正則英学校を経て、一九一〇年四月には早稲田大学予科に入学する。従って、韓国併合はちょうど彼が予科に通っていた頃のこととなる。彼は東京でも、やはり大地主の子であった。

後に東亜日報、韓国民主党の両輪として活躍する宋鎮禹[33]、張徳秀[34]はともに、東京在住時代、金性洙から金銭的援助を受け、学業生活を続けている。また、彼は一時期、市ケ谷に一軒家を借り、宋鎮禹、梁源模（後の東亜日報専務）、鄭魯湜らとともに生活していたが、当時、この家は多くの朝鮮人留学生の溜まり場になっていたという。この他にも彼に資金的援助を受けていた朝鮮人留学生は多数いたようである。[35] 金性洙はこの時期の朝鮮人留学生達共通のパトロン的存在であり、自然、彼の周りには一定の人脈が形成されていくこととなった。先述の宋鎮禹や張徳秀はもちろん、玄相允、崔斗然、梁源模（以上、早稲田大）、朴容喜、金俊淵（以上、東京帝大）、李康賢（蔵前高工）らは、その後、東亜日報や京城紡織等で、金性洙の傍らで活躍することとなる人物であるし、また、後に彼と同時代の有力な民族運動家となった、曺晩植、金炳魯、玄俊鎬、趙素昂（以上、明治大）、金度演（慶応大）、兪億兼、金雨英（以上、東京帝大）らとの関係もこの時期にはじまるものである。また李光洙や朱耀翰（ともに後に東亜日報編修局長を歴任）が初期の文学活動の舞台とした学友会もこの時期、彼らの手によって作られている。[36]

このようにして形成されてきた金性洙とそれを取り巻く人脈は、やがて、彼の政治的財産となり、一つのグループへと結合していくこととなる。即ち「人脈としての東亜日報グループ」がそれである。それでは、このような金性洙を中心とする人脈と彼の一族の資産は、どのようにして具体的な政治的・経済的集団へと転化されていったのであろうか。次にその点について見てみることとしよう。

3　「東亜日報グループ」の登場

中央学校入手

六年間の日本留学は、金性洙をして近代的教育の意義を認識させることとなった。ここにおいて偶然の産物であったにせよ、彼が一高や東京帝大ではなく早稲田大に留学したことは重要な意味を有していた。この点について、彼は後に以下のように述べている。

しかしながら私は、自分が［当時、早稲田に通った学生達の多くがそうであったように］大隈伯を尊敬する人間の一人であることを否認しない。私は彼の思想と学識に対してよりも、彼の世のために献身する憂国経世家としての志操に尊敬と仰慕の念を抱いていた。［中略］この校門から後日、日本憲政を主導することとなる数百の有名な政治家と、社会各方面の人材が輩出し、日本の文明を建設したことの国家的功労を考えるなら、彼の姿勢には敬服するばかりである。大隈伯の全ての政治的功労が忘れ去られた日にも、早稲田大学を通して教育事業家として活躍した大隈伯の功績は、万古不朽であろう。(37)

もっとも、朝鮮の名望家や運動家達が、自らの政治的・思想的活動の一つとして私学を作ること自体は、大韓帝国末期からこの時期にかけて広く見られた現象であった。(38) このことを考えるなら、あるいはこのような大隈の姿勢が彼に与えた影響についても、彼が日本留学に赴く以前の朝鮮社会における「私学熱」を考えて理解することが重要であるのかもしれない。いずれにせよ、日本を離れることとなる一九一四年の段階で金性洙の頭にあったのは、まず「朝鮮の早稲田大学」を作り出すことであり、それを通じて朝鮮の近代化に資することであった。

帰国した金性洙は早速、この課題に取り組むこととなる。当初、彼が考えていたのは、ちょうど大隈がそうしたのと同じように、自らの手で一から学校を創設することであった。しかし、この「白山学校」という校名まで決まっていた私立学校の新設計画は、総督府の不許可により失敗する。金性洙は次の策を講じることを余儀なくされるが、幸いなことに新たなる策は、彼が自ら考えを巡らせるまでもなくむこうから転がり込んでくることとなる。

即ち当時のソウルの最名門私立学校であった「中央学校」が、自らの経営難を理由に、金性洙に学校の再建を依頼してきたのである。これであれば、改めて総督府から学校設立許可を獲得するという問題も回避できる。早速、金性洙はこの話に飛びつくこととなる(39)。

ここで、中央学校とそれを取り巻く当時の私立学校の状況について説明しておく必要があろう。既に述べたように、大韓帝国末期には朝鮮全土で「私学熱」が盛んであり、様々な団体や有志が朝鮮各地に私学を創設していた。これらの多くは、いわゆる「学会」、即ち在地・在京の知識人達――その多くは伝統的な王朝知識人の流れを汲んでいる――のグループによって設立・支援されていた。しかし、日本統治が始まったこの時期には、これら学校の母体となった学会の多くと同様、その傘下にあった私立学校の多くも深刻な経営難に直面していた。中央学校もその例外ではなかった。中央学校は、在京知識人達によって作られた畿湖興学会の作った畿湖学校と、同じく在京知識人達のもう一つの団体である興士団が創設した隆熙学校との二つの学校の流れを汲むものであり、より正確に言うなら、経営難に喘ぐ二つの学校が経営合理化のために合併し誕生したものであった。中央学校の「中央」と言う名は、その経営母体である「中央学会」に由来していたが、この「学会」もまた財政難に苦しむ様々な「学会」が自ら自身の経営合理化のために大同合併し作りあげられたものであった。中央学会に合流した学会の中には、先述の畿湖興学会や興士団はもちろん、嶠南学会や関東学会、さらには金暻中も評議員として参加していた湖南学会等が含まれている(40)。

一言で言うなら、中央学校とは、当時の伝統的知識人層が形成する最大の交流組織である中央学会によって経営される学校であった。しかし、その合併過程に見られるような経営合理化への努力にもかかわらず、一九一四年当時の中央学校の経営難は依然深刻であり、そこで白羽の矢が立てられたのが、湖南の大富豪の子弟であり、教育事業に関心を有している金性洙であった。もっとも、彼ら伝統的知識人達と金性洙の間には、中央学校再建を巡って大きな思惑の差があった。この点について、『仁村　金性洙伝』は次のように述べている。

内部事情を知った仁村［金性洙の雅号］は中央学校の無条件での引き渡しを要求した。この要求は学会の解散を意味していた。学会の意図はこれとは異なった。学会はそのまま存続し、仁村は出資者として学会に加盟し、彼に学会の運営のみを任せる。それが学会側の意図であった。しかし、仁村にはそれはできなかった。中央学校の問題は、学校自体にあるのではなく、学会の構成が複雑であり、また、非能率的であったことにあるのであり、それゆえ、学会をそのままにしたまま、出資だけ行うことは無意味であった。(41)

資金は出させるが、主導権は維持する。中央学会側が金性洙に求めていたのは、従来の地方の富豪達と、彼ら伝統的知識人層の間に数多く見られた関係であった。先述のように、中央学会は、巨儒・金允植を会長に戴き、その下に李商在、柳瑾、兪星濬らを主要メンバーとする、当時の朝鮮社会に名を知られた伝統的知識人による集団であり、対して金性洙はこの時、わずか齢二五歳の若輩に過ぎず、両者の間には当時の社会における「威信」において大きな差があったということができる。この点を考えるなら、彼ら伝統的知識人達が、ただの「地方富豪の子弟」に過ぎない金性洙に自らの主導権に従うことを求めたのは、ある意味では当然であったとも言うことができよう。にもかかわらずつきつけられた、金性洙の学会に対する死刑宣告にも等しい要求は、彼ら従来の朝鮮社会の重鎮達を驚愕させたに違いない。しかし、学会と中央学校は、既に「存廃の岐路」に瀕していた。結局、名望家達は、金性洙の要求を呑み、中央学校を全面的に彼の手に委ねることとなる。それは、朝鮮社会における伝統的知識人層の権威が、「経済の力」に屈伏した瞬間であった。

中央学校の獲得は、結果として金性洙に学校経営の夢を実現させただけではなく、彼をして伝統的知識人の人的ネットワークを継承させ、一躍その頂点に立たしめることとなった。一九一九年、三・一運動が展開されるに当たって、金性洙と中央学校が何故、「三・一運動の策源地[42]」となり得たかを考える上で、この点は見落とされてはならないであろう。彼らは、最大のネットワークの一つを自らの傘下に収めていたのである。

「経済の力」による支配権の獲得。それはこの「東亜日報グループ」を理解する上での最大のポイントの一つである。しかし、それはこの段階では、まだその出発点であるに過ぎない。それならば、その「経済の力」と「東亜日報グループ」のその後の形成過程はどのような関係にあったのであろうか。次に、この点について具体的に見てみることとしよう。

経営権独占と「東亜日報人脈」の成立

中央学校について見てみたように、金性洙が企業・法人等を経営するに当たっての一貫した方針は、自らが経営権を独占するということであった。このことは、従来の伝統的知識人中心の「学会」等に対し、それまでの在地地主層が単に金銭的出資のみを行うに留まっていたこととは、明らかに一線を画している。繰り返しになるが、この金性洙と蔚山金氏一族において、「経済の力」が初めて伝統的知識人層の「権威」に優越したということができる。

それでは、このような金性洙の「経営権」はより具体的にはどのような形で、個々の団体において現れたのであろうか。まず、この点について指摘できることは、これが金性洙の絶対的な人事権として現れたという事実であろう。このことが最も明確に現れているのは、今日の高麗大学の前身、普成専門学校の引き受けに際しての金性洙の要求においてである。金性洙は引き受けに当たって、次のような三条件を示したという。

一、現在の理事・監事は総辞職すること。

二、後任の理事・監事は金性洙の指名によって選任されること。
三、財団法人の評議会を廃止するための寄付行為規定を改正すること。(43)

金性洙が支配下に置く以前の普成専門学校の規定においては、多額の寄付を行った者には終身理事としての待遇が保証されることが定められていた。第三の条件は、そのような従来の規定を無効とし、これら金性洙以前において終身理事の地位を獲得していた者達をも例外なく退任させるべく、金性洙が示した条件である。このような条件からもわかるように、金性洙が様々な団体を引き受けるに当たって要求したのは、彼の団体に対する絶対的な支配権であり、それは具体的には金性洙の絶対的な人事権として現れていた。今日まで金性洙については、彼が表面に出ることを嫌う「寛裕と寛恕の人格」の保有者であるという評(44)が支配的であるが、以上のことを理解した上で言うなら、彼には敢えて社長や理事長といった「表の職務」に就く必要がなかったのだという方が適切であろう。全ての理事や取締役が彼によって自由に選任されるなら、それらの職は全て名目的なものであり、金性洙が法的責任を負わせられる危険を負ってまで、敢えて公式の地位に就く必要があるはずはなかった。

金性洙が日本統治期に支配することになる様々な団体、即ち中央学校、普成専門学校、京城紡織、東亜日報、三養社等において、彼がこれを支配することになる形は大きく二つに分けることができる。その第一の形は、これまで述べてきたように、従来からある伝統的知識人層が設立した諸団体が経営難に陥り、これを助ける代償として金性洙がこれらの団体の絶対的な支配権を得るというものであった。この形の支配権入手については、既に中央学校と普成専門学校について見た通りであるが(45)、これらの団体を引き継ぐことにより、金性洙は創業の困難を回避しつつも、一躍、当時の朝鮮社会における重要な地位を占めることができた。これと同じ形の入手経緯をたどったものとしては、後に京城紡織を設立するための前段階として重要な、京城織紐の入手がある。

金性洙が団体を自らの支配下に収めるに当たっての第二の形は、より単純に彼自身が直接、団体を設立するというものであった。代表的な例は京城紡織と東亜日報であるが、我々がここで注意しなければならないことは、この両者のいずれにおいても、設立そのものを構想したのは金性洙ではなかったということであろう。事実、京城紡織においては、日本にて紡績学を専攻した李康賢がその設立の提案者[46]であったし、東亜日報設立を金性洙に働きかけたのは、それまで総督府系朝鮮語新聞・毎日申報にて編修部長をしていた李相協であった[47]。両者は、ともにその道の専門家としてそれぞれの世界で自らの主導による「朝鮮人のための」事業実現を考えていたが、彼らは専門家としての技量はあっても自前の資金を保有してはおらず、それゆえ自らの「夢」を実現するに当たって金性洙の経済力を利用しようとしたのである。

このような経緯をたどった結果、第一のグループに属する経緯をたどった諸団体とは異なり、京城紡織と東亜日報においては、当初、李康賢と李相協という二人の「専門家」が大きな力を振るうこととなった。事実、京城紡織の初代支配人は李康賢であり、また東亜日報の初代編修局長兼政治部長兼発行人は李相協であった。この意味で、金性洙のこれらの団体に対する支配力は、少なくともその初期においては、中央学校や普成専門学校へのそれに比べて弱いものであった[48]。

しかし、金性洙はこれらの団体においても、次第に支配権を強めていくこととなる。京城紡織においてはその経緯は比較的単純であった。設立間もなく、日本へ工場機器買い出しに出かけた李康賢は、一攫千金を狙って、自らに与えられた資金を「三品市場」につぎ込み、その投機行為の失敗の結果、京城紡織の財政に大穴を開けてしまうこととなる。結局この損失は、金祺中が自らの土地を担保に朝鮮殖産銀行から借り入れを行い、その資金を金性洙に提供することにより穴埋めされるのであるが、この李康賢の自失は、結果として彼の支配人としての地位を失わせ、その地位は金性洙の実弟である金季洙の手に移ることとなる。金性洙に自失を救われた形となった李康賢は、

金性洙（東亜日報社長当時，1921年初）

（出典）仁村紀念会編『仁村　金性洙伝』（同紀念会【韓国】1978年）34頁。

その後も京城紡織の重役として留まることとなるが、「このことがあった後、会社のこととなれば、全てを捧げる献身的な京紡［京城紡績の略称］人となった[49]」。

金性洙の団体に対する支配の意志と、より鮮明に衝突したのは李相協であった。東亜日報は当初、朴泳孝を名目的な社長に戴き、その下に発行人兼編修局長として、実質的な新聞発行・編修に李相協が当たる形となっていた。朴泳孝、そして早々に社長の職を退いた彼の後を一時的に継いだ金性洙自身も、このような李相協の地位に直接的に手を出しはしなかった。しかしその状況は金性洙が社長の職を退き、宋鎮禹がその後を継ぐことによって大きく変化することとなる。当時の李相協は「新聞を知る者はこの朝鮮に自分以外にいない[50]」という強い自負を有していたが、この彼の上に民族の「元老」でも資金提供者でもない、ただの「新聞の門外漢」が座ったことは彼のプライドを著しく傷つけることとなった。結局、宋鎮禹と李相協の対立は、いわゆる「食堂園事件」を契機に表面化し、李相協は東亜日報を離れることとなる。その後彼は、朝鮮日報編修顧問を経て、中外日報を創刊することとなるが、東亜日報のような強力な経済的基盤を欠いたこの新聞は、やがて経済的に破綻、彼は総督府系の毎日申報に「恥辱の復帰[51]」をすることを余儀なくされる[52]。それは金性洙の経営権が、新聞編修の「専門家」を弾き飛ばしていった過程であった。

いずれにせよ、本章において重要なことは、金性洙が以上のようにして自らが出資した団体の実質的な支配権を獲得していったことであろう。金性洙はこれを基に、自らが交友を結んでいた人々を順次配置していくこととなった。ここに「人脈としての東亜日報グループ」は、実態を伴う一つの集合体に結実される。結果、これらの団体の理事・取締役等は、全て金性洙の系列の人脈によって占められることとなる。表1－1はこれを示したものである

日本統治期の東亜日報社員達（1930年4月1日撮影，
前から二列目右から六人目が宋鎮禹）

（出典）　金相万『東亜日報社史』一（東亜日報社【韓国】，1975年）44頁。

が、ここにおいて注目すべきは、このようにして金性洙によって起用された人々がいずれも彼の同世代人であり、かつ金性洙とその故郷においてか、もしくは日本留学時代に交流を結んだ者達であったということであろう。そして、その人脈はやがて解放後の政局において、韓国民主党の主流派となって立ち現われてくることとなる。(53)彼らの多くは、金性洙に比較されるような巨大な資産も、また、従来の両班知識人層のような絶大な権威をも有さず、金性洙の経営する様々な団体の中で、自らの生活の糧を得る者達であった。(54)言い換えるなら、彼らはそれぞれ自らが担うこととなった、経営・編修・教育・文学等における専門知識こそ有していたが、金性洙に挑戦する能力も意志も有さぬ人々だったのである。

「人脈としての東亜日報グループ」はこうして形成され、一つの実体へと結実することとなった。(55)日本統治期、そして、独立以後の第一共和国期に「東亜日報グループ」と目された人々は、ほぼ例外なくこのようにして金性洙によって見出され、その経済力による庇護の下その実力を発揮した人々であった。

全ては金性洙の経済力とそれによる絶対的な団体への支配権の下、作り出されたものであった。それならば、彼はその基盤

表1－1　東亜日報グループ主要団体役員一覧

東亜日報

	社　長	顧　問	副社長	専　務	常　務	取締役	取締役	取締役	取締役	取締役	取締役	取締役	取締役	取締役	取締役	発行人	編修長	同代理
1920	朴泳孝 金性洙	（欠員）	（欠員）	（欠員）	（欠員）	（欠員）	（欠員）	（欠員）	（欠員）	（欠員）	（欠員）	（欠員）	（欠員）	（欠員）	（欠員）	（欠員）	李相協	（欠員）
1921	宋鎮禹		張徳秀	慎九範	李相協	宋鎮禹	金性洙	張徳秀	慎九範	李相協	李雲	金瓚永	成元慶	張斗鉉	鄭在琬	李相協 韓基岳		
1923															（欠員）			
1924	李昇薫 金性洙	金性洙 宋鎮禹		李昇薫 金性洙	李昇薫 金性洙	洪命憙	李昇薫 金性洙		許　憲	尹洪烈	梁源模	（欠員）	（欠員）	（欠員）		薛義植 金鐵中	洪命憙	韓基岳
1925		李昇薫				宋鎮禹				林正燁								（欠員）
1926																	李光洙	
1927	宋鎮禹			（欠員）	（欠員）											梁源模 金錫中	金俊淵	崔元淳
1928																		朱耀翰
1929																	朱耀翰 李光洙	薛義植
1930		（欠員）							李光洙			金用茂				宋鎮禹		
1933									（欠員）								（欠員）	
1935																	薛義植	
1937	白寛洙	宋鎮禹	（欠員）	梁源模		玄俊鎬	白寛洙									白寛洙	白寛洙	
1938				（欠員）														
1939					林正燁												高在旭	
1940	宋鎮禹	（欠員）			（欠員）	宋鎮禹		（欠員）			（欠員）					林正燁		
1943							（欠員）					（欠員）						
1944 ～1948																		

京城紡織

	社長	専務	常務	常務	取締役	取締役	取締役	取締役	取締役	取締役	取締役	取締役	支配人	支配人
1919	朴泳孝	朴容喜			朴泳孝	朴容喜	李康賢	鮮于全	尹相殷	安鍾建	金性洙	（欠員）	李康賢	
1920									金瓚永					
1921										（欠員）				
1922			金季洙	李康賢				金季洙				曺偰鉉	金季洙	
1923		金季洙	（欠員）			（欠員）			（欠員）				李康賢	
1928											金秊洙	崔斗善		
1935	金季洙			（欠員）	朴興植	崔昌学			玄俊鎬					
1936													尹柱福	
1939													金容完	郭基鉉
1941							（欠員）							
1942			崔斗善				高元勲							
1943											（欠員）			
1944		崔斗善	金容完											
1945	崔斗善	趙麟章	張世衡		陳在洪	金丙運	黄泳模	（欠員）	（欠員）					
1946	金容完			李俊穆				李俊穆						
1948～1950				（欠員）										

普成専門学校役員表

	校長	主務理事	理事	理事	理事	理事	理事	理事
1932	金性洙	金性洙	朴容喜	玄相允	崔斗善	金季洙	金泳柱	張鉉植
1935	金用茂							
1937	金性洙							
1938								李康賢
1939			卞栄泰					
1946	玄相允						（常務理事）	
1950	兪鎮午（代理）		蘇秉昆					李活

中央学校

	校長
1915	柳瑾
1917	金性洙
1918	宋鎮禹
1919	崔斗然
1922	玄相允
1925	崔斗然
1931	朴容喜 金性洙
1932 ～1945	玄相允

となった自らの経済力をどのようにして維持していったのであろうか。次にその点について見てみることとしよう。

土地から総督府系資金へ

「人脈としての東亜日報グループ」は金性洙の団体への支配権の下に作られた。しかし、それだけならばこの人脈は、彼の「経営」の失敗とともにその勢力を失墜させ、やがては――大韓帝国末期の学会等と同じく――解体することを余儀なくされる可能性があったであろう。「東亜日報グループ」が日本統治期、そして第一共和国期において一定の影響力を保ち得た背景に、このグループの経済的安定があったことは見逃されてはならない。それでは、このグループの経済的安定は如何にしてもたらされていったのであろうか。また、その基盤はどこにあったのか。

第一に指摘できることは、それまでの多くの政治的活動を行ってきた団体と明確に異なり、このグループにはその資金を運用し、富を生むことのできる、「実業部門」が備わっていたということであろう（図1－1）。既に幾度か述べてきたように、大韓帝国期そして日本統治期の多くの団体は、設立当初こそ、その豊富な寄付金により、運営が可能であったが、やがてそれを食い潰しその活動は沈滞していくという運命を辿っていた。これに対して、「東亜日報グループ」には資金を運用する場があった。言うまでもなく、このような資金運営の中心的な舞台は京城紡織であったが、このような実業部門の経営をもって諸団体運営の資金を確保しようという姿勢については、中央学校入手の過程においても見ることができる。注意すべきは、金性洙が中央学校を入手する際の経済的支援が「資金の供出」によってではなく、彼の一族が所有していた農場、より正確にはこれらの農場からの利益の供出という形で行われたということであろう。つまり中央学校は、農場という蔚山金氏一族の「実業」からの収入に支えられていたのである。

しかし、このような土地の供出とその経営によるグループ維持は、「資本としての東亜日報グループ」、後の「湖

図1－1　東亜日報グループ所属団体派生図

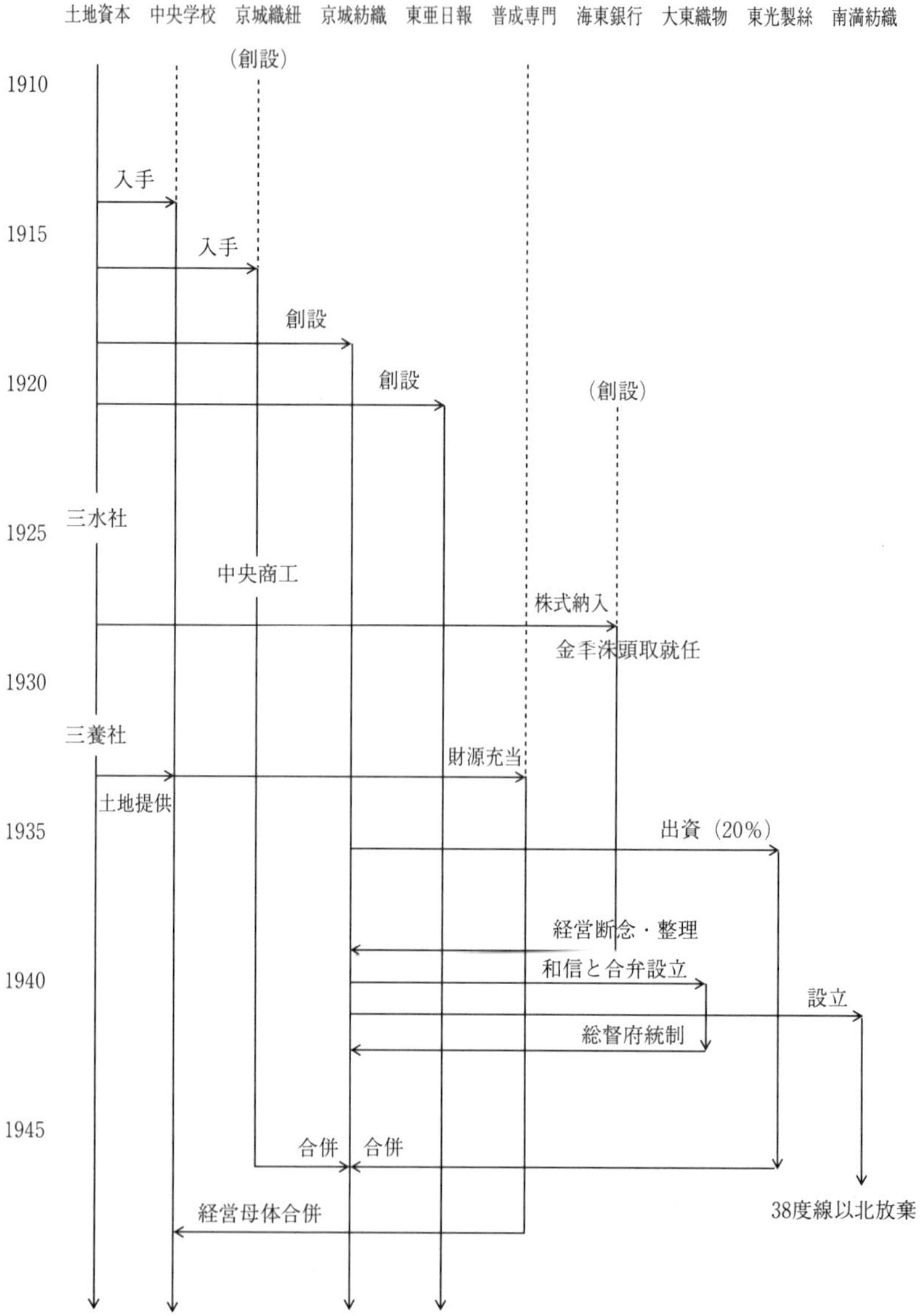

南財閥」が経済的に拡大していくにつれ、次第に不十分なものとなっていった。事実、一九二〇年代から解放までの間に、金性洙一族が所有する土地の規模は約八倍（一・八万石→一五万石）にしかなっていない一方、[56]対する京城紡織の資本金規模は一三倍（一〇〇万円→一三〇〇万円）、[57]借入金においては実に五〇〇倍以上（八万円→四二〇〇万円）[58]になっており、これらの経済的拡大を全て蔚山金氏一族所有の土地資本によって支えることは不可能であった。

ここにおいて金性洙らが採用した手段は、次の二つであった。第一は、京城紡織や東亜日報の「一人一株運動」で良く知られているような、株式の公募（例えば、京城紡織については、表1-2）である。[59]一見、このことは金性洙による経営権独占と相反することのようにも見えるが、金性洙とその一族はこの株式公募を有効に用いることにより、適宜、自らの経営する企業の規模拡大を実現しつつ、同時に長期的には、自らへの資本集中の度合をむしろ増やしていった。彼らは、当初からこれら企業の大株主であったが、増資の際においても現株主や重役・縁故者への株式優先割り当てを通じ、[60]さらには一旦株式を発行した後の株式失権手続等の手段を通じて、自らの支配権を維持・強化していった。

しかし、金性洙一族が自らのグループの経済的拡大を実現するに当たって、重要であったのはこれだけではなかった。表1-3は、中央学校入手から朝鮮戦争勃発までの「東亜日報グループ」における主な資金移動を示したものである。ここから即座にわかることは、「東亜日報グループ」が拡大していくに当たって、朝鮮殖産銀行[61]からの借り入れが重要な役割を果たしているということであろう。この点は京城紡織の急拡大期に当たる一九三〇年代以降において特に顕著である。つまり「東亜日報グループ」、なかんずくその経済的中核であった京城紡織は、資金調達面においては、朝鮮総督府の殖産興業のための政策銀行であった朝鮮殖産銀行をメインバンクとする企業だったのである。[62]我々はここで、何故多くの朝鮮人資産家が金融業務に手を染めたこの時代、朝鮮人資本最大の「資本としての東亜日報グループ」が、一九三〇年代の海東銀行を巡る幕間劇[63]を別にすれば、金融機関を所有した

表1－2　京城紡織増資／払込表

年	資本金	払込額	株主当追加払込	総株数	増資／追加払込理由	備考
1919.10.	1,000,000	250,000	12.5	20,000	設立	
1922.4.		400,000	7.5			実 73215 → 失権処理等 10,529 競売譲渡 7,928 失権競売 1,701 無償譲与 850 相続 50
1928.1.		500,000	5			
1931.3.		750,000	12.5			
1933.4.		1,000,000	12.5			
1935.3.	3,000,000	1,000,000		60,000	増資	現株主 20,000株 重役／縁故者 16,000株 一般公募 4,000株
1935.6.		1,500,000	12.5(1)			
1936.1.		2,000,000	12.5(1)		紡績工場新設	
1938.3.	5,000,000	2,000,000			海東金融(株)合併	
1938.3.		2,800,000	40(2)			
1940.10.		3,800,000	25(1)		南満紡績出資	
1940.10.		5,000,000	60(2)		南満紡績出資	
1942.3.	10,000,000	5,000,000			施設拡張／南満紡績出資	
1942.3.	10,000,000	7,500,000	25		施設拡張／南満紡績出資	
1944.10.	13,000,000	10,500,000	50		東光製糸／中央商工合併	東光 22,900／26,000株 京城紡織所有

註：この表の作成に当たっては、『京紡七〇年』の各所を参考とした。

り、経営したりする特段の意志を見せなかったかを理解することができるであろう。つまり、彼らは既に当時朝鮮半島内最大級の金融機関と強力な繋がりを有していたのである。

それでは、「資本としての東亜日報グループ」は如何にして、朝鮮殖産銀行との密接な関係を築き上げてきたのであろうか。この点を理解する上で我々が見落としてはならないのが、朴泳孝の果たした役割である。[64]従来、金性洙系企業における朴泳孝の地位については、「名目的なもの」とされるか、せいぜい「総督府との接触役」とされるに留まっているが、[65]京城紡織においては一九三四年まで社長を、そしてそれ以後もその死去に至るまで顧問の位置に留まり、また、東亜日報においては設立当時の社長であった朴泳孝が、これら全ての期間を通じて朝鮮殖産銀行の理事を務めていたという事実はもっと重く受け止められてしかるべきであろう。[66]事実、一九三九年に彼が死亡すると、翌一九四〇年には朝鮮殖産銀行から京城紡織に、中富計太という日本人[67]が監査役として派遣されており、このことからも朴泳孝がそれまで果たしてきた役割を推測することができる。

このことを理解するためには、この時代の朴泳孝の微妙な立場を説明する必要があろう。周知のように朴泳孝は、一八八四年の甲申政変を金玉均らとともに首謀した一九世紀後半の朝鮮開化派の代表的人物であり、その権威は三・一運動当時においても依然として「民族代表者第一候補」[68]と目されるほどであった。しかしながら一方で、彼は当の甲申政変以来、一貫して自らの開化という大目的実現のため日本の力を利用せんとした人物であり、彼の行為は結果として朝鮮半島に日本の影響力を引き込んでいくこととなった。また彼は併合に際しても、伯爵の爵位を受けた、いわゆる「朝鮮貴族」の筆頭に名を連ねる存在でもあった。[69]言わば彼は、民族の「元老」と「親日派」の二つの顔を持つ人物であり、両者は彼の中で見事に結合していた。

いずれにせよ、こういった経歴の結果、朴泳孝はこの時期、総督府にも、またいわゆる民族陣営にも影響力を有する希有な存在となっていた。そして、金性洙らはその朴泳孝を巧みに取り込むことにより、自らのグループ経営

表1－3　東亜日報グループ関連資金移動表

年	出資・貸出者等	受資・借入者等	移動額	内容	理由	備考
1915.4.	金祺中	中央学校	3,000斗落土地		中央学校引受	
1919.10.	金曝中	京城紡織	2,000株		京城紡織設立	筆頭株主 一株＝50円 全20,000株 第一回納入 12.5円
1919.10.	金祺中	京城紡織	800株		京城紡織設立	第3位株主 一株＝50円
1919.10.	金性洙	京城紡織	200株		京城紡織設立	第4位株主 一株＝50円
1920.7.	金祺中	朝鮮殖産銀行	?	土地担保	三品事件	
1920.7.	朝鮮殖産銀行	京城紡織	80,000円	融資	三品事件	
1921.	閔泳達	東亜日報	5,000円	緊急融資	経営難	
1921.10.	金曝中	中央学校	?	校舎西館	増築	
1922.4.	金季洙	中央学校	?	運動場	拡張	
1922.8.	金季洙	中央学校	6,300坪	学校裏山		
1924.2.	総督府	京城紡織	?	補助金		1931年まで 毎年継続
1926.3.	金祺中	東亜日報	25,000円	送金	社屋新築	
1926.3.	総督府	京城紡織	28,000円	補助金		
1927.3.	総督府	京城紡織	27,008円	補助金		
1928	金季洙？	海東銀行	300,000円？	出資	経営権譲渡	
1928.3.	総督府	京城紡織	29,653円	補助金		
1929.1.	朝鮮殖産銀行	京城紡織	250,000円	融資	工場／織機増設 (増資不足分)	10年年賦償還
1929.2.	三養社	中央学校	1,500石収穫農場	鳴古農場	財団設立	管理三養社継続
1931.4.	総督府	三養社	156,000円	補助金	咸平干拓	
1932以降	総督府	京城紡織	廃止	補助金	経営好転	
1932	金季洙？	三養同済会	200,000円	寄付		
1932.3.	金曝中	中央学院	5,000石田畑		学校引受	普成専門学校 経営資金源
1932.3.	金祺中	中央学院	500 石田畑 6,000余坪岱地		学校引受	普成専門学校 経営資金源

1932.3.	三養社	普成専門学校	5,000石収穫農場	新泰仁農場	引受基金	管理三養社継続
1932.	中央学院	普成専門学校	24,700円	経費補充		
1932 〜1941	金季洙?	三養同済会	958,000円	寄付		三回分割
1932	朝鮮殖産銀行	京城紡織	500,000円	融資	工場拡張	
1933	総督府	京城紡織	?	補助金		以後,補助金無し
1935.	金性洙	普成専門学校	20,000円	校舎等	キャンパス移転	
1935.	金季洙	普成専門学校	20,000円?	校舎等	キャンパス移転	
1936	朝鮮殖産銀行	京城紡織	695,000円	融資	紡績工場新設	
1937	朝鮮殖産銀行	京城紡織	1,500,000円	融資	紡績工場新設	
1938.1.	海東金融㈱	京城紡織	2,000,000円	合併		
1939.12.	三養社	三拓企業(株)	1,000,000円	入手金	買収	
1940.4.	東亜日報	普成専門学校	20,000円	貸与	遊休資金	
1940	朝鮮殖産銀行	京城紡織	2,800,000円	融資	南満紡績出資	この頃までに 総借入 朝鮮殖産銀行 3,000万円 満州興業銀行 1,200万円
1942	京城紡織	南満紡績	5,000,000円	出資		
1942	朝鮮殖産銀行	京城紡織	2,500,000円	融資	南満紡績出資	
1944	東光製糸/ 中央商工	京城紡織	3,000,000円	合併		
1945	京城紡織	韓国民主党	3,000,000円	政治資金		1945年段階 借入 朝鮮殖産銀行 2,200万円 その他 不明
〜1948	金季洙	長城中高等17校	629町歩田畑 3,700,000円	寄付金等		
〜1948	金季洙	海外留学生	3,290,000円	補助費		

註:1. この表の作成に当たっては,『京紡七〇年』,『三養六〇年』,『東亜日報史』巻一,『仁村　金性洙伝』,『秀堂　金季洙』, *Offspring of Empire*, の各所を参考にした。

2. この表は資料から確認できるものをまとめたものであり,東亜日報グループに関する全ての資金移動を記したものではない。また,資金借入等について,その返却状況については不明である。それ故,備考に記されている借入総額等は,移動額の総計とは一致しない。

における潤沢な資金を確保することに成功していた。本章において重要なことは、金性洙らが「資本としての東亜日報グループ」を運営するに当たって、朴泳孝を通じた朝鮮殖産銀行や総督府からの資金獲得をはじめ、当時の朝鮮社会におけるあらゆる可能性を総動員してその経営の健全性を維持していたということであろう。「資本としての東亜日報グループ」は、まさにこうした経営努力の上に成立したものであり、これらのいずれかを欠いても成立し得ないものであった。

既に述べたように、こうした「資本としての東亜日報グループ」の下に、「人脈としての東亜日報グループ」が形成され、金性洙の独占的な人事権の下、彼らは各々の役割に整然と配置されていた。宋鎮禹は東亜日報における金性洙の代理人であり、京城紡織においては同じ任に当たったのは金秊洙であった。中央学校を管理するのは玄相允であり、崔斗然はこれらの諸団体を言わばユーティリティプレヤーとして、それぞれの団体における「番頭」が欠ける毎に代わりの任に当たることとなった。白寛洙は、宋鎮禹が表面に出られない時の彼の代役であり(70)、張徳秀はその文章能力と優れた分析能力で、普成専門学校と東亜日報を行き来する参謀役である。言うまでもなく、これらを統括する位置にあるのは金性洙であり、彼自身は普成専門学校の中に本拠を構えている。彼らはいずれも、巨大な「資本としての東亜日報グループ」という防壁の中に守られている。彼らを守るのは朴泳孝の役割であり、その朝鮮人社会、総督府双方に対する巨大な影響力こそが、彼らに政治的庇護と豊富な資金を提供することを可能とさせていた。

日本統治期における「東亜日報グループ」とは以上のような存在であった。それでは、我々はこれについて如何なる総括を行うことができるであろうか。最後にこの点について触れることにより、むすびに代えることとしたい。

良いか、そこの「臨時政府」要人の両班達よ。政府が受け取る税金の中には、愛国者の金も、守銭奴や罪人の金も混じっている。今、「臨時政府」は真の政府の形式をとることができず、ゆえに税金の形で自らの活動資金を受け取ることができない。それを考えて、有志が自ら進んで自らの財産を提供しようとしているのに、それを不正な金だ何だというとはどういうことなのか!!(71)

4　運動の基盤とその資金

朝鮮半島における日本統治期。言うまでもなく、それは、韓国が自力で開化を目指し失敗した開化期と、目覚ましい発展を遂げた大韓民国期の中間に横たわっている。失敗した近代化と成功した近代化。その因果関係のあり方はともかくとしても、この対比以上に、韓国近現代史を見る上で、日本統治期の重要件を示すものはないであろう。それでは一体、「東亜日報グループ」が生まれた日本統治期とはどのような時代であり、どのような影響を後に与えたのか。

先学の優れた研究により明らかにされているように、それはまず経済的に言うなら、それまでの朝鮮社会が急速に変化し——明らかに従属的なものではあったにせよ——目覚ましい「資本主義」の発達が見られた時代であった(72)。その背景にあったのは、従来の経済・社会構造の急速な解体と、その結果として生じた流動的な社会であった。人々は農村を離れて、ソウルへ、満州へ、そして日本へと流れ出し、混沌とした社会状況が作り出されていった。

しかし、もちろん日本統治期の朝鮮社会は、それだけで言い尽くされるようなものではなかった。当然のことながらそこで見落とされてならないのは、総督府と、それが抱える巨大な官僚機構の存在であった。一九二〇年以降、

「文化統治」に乗り出した総督府は、それまでの「武断統治」を改め、朝鮮半島における「同化政策」を積極的に推進することになる。その結果、朝鮮半島各地には様々な団体が形作られることとなった[73]。同化政策には、単に朝鮮人に日本文化を押しつけたのみならず、近代化の観点から見て「遅れていた」朝鮮人を「進んでいた」日本人に近づけるという意味もが含まれていた。一九二〇年代以降の総督府の積極的な朝鮮半島経営はこのような観点から捉えることができようし、一九三〇年代における「資本主義の発展」は、またある程度まではその帰結であったと言うことができよう。

このように考えた時、我々は「東亜日報グループ」がまさに、このような日本統治の「落し子[74]」であることを知ることができよう。即ちそれは前の時代からとの繋がりにおいては、開化期における様々な「失敗した近代化」の遺産を受け継ぎ、歴史の表舞台に登場してきた。しかし、彼らはそれらを単にそのまま引き継いだのではなく、それらを近代的な経営理念をもって運営し、その財政的建て直しに成功した。その意味で、彼らは過去の遺産を、継承・利用はしたが、そこに新たな要素を確実に付け加えている。彼らが新たに付け加えたもの、それは即ちかつての伝統的知識人層に欠如していた「経済感覚」であった。

重要なことは、彼らがそのような自らの活動をするのに当たり、どのような手段をも利用することも辞さなかったということであろう。総督府からの補助金[75]、朝鮮殖産銀行からの借り入れ、「朝鮮貴族」の有する総督府との紐帯。「不正な金」であろうと何であろうと、彼らは経済合理的に考えて自らの活動に利用できるものは全て利用し、自らの事業と勢力を拡大していった。「東亜日報グループ」はこうして獲得された安定した経営基盤の下、東亜日報という民族運動のアリーナを提供した。彼らのこのようなやり方には、あるいは非難されるべき部分があるのかも知れない。しかし、このような経済基盤なしに活動を行うことが如何に困難であったかは、李相協や李光洙、朱耀翰ら、東亜日報と対立し、自立の道を選んだ者たちが、その後親日派へと転落していったことが如実に示していよう。

「東亜日報グループ」はこうして生まれ、成長を続けていった。それは、最終的に解放の日には、朝鮮半島内における「最大の資本」かつ「最大の人脈」として登場することとなる。即ち、韓国民主党の登場である。彼らがその後どのような運命を辿ったかについては、次章にて論じることとしよう。いずれにせよ、「東亜日報グループ」は以上のような集団であった。解放後の彼らの歴史は、ここから始まるのである。(76)

第二章 「正統保守野党」の誕生

——米軍政府期の「東亜日報グループ」——

日本統治期における「東亜日報グループ」の成功をもたらしたもの。それが彼らの有した経済的合理性と、それに基づく冷徹なまでの企業支配であったことは明らかであろう。経済的合理性に徹する彼らは、自らの活動のために必要であれば、総督府やそれと深い関係を有する機関との関係さえ巧みに利用した。

それではそのように急成長した、「朝鮮人最大の資本」とそれを中核として集合した人々は、解放後の状況にどのようにして対処していったのであろうか。次にその点について見てみることとしよう。

1 米軍政期と「正統保守野党」

一九九七年。この年は、大韓民国史において、長く記憶される年となることであろう。かねてより懸念されていたこの国の経済危機は、東南アジア諸国の通貨危機の影響を受けて深刻化し、ついに一一月のウォン危機にまで発展した。韓国銀行の外貨準備は底をつき、年末には一時、韓国そのもののデフォルトまでが囁かれる事態となった。一九六〇年代以降、一貫して目覚ましい発展を遂げてきた韓国は、転機にさしかかりつつあった。

同じ一九九七年は、韓国にとって五年に一度の大統領選挙の行われた年でもあった。ウォン危機最中の一二月に行われたこの選挙で、韓国民が選んだのは「強い指導者」金大中であった。その背景に韓国民の如何なる意志があったかはさておき、このことはまさに政治分野においても、一九四八年の独立以降、韓国が一貫して追い求めてきた「民主化」の過程が終わりにさしかかりつつあることを意味している。八七年、盧泰愚による民主化宣言は、韓国民主化の最終章の始まりでしかなかった。当選したのは、全斗煥軍事政権の全面的支持を受けた盧泰愚自身であり、この段階では、韓国政治の主流は、依然、軍事政権の流れを引く勢力により占められていた。一九九二年の金泳三の勝利も、真の終わりを意味するものではなかった。金泳三が代表したのは、国会内で民主化闘争に努めた「正統保守野党」の流れを汲む勢力であったが、依然として金大中を支持する国会外の「在野」勢力や全羅道の地縁的勢力は権力のカヤの外に置かれ続けた。このような意味において、金泳三に包含されつくされなかった勢力をバックにする金大中の勝利は、金泳三の勝利とは異なる意味を有していた。彼の勝利により、韓国の主要な政治勢力は少なくとも一度は政権の地位に就くこととなった。韓国の民主化は一つの重要な終着点に到達したということができよう(1)。

民主化の時代の終焉、この新たなる時代の到来は、そもそも韓国の民主化が何であったかを考え直すべき時期に、我々が今やさしかかっていることを意味している。それは一体何であり、どのようにして開始され、今日まで何故解決されることがなかったのか。

以上のような問題を考える際に我々が忘れてならないのは、そもそも韓国の「民主化闘争」とは朴正煕軍事政権に先立つ李承晩政権期において、李承晩の意を受ける与党勢力とそれに対抗した野党勢力の間の政治的闘争として開始されたものであったということであろう。問題は、このような与野党対立がどのようにして開始され、何故韓国においては、金大中の勝利で言われた(2)ような「真の意味での選挙による与野党の政権交代」が起こらなかったかであろう。従来の研究において、この問題を考える上で重視されてきたのは政権側の問題であった。そこでは、李承晩、朴正熙、全斗煥と受け継がれた韓国歴代の「権威主義的」政権による、野党をはじめとする反政府勢力に対する弾圧が重視され、その結果として民主化の達成が阻害されてきたことが強調された。当然のことながらその背景には、「本来なら野党が当然勝利するべきであった」という大前提があろう。

しかしながら、今日の観点から解放以後の韓国政治史を概観した時、極めて短期間の直接的軍政がしかれた時期を別にすれば、韓国においては曲がりになりにも大統領選挙や国会議員選挙が何らかの形で行われており、しかもその多くで歴代の「権威主義的」政権が敗北の瀬戸際まで追い込まれていることを知ることができる[3]。韓国歴代の「権威主義的」政権は、一見する「強さ」とは相反する弱さをも同時に合わせもっていたのである。曲がりなりにも選挙が行われ、時の指導者を敗北の瀬戸際まで追いつめながら、何故韓国の野党や反政府勢力は最後の最後で勝利できなかったのであろうか。もちろん、政権側のぎりぎりでの勝利を支えた重要な要因が時に彼らによる弾圧や不正にあることを、筆者もまた否定するものではない。しかし同時に我々はここでこのような政治闘争の中で敗北した者に対しても目を向ける必要があろう。反政府勢力なかんずく野党は、何故政権側に敗れ続け、民主化の課題を達成できなかったのであろうか。我々はこの問題をもう一度考え直す必要があろう。

問題はどうして野党が敗れたか、である。この問題を考える上で我々が看過してはならないのは、韓国においては李承晩、朴正熙、全斗煥と言った歴代の「権威主義的」政権が、比較的その勢力や人脈において断絶しがちであったのに対し、これに対抗する野党は、解放以後一つの明確な流れを引いているということであろう。このような韓国の野党、なかんずくその主流派の脈々たる流れは、それが「正統保守野党」[4]という言葉で呼ばれたことからも知ることができよう。それならば、この「正統保守野党」とは何者であり、何故彼らはその巨大な存在にもかかわらず、第二共和国期の幕間劇を別にすれば、一貫して敗れ続けてきたのであろうか。

本章はこのような問題意識から、韓国における「正統保守野党」の実態とその性格に対する分析を試みようとするものである。しかしながら、もちろん、ここでこの巨大な存在の全てについて論じることは不可能であり、主として取り上げるのは、日本の敗戦から大韓民国成立期までの、いわゆる米軍政期における韓国「正統保守野党」の形成とその特質である。具体的には以下の手順で論を進めることとなる。

第一に、韓国「正統保守野党」の創始といわれる韓国民主党の成立過程について論じる。周知のように韓国民主党結党の中心となったのは、「東亜日報グループ」と言われる人々であった。この「東亜日報グループ」の日本統治期のあり方については既に前章で論じた通りであるが、解放以後、彼らは如何に活動し、どのようにして韓国民主党結成へと至っていったのか。第二に、もちろん韓国民主党には、「東亜日報グループ」以外の多くの人々もまた参加していた。それでは、これら「東亜日報グループ」と合流し、彼らとともに韓国民主党を形成した人々はどのような者たちであったのか。第三に、韓国民主党が、解放から大韓民国成立までの、いわゆる「米軍政期」において行った政治活動と、他勢力との対抗関係について明らかにする。彼らが政治活動を行うにあたって、最大の課題はどこにあり、それは結局、彼らをどのような立場へと追い込んでいったのか。

最後に、本章を執筆するに当たって主として使用した史料について、簡単に触れておくことにしよう。米軍政期は、韓国研究における最も史料的制約の多い時代の一つであり、これを研究するに当たって、筆者は主として韓国における既存の研究成果を利用しつつ、同時にこの時代に韓国民主党の中心部で活躍した多くの政治家が残した回顧録や伝記史料を利用した。また、回顧録や伝記の内容に対しては、政治的意図からの事実の歪曲を極力回避するため、同一の政治的事象についての複数の回顧録・伝記のクロスチェックを行い、できるだけ当時の実状に近いものとすることに努めると同時に、正確を期するために当時の新聞資料や今日まで残されている様々な政治的パンフレット、さらには当時の政府刊行物等を参考にした。[6]

以上で、本論に入る準備は整った。早速本論へと入っていくこととしよう。

2　解放直後の「東亜日報グループ」

総督府からの勧誘

考えて見てください。私が中国の汪兆銘やフランスのペタンのようになれば良いというものではないでしょう。これは私が辞退しているというのではありません。もし、私が汪兆銘やペタンのようになってしまえば、私には日本が去った後に朝鮮民族に対する発言権がなくなってしまうのです。隣り合う朝鮮と日本は、やがて国交を結ばねばなりません。目前の利益ばかり追い求めても、それにより国家の大計が失われてはどうしようもありません。一人くらいは日本を知っている人間を残しておいてもいいのではないですか。(7)

周知のように、韓国の「正統保守野党」の始祖的存在とされるのは、一九四五年に結成された韓国民主党であり、その中心的な役割を担ったのは、いわゆる「東亜日報グループ」と呼ばれる人々であった。既に第一章で詳しく述べたように、(8)彼らは日本統治期の政治・経済・社会状況を巧みに利用して台頭した新興勢力であり、その意味で明らかにそれ以前の在京両班達とは一線を画する人々であった。彼らの最大の特色は、その自前の経済的資源であり、それを支えた経済感覚であった。彼らは、過去そして自らの活動の中から獲得したネットワークを利用して、総督府およびその付属機関への足がかりをつかみ、それらを総動員する形で自らの政治・経済・社会的地位を築き上げていった。このようにして得られた日本統治期の彼らの社会的位置は大きなものであり、日本敗戦の頃には、その勢力は総督府といえども無視することのできないほどの存在へと成長していた。

本節冒頭に引用した宋鎮禹の伝記の一節からも明らかなように、彼ら「東亜日報グループ」と総督府との関係は微妙なものであった。彼らは確かに、その経済的資源獲得に際しては総督府およびその付属機関との接触を躊躇しなかった。しかしさりとて彼らが総督府と全く見解を一にしていたというなら、それもやはり言い過ぎであろう。そのことは、日本敗戦までの最後の一〇年間においてはいっそう顕著であった。極端なまでの皇民化政策が推進されたこの時期において、金性洙、宋鎮禹、張徳秀らは日本の総力戦遂行に駆り出され、結果、多くの「親日的」声明が彼らによって出されることとなる。(9) しかしそのことは彼らと総督府の関係が円滑であったことを意味するものではなかった。彼らと総督府との間の緊張関係は、彼らの政治活動の中心であった東亜日報が、既に一九四〇年に総督府から廃刊を命じられていることからも知ることができる。他方、彼らの経済活動は、この時期を通じて順調であった。「資本としての東亜日報グループ」の中核的存在であった京城紡織は、日本の満州進出に併せる形で、他朝鮮人資本と共同で南満紡績を発足させ、この南満紡績は一九三〇年代に入って急速な拡大を達成するに至っていた。グループの規模は、一九四〇年にはその借入額のみで四二〇〇万円を越えるに至り、その規模は如何なる朝鮮人資本をも凌駕していた。(10)

もっとも、そのような彼らにとっても、一九四五年の解放は突然であった。太平洋戦争が終盤に近づいた時期においても、肝心の朝鮮半島については日本敗戦以降の行く末は不明確であり、朝鮮半島内部の諸勢力も「敗戦後」に備えて十分な準備を整えたというにはほど遠い状態であった。(11) 加えて、当時の民族主義勢力は、左右対立の上に左右両派内部の間でも深刻な対立を抱えていた。海外には各々、「大韓民国臨時政府」（以下、「臨時政府」）の正統を自負する複数の強力な勢力が存在し、彼らと朝鮮半島内諸勢力との関係もまた密接というにはほど遠かった。

以上のような状況にもかかわらず、一九四五年も八月に入ると、朝鮮半島においても戦後処理策が真剣に検討されざるを得なくなる。最初に動いたのは総督府であった。カイロ宣言やポツダム宣言が明確に述べたように、日本敗戦はそのまま日本の朝鮮半島からの撤退を意味していた。ここにおける総督府の最大の責務は、七〇万人をはるかに超える朝鮮半島在住の日本人を、安全に内地へと撤収させることであった。[12]しかし、警察官の八割以上もが朝鮮人によって占められていた当時の総督府には、朝鮮人側の協力なくしてこの課題を独力で遂行することは困難であった。八月九日の参戦と同時に既に朝鮮半島の北半にはソ連軍が侵入を開始しており、総督府には早急に朝鮮人「協力者」を探し求める必要があった。

ここにおいて、総督府が自らの「協力者」候補と目した人物は三名であった。[13]即ち宋鎮禹、呂運亨、安在鴻の三名である。興味深いのはこの三名が、各々一九四〇年代に廃刊を命じられる以前の朝鮮語新聞三紙の社長経験者であったということであろう。[14]日本統治期の朝鮮半島において、朝鮮語新聞は民族運動遂行のための最も重要な機関の一つであり、民族運動に従事する者のほとんどはこれら朝鮮語新聞三紙のいずれかと何らかの関係を有していた。朝鮮語新聞は、当時の朝鮮民族運動におけるアリーナ的地位を占めており、必然的にそのアリーナ支配者としての新聞関係者の地位は民族運動において巨大なものとなっていた。

このような点を考えるなら、ここにおいて総督府が挙げた人物の中に、朝鮮語三紙の中でも最大の規模を誇った東亜日報の前社長であり、その後継機関であった東本社の社長を務めていた宋鎮禹の名があったのは偶然ではなかった。周知のように宋鎮禹は、「東亜日報グループ」において事実上のオーナーであった金性洙に次ぐ地位を占めた人物であり、数多い金性洙側近の中でも、東亜日報、そして東亜日報を通じた政治活動を任された人物であった。宋鎮禹が総督府から呼び出しを最初に受けたのは、八月一〇日であった。[15]ここで総督府は、本国での政治的情勢を伝えることなく、彼に一方的に治安維持のための「協力」を要請することとなる。以後、総督府は、彼との間に合計四回の交渉を持つこととなるが、結局、宋鎮禹はその要請を拒み続けることとなる。その背景に存在したのは、次のような彼の状況理解であった。

宋鎮禹（1940年代）

（出典）金相万『東亜日報社史』一（東亜日報社【韓国】，1975年）5頁。

日本の滅亡は間違いない。彼らは情勢が悪化すれば、我々朝鮮人に自治を与えると言い、更に悪化すれば独立を許す、というであろう。自治を与えるという時に、それに応じないことはもちろんだが、独立を与えるという時にも、我々は決してこれに応じてはいけない。その時が我々の最大の危機なのだ。滅びつつある輩から政権を譲り受けて、いかなる意味があろうか。フランスのペタン政権を見よ。彼らは結局、傀儡政権に過ぎず、民族反逆者の汚名を浴びせられたではないか。[16]

興味深いのは、彼がここにおいて、自らをフランスのペタン[17]になぞらえていることであろう。言うまでもなく、ペタンは一九四〇年、敗戦後のフランスにおいてナチスドイツとの間で「終戦処理」を行い、その後ドイツとの協力関係にあったヴィシー政権の中核を担った人物である。一九四五年八月当時、解放後のフランスにおいて彼は、既に戦犯として裁判の最中にあった。[18]宋鎮禹は、自分たちがその「ペタン」になることを恐れていた。最末期においてであるにせよ、日本から「政権譲り渡し」を受けることは、真の解放が到来した後、彼らに反対する者に彼らを「親日派」として非難するための絶好の口実を与える危険性があり、そのことは結果として解放以後の朝鮮半島において彼らを困難な政治的立場に立たせる可能性があった。

総督府は結局彼を動かすことができず、追い込まれた総督府は、一五日の早朝、宋鎮禹と平行して交渉を続けていた呂運亨に正式に「治安の維持」への「側面から協力」を要請する。[19]呂はこれを即刻受諾、これに安在鴻が加わることにより、同日「朝鮮建国準備委員会」（以下、「建国準備委員会」）が発足する。[20]後日、「建国準備委員会」は「朝鮮人民共和国」[21]（以下、「人民共和国」）へと発展することとなる。

もっとも、総督府の宋鎮禹に対する工作はこれで終了したわけではなかった。総督府は、一五日に入っても彼への説得を諦めず、「当時の朝鮮人知事の中でもっとも実践力のあった」金大羽慶北知事を京城に呼び、一七日、呂運亨、宋鎮禹の「合作」を要請させている。呂運亨はこれに同意したが、宋鎮禹は「個人としては、呂運亨氏といっしょになることはお許し願いたい」としてこれを拒絶、代わりに同じ「東亜日報グループ」の中から張徳秀、白寛洙、金俊淵の三名を「建国準備委員会」に推薦することとなる。(22)

このような宋鎮禹に、呂運亨は「フランスのペタンや、フィリピンのラウレルの姿を見た(23)」とされる。しかし、それならば、宋鎮禹と呂運亨の違いはどこから生まれたのであろうか。両者の違いは、日本統治期において、呂運亨が総督府と一定の距離を置いて活動していたのに対し、宋鎮禹、そして彼がその一員である「東亜日報グループ」は、総督府と密接な交渉を持ちながらその活動を続けていたということであった。言い換えるなら、元来、総督府との交渉の少なかった呂運亨には、日本からの事実上の政権引き渡しを受けても、彼が「ペタン」の役回りに陥る危険性は少なかった。しかし、その方向性や意図はともかくとして、日本統治期に日本との密接な関係があった「東亜日報グループ」の活動には、少なくとも彼らが「親日派」であると「誤解」される余地が多々存在し、彼らにはその危険性を注意深く回避する必要があった。ペタンも汪兆銘(24)も、そしてラウレル(25)も自ら望んで日本やドイツに協力したのではなかった。彼らはそれぞれ少なくとも主観的には自らの国を守るべく敢えて日本やドイツと妥協した。しかしながら、結果として彼らは親独派、あるいは親日派として厳しく糾弾されることとなったのである。

「東亜日報グループ」の人々、なかんずく宋鎮禹は、自らが「ペタン」の役回りを押しつけられることを懸命に回避しようとしていた。宋鎮禹が「東亜日報グループ」の政治活動における「看板」であることは周知の事実であり、そのような彼の「建国準備委員会」参加は単に彼個人の参加以上の意味をもってみなされる可能性があった。

宋鎮禹が参加すれば、日本統治期の「格」から言って、彼が呂運亨と並んで委員会の全責任を負うべき存在に祭り上げられるであろうことは容易に予測できることであり、そのことは万一この「日本からの政権引き継ぎ」が失敗した場合、「東亜日報グループ」がその失敗の責任を引き受けねばならないことを意味していた。

このことを考えるなら、宋鎮禹が自らに代えて「格下」の張徳秀らを敢えて「建国準備委員会」に参加させた意味も明確であろう。張徳秀らならば、その「格」から言っても彼らが委員会の「顔」となる危険性はなく、それゆえ万一、「建国準備委員会」が失敗しても、その被害を「東亜日報グループ」そのものが受ける可能性ははるかに小さくなる。その場合、失敗の「ツケ」は呂運亨と安在鴻が負うことになろう。しかし同時に、見通しの不透明なこの時期においては、「建国準備委員会」が成功する可能性は確かになくはなかった。張徳秀らの参加はおそらくそのための保険をかける行為であったが、それでも「建国準備委員会」が本当に政権引き継ぎに成功すれば、解放朝鮮の主導権は、呂運亨や安在鴻に握られることになろう。事実、日本敗戦の日から、「建国準備委員会」そして「人民共和国」の勢力は急速に拡大し[26]、やがて彼らの危惧は現実のものとなる。

それでは、「東亜日報グループ」がそのために打った手段とは、どのようなものだったのであろうか。次にこの点について、具体的に見てみることとしよう。

「東亜日報グループ」の政治活動再開

宋鎮禹の「協力」要請拒否は、「東亜日報グループ」が解放後の政治的活動を断念したことを意味しなかった。九月に入り、米軍が朝鮮半島に進駐、その勢力が総督府に代わることが明らかになる頃になると、もはや彼らが政治活動を再開しても、それにより直ちに「日本から政権を引き継いだ」という汚名を受ける可能性は急速に減少することとなる。ここに彼らの政治的活動が再開される。

この時代の彼らの活動を理解するためには、まずこの時期における彼らの主たる政敵である「建国準備委員会」や「人民共和国」の動向を理解することが必要であろう。言うまでもなく、この政治勢力の中心人物は呂運亨であったが、諸説入り乱れる当時の彼の政治的姿勢について、筆者が重視したいのは彼の海外勢力に対する姿勢である。それは例えば、ある著作が引用する次のような彼の言葉に如実に現れていよう。

どうして海外にいる人々に政権を渡さねばならないのか。古下〔宋鎮禹の号〕と私が手を組めば、これに匹敵できる勢力などないであろう。海外から戻ってくる勢力も我々と手を結ぶしかなく、その勢力も問題にはならないであろう。(27)

先の総督府を交えた交渉の経緯からも明らかなように、「東亜日報グループ」側の敵対的な態度にもかかわらず、呂運亨自身は必ずしも彼らに対して対抗的な姿勢を見せていたわけではなかった。呂運亨にとって最大の仮想政敵は、「東亜日報グループ」ではなく、「海外から戻ってくる勢力」であった。「親日派」として排撃される危険性もあった総督府からの政権引き継ぎに呂運亨が敢えて踏み切った最大の動機の一つは、ここにこそあった。即ち、間もなく帰国が予想される海外亡命勢力に対して、日本統治期において朝鮮半島内で運動を展開した「国内派」が解放政局の主導権を握ることをこそ呂運亨は重視したのである。この意味で、「穏健左派」の立場にあったと解されている呂運亨が、イデオロギー的にはより自らに近かったかも知れない海外諸勢力との連携よりも、「右派」宋鎮禹との連携を模索したことは象徴的である。事実、両者の間には日本統治期から密接な関係が存在し、「東亜日報グループ」の側も呂運亨個人に対しては、嫌悪感よりも親近感を強く有していた。(28)

これに対して、宋鎮禹の代表する「東亜日報グループ」の選択は呂運亨とは異なるものであった。彼は言う。

「このような時期に政権を譲り受けるなら、ペタンのようになってしまう可能性が高い」。「政権は国内にいる我々ではなく、連合軍がやって来て、日本軍が撤退した後、海外に居る先輩達と手を携えて、手順を踏んで」作り上げて行かねばならない[29]。宋鎮禹は、国内「左派」との連携よりも、海外諸勢力との連携を重視していた。言うまでもなくその背景には、彼ら「東亜日報グループ」が抱える巨大な「資本」の存在があろう。この時期、彼らが恐れていたのは、何も「親日派」として処断されることだけではなかった。「左派」の政権獲得は、彼らの巨大な資本を危険に脅かす危険性があり、事実「建国準備委員会」および「人民共和国」は次第に左傾化し、彼ら「封建的残滓勢力[30]」との闘争を強く打ち出すようになっていく。

しかし、解放直後において彼らが表舞台に立つことは危険であり、彼らは暫くの間あらゆる政治的勧誘を退けて[31]「待つ」ことを選択することとなる。彼らが「待った」のは、二つの勢力であった。その一つは、呂運亨らが警戒した「海外から帰国する」勢力、なかんずく重慶にて活動を続ける金九率いる「臨時政府」の勢力であった。解放後暫くの間事態を見守っていた宋鎮禹が最初に起こした政治的行動は、九月一日の「大韓民国臨時政府還国歓迎会」組織であったが、ここで彼らは、「建国準備委員会」ではなく、「臨時政府」を自らの上に戴くことを明確にする[32]。この組織は、四日には「大韓民国臨時政府および連合軍歓迎準備委員会」へと発展するが、翌々六日「建国準備委員会」が「全国人民代表者大会」を開いて「人民共和国」を旗揚げすることにより、「東亜日報グループ」側の動きも加速、七日には「国民大会準備委員会」が発足、その組織を具体化させることとなる。この一見、全国民的組織の体裁を持ち、後には安在鴻の国民党[33]や長安派共産党[34]も参加することとなる組織の実態は、その本部が東亜日報社講堂に置かれ、議長を勤めたのが宋鎮禹であったことからも明らかであろう。準備委員会の掲げた綱領は次の四つであった。㈠連合国に感謝する。㈡国民大会を開催し国内外の民族諸勢力を総結集させる。㈢重慶の「臨時政府」が三・一運動の法統を継ぐものであることを承認する。㈣保守と進歩の二つを中心とする政党を創り、民主主義に基づく政党政治を実現する。[35]

「東亜日報グループ」が「待った」のは、「臨時政府」だけではなかった。右に挙げた綱領からも明らかなように、彼らが期待したもう一つの勢力は「連合国」、より具体的にはアメリカであった。この意味において、彼らが自らの活動を開始した時期が、まさに米軍のソウル進駐の時期[36]に合致していることの意味は大きいといえる。彼らの政治的活動は、国内の勢力に向けられたものであったと同時に、「連合国」に対する自己顕示としての意味をも有していた。連合国の目の前に、目に見える形で自らの存在を誇示し、自らこそが連合国の忠実な「協力者」であることを表現する。これこそが、「国民大会準備委員会」のもう一つの目的であった。

「国民大会準備委員会」はその後、翌一九四六年一月一〇日に「国民大会」を開催することと決定[37]し、準備を続けたが、その後の韓国政治の動きは急速であり、開催予定日までに委員長宋鎮禹が暗殺された結果として、大会は流産、「国民大会準備委員会」も解散に至ることとなる。この頃までに「国民大会準備委員会」は既にその使命を終えており、「東亜日報グループ」の政治活動の中心は新たなる組織へと足場を移していた。

それならば、彼らが新たに結成した組織とは何であり、それはどのようにして形成されていったのであろうか。次に、韓国民主党形成に至るまでの過程について具体的に見てみることとしよう。

3 韓国民主党の成立

反「人民共和国」勢力の合流

解放直後、宋鎮禹、そして「東亜日報グループ」の実質的なオーナーである金性洙らが未だ本格的な政治活動再開を躊躇していた頃、「東亜日報グループ」の他の構成員は、既に活発な活動に乗りだしていた。宋鎮禹の推薦による張徳秀らの「建国準備委員会」参加については既に見た通りであるが、彼らの政治的活動はそのような受動的範囲に留まるものではなかった。なかんずく張徳秀の動きは解放直後から活発であり、彼は早くも日本敗戦の翌日には、アメリカ留学時代からの盟友、許政と接触し、「民主政党」結党の方案を議論している。以後、広範な人脈を持つ彼は、当時未だ政治的に不活発であった宋鎮禹、金性洙らと連絡をとりながら政治活動を展開し、安在鴻、尹潽善といったグループ外の勢力にも呼びかける形で自らの望む「民主政党」を発足させる。名称は韓国国民党、創党準備委員会は八月二九日、正式の旗揚げが九月四日となっている。(38)

同じ「東亜日報グループ」でも、張徳秀よりは、宋鎮禹、金性洙ら「東亜日報グループ」首脳部と若干の距離を置いて活動したのは白寛洙であった。彼は、呂運亨が宋鎮禹との合作を模索している時期に、「国内派団結」の観点からこれを支持する側に回り、宋鎮禹、張徳秀らとの政治的姿勢の差を明確にしている。(39)白寛洙らの意図は、「建国準備委員会」のもう一人の主要人物安在鴻と連合し、「建国準備委員会」そのものを改造することにあったようである。しかし、このような白寛洙らの「建国準備委員会」との合作工作は左傾化を進める「建国準備委員会」側の事実上の拒否もあって挫折、彼らはやむを得ず独自に朝鮮民族党を発足させることとなる。発起大会は八月二八日、この党には、既に「右翼陣営としては解放後最初の政党」(40)として発足していた高麗民主党の元世勲や金炳魯等、「東亜日報グループ」とは政治的立場を若干異にする人々が多く含まれていた。これらの人々の多くは、後に発足する韓国民主党内部において非主流派を形成することとなる。

この解放直後に作られた二つの政党には、共通する性格が幾つかあった。第一に、これらの政党を創設したのは、いずれも「国内派」の人々であった。第二に、これらの政党はいずれも、「建国準備委員会」への強い対抗意識を有していた。第三に、これらの政党には明確な中心となる人物は存在せず、これに代わる形で「臨時政府」の「絶対支持」が表明されていた。(41)

言うまでもなく、これら二つの政党が有していた性格とは、即ち「東亜日報グループ」もまた有するものであった。両党はともに単独で「建国準備委員会」に対抗するには弱体であり、そのために彼らにはいっそうの大同団結が必要であった。九月四日、両党そして「国民大会準備委員会」は、三勢力の統合と韓国民主党の結党を決定することとなる。創党大会は九月七日、その部署の筆頭には名目的な「領袖」として、李承晩、金九、李始栄らの名が並んだが、実質的な党首は首席総務の宋鎮禹が務めた。党本部も鍾路国民学校等を臨時使用した後、結局、東亜日報社三階へと落ち着いた。宋鎮禹以外にも、白寛洙、徐相日（以上総務）、羅容均（事務局長）、張徳秀（外務部長）等、「東亜日報グループ」の人々が党の多くの要職についていた[42]。

しかし、それでは、この韓国民主党に集まった人々とはどのような人々だったのであろうか。次にその点について見てみることとしよう。

主流派と非主流派

既に見てきたように、韓国民主党は、「東亜日報グループ」政治部門の中心人物、宋鎮禹を事実上の党首とし、その他の要職にも多くの「東亜日報グループ」関係者が就任して生み出された政党であった。しかしもちろんそのことは、この政党が単に「東亜日報グループ」のみから構成されていたことを意味するものではない。事実、発足当初の韓国民主党の総務は、宋鎮禹、元世勲、白寛洙、徐相日、金度演、許政、趙炳玉、白南薫の八名であり、この内「東亜日報グループ」と直接的な関係を有したのは、宋鎮禹、白寛洙、徐相日の三名[43]に過ぎなかった。韓国民主党とは、「東亜日報グループ」を中核としながらも、彼ら以外の多くの勢力も参加して作られた政党だったのである。

それではこの政党に参加したのはどのような人々だったのであろうか。この点について、同党幹部についての既存研究を手がかりに述べるならば次のようになろう。ここで参考にする資料は、沈之淵編『韓国現代政党論』所収の「韓国民主党関係者人名録」である。一九四七年当時、八六万五七〇六人とも言われる党員数を誇った同党ではあるが、沈之淵はこれらの中から、当時の韓国民主党の政策決定に大きな役割を果したと見られる幹部達について、九八九名の氏名と、その一部の人々の経歴を明らかにしている。[44] このような沈之淵の分析を受けてある論者は、これらの韓国民主党幹部を互いに重なり合う「主流派」と「非主流派」の二つのグループに分類している。[45]

「主流派」の最大の特徴は、その大部分が留学経験を有していることである。「韓国民主党関係者人名録」記載者のうち、留学経験者は八七名、その内訳は、日本六〇名、アメリカ一四名、中国六名、欧州各国（ソ連含む）六名となっている。[46] ここにおいて特に目立つのは、宋鎮禹、金性洙らと同時期、即ち一九一〇年代に日本、しかも東京帝大、早稲田、明治、慶応といった、関東圏の大学に留学経験をもつ者が多数を占めていることであろう。[47] 同様に、同党に参加したアメリカ留学経験者達もまた、その時期や留学地域を同じくする者が多数を占めていた。彼らの多くは、一九二〇年代のアメリカ留学経験者であり、その留学先は、コロンビア大学をはじめとするニューヨーク近郊の大学に集中していた。[48] 日本留学組・アメリカ留学組の間を結んだのは、一九一〇年代に早稲田、一九二〇年代にコロンビアに留学した張徳秀であった。彼は趙炳玉とはコロンビアの同窓であり、金度演、許政らとは一九二六年に「三一新聞」発行で協力した間柄であった。[49]

このような「主流派」は、留学以後の活動の観点からは、互いに重なり合う二つの下位グループに分けることができる。[50] 第一の下位グループは、帰国後、普成専門学校や東亜日報といった「東亜日報グループ」系列の教育・言論機関で直接活躍した人々である。このうち大多数を占めるのが、東亜日報関係者であり、発起人名簿には実に五〇人以上の、社幹部・記者・職員・地方支部長等が名を連ねている。[51] 第二の下位グループは、興士団系の「同友会」とＹＭＣＡ系の「興業倶楽部」という、二つのキリスト教系団体を主たる活動舞台としていた人々である。大まかにいって、日本留学経験者の多くが「東亜日報グループ」関係者であり、逆にアメリカ留学関係者の多くがキリスト教関係の組織での活動経験を有していた。また、これら二つのキリスト教系の団体は、「東亜日報グループ」と様々な繋がりを有していた。日本統治期の興士団の中心となった李光洙、朱耀翰らは、東亜日報編修局長経験者であり、朱耀翰は解放以後もこの二つの組織に強い影響力を有していた。[52]また、興業倶楽部には、金俊淵と崔斗然という「東亜日報グループ」の中心人物二人が参加しており、他方、YMCA系の中心人物の一人であった許政は、先述のように張徳秀と盟友関係にあった。第三に、その経歴からもわかるように、彼らの中には、多くの「資産家」や、その関係者が数多く含まれていた。このことは、彼らをして社会主義・共産主義に対して強い警戒の念を抱かせることとなる。またその多くは、日本統治期における自らの実業・宗教活動の中で、何らかの総督府との関係を有していた。

「非主流派」を構成する人々は、これとは異なっていた。[53]最大の相違は、共通の留学経験や、職業活動の中での交流、さらには宗教的背景等により、日本統治期において既に密接なつながりを有していた「主流派」の人々とは異なり、元世勳、金炳魯、李仁、金若水、李克魯ら、「非主流派」を構成した人々の背景が多様であり、それゆえ彼らが日本統治期において何らかの活動を共同で行ったことが少なかったということである。もっとも、それは彼らの間に共通するものがなかったことを意味しはしない。彼らの多くは、社会主義系勢力との協力経験を過去に有しており、また「主流派」と比べて総督府との関係が希薄であった。一九三〇年代後半以降、皇民化政策が本格化した時期において、彼らの多くは総督府の激しい弾圧の下、自らの政治的・経済的・社会的活動を守るために、総督府に一定の妥協を行うことよりも、むしろ活動自体を断念し、「沈黙を守る」ことを選択した人々であった。そのような彼らが韓国民主党に参加した契機は、「主流派」が重視した反社会主義・反共産主義というイデオロギー的なものよりも、むしろ同じ国内派としての「主流派」との交友関係にあった。確かに彼らは、左右合作工作の挫折の結果「人民共和国」への強い不信の念を抱いてはいたが、それは彼らが社会主義イデオロギーそのものへの不信を抱いていることを意味しなかった。そして、そのことは後に彼らの相当部分が韓国民主党を脱党することの原因の一端となる。

「主流派」が学生時代以来、相互に早い時期から交友を有していたのに対し、「非主流派」はイデオロギー的姿勢こそ共通していたものの、共通の背景も密接な人間関係も有してはいなかった。言い換えるなら、「主流派」の人々にとって、同じ「主流派」の人間は、イデオロギー的な共通性も然ることながら、学生時代から今日に至るまでの経験を共有する「近しい」人々であった。その中心には「東亜日報グループ」という「核」が存在し、直接・間接を問わず、彼らの多くはこのグループと何らかの関係を有していた。これに対して「非主流派」にはそのような「核」は存在しなかった。確かに、元世勲、金炳魯ら、「非主流派」主要人物達の「民族主義者」としての業績には無視できないものがあったが、彼らは自らの政治活動を支える自前の経済・社会的組織を有するわけではなく、相互の間にも密接な繋がりは存在しなかった。「非主流派」の人々にとって、他の「非主流派」の人間との関係は、「主流派」の人々との間に有していたものと大差がなかった。[54]

雑多な人物の参加にもかかわらず、「主流派」が主流派たり得、また、その「主流派」の中でも、「東亜日報グループ」系の人々が中心となることができたのは、このような人脈的・経済的中核の存在によってであった。このような「東亜日報グループ」の組織・経済力は、特に韓国民主党の地方組織において顕著に発揮されていた。「東亜日報グループ」は、東亜日報の販売ネットワークをそのまま韓国民主党の組織として活用し、多くの東亜日報支局・支社が党地区支部の役割を代行し、東亜日報地区長の多くがそのまま地区の総責任者として韓国民主党に参加した。[55]また、東亜日報そのものはと言えば、「韓国民主党の喉舌」としての役割を果たすことにより、党の政策と存在を人々に知らしめるのに重要な役割を果たしていた。韓国民主党における「東亜日報グループ」の圧倒的な地位については、宋鎮禹暗殺後の韓国民主党主席総務選任についてなされた、白南薫の次のような述懐に象徴的に現れていよう。

主席総務というものが党首格のものであることは間違いなく、少なくとも一つの政党の党首になろうとするなら、ある程度の財政的実力がなければならないが、私はいつの時代も財産とは縁遠い存在であった。［中略］それならばどのような人間が主席総務に選出されるべきか。この問題に対し、更に時間をかけて討議を重ねた結果、金性洙氏がこれに該当する、という結論に到達した。(56)

「討議」に参加した幹部は、張徳秀、尹潽善、金度演、許政、そして、述懐の当事者である白南薫であった。興味深いのはこの幹部五名の中では、「東亜日報グループ」の直接的当事者は張徳秀唯一人であり、彼らには十分他の選択をする余地もあったということであろう。にもかかわらず、彼らは結局、その場に参席さえしていない金性洙を後継者として指名せねばならなかった。韓国民主党における「東亜日報グループ」の存在はそれほど圧倒的であり、誰も「東亜日報グループ」抜きの韓国民主党を考えることはできなかった。

それならば、このようにして結成された「正統保守野党」韓国民主党は、その後、どのような道を選択していくこととなるのであろうか。次に節を変えて、この点について具体的に見てみることとしよう。

4　韓国民主党の選択

蜜月から対立へ

先述したように、韓国民主党に合流した諸勢力が当初共通して掲げた政策の一つが、「人民共和国」の排斥と「臨時政府」の絶対支持であった。それでは、その後韓国民主党と「臨時政府」の関係はどのように発展していったのであろうか。

重慶「臨時政府」主席金九らが朝鮮半島に戻ったのは、一九四五年一一月二三日であった。韓国民主党と「臨時政府」要人との間の公式接触は同月二七日、金性洙、宋鎮禹ら、韓国民主党首脳との非公式な接触はこれよりも更に早い時期に行われている。[57] しかし両者の関係は、この当初の接触から既に円滑ではなかった。「臨時政府」要員との接触を終えた韓国民主党のある幹部は、次のように述べたという。

「臨時政府」を絶対視してきたが、実際に会ってみると大した人物はいないようだ。[58]

韓国民主党幹部達は、その後も「臨時政府」首脳らと頻繁な接触を続け、韓国民主党の立場と韓国の政情を「説明」したが、両者の関係は悪化の一途を辿ることとなった。関係悪化を象徴的に示すのは、「還国志士後援会政治資金」を巡る両者の対立であった。韓国民主党幹部は「臨時政府」要員帰国に先立ち、「還国志士後援会」を結成し、その中で「臨時政府」の「政治資金」を集めていた。宋鎮禹は、二七日の金九との単独会談で、この資金を金九に手渡すが、金九はこの資金の受け取りを拒否、資金は「臨時政府」財政部長趙碗九を通じて韓国民主党側に突き返されることとなる。「臨時政府」側の説明は以下の通りであった。「『還国志士会』には親日業績のある実業人が多く含まれており、それゆえその金は『不浄』」である。翌月、この問題を巡って、東亜日報社屋で話し合いがもたれることとなる。そこで展開されたのは、両者の罵倒の応酬にも等しい、激しい論争であった。会談は、張徳秀の「『臨時政府』要員は偏狭である」との一言を巡って紛糾し、宋鎮禹の次の一言により幕を閉じることとなる。

> これから大事を行おうという人間は、つまらないことをあれこれ言うものではない。より大きな問題が山積しており、我々はそこにこそ神経を使わねばならない。百凡〔金九の号〕先生も何か誤解されているようだが、皆さんお帰りになって良くお伝えいただけないか。(59)

政局の動向を知らせる壁新聞を見上げる人々
（1947年６月12日頃）

（出典）　Horace Bristol, *Korea*, Tokyo : East-West, 1953, p. 55.

一見すると両者の対立は不可解であるかのようにも見える。何故なら、もしこの「政治資金」に親日業績のある実業人の「不浄な金」が含まれており、それのみが「臨時政府」がこの資金受け取りを拒否する理由であるならば、韓国民主党はこの資金提供を撤回すれば済むだけのはずであった。しかし、この背景にはより深刻な対立が存在した。「臨時政府」

側の本心は、一二月中旬に開かれた会談で明らかにされることとなる。発言したのは、「臨時政府」内務部長申翼熙であった。

国内にいた人間は大なり小なり全てが親日派である。[60]

「臨時政府」が韓国民主党を「切り捨てた」最大の理由は、ここにこそあった。「臨時政府」側が主張した「親日業績のある実業人」、この言葉において示唆されていたのは、韓国民主党に参加していた多くの「国内派」実業人達それ自体であり、当然のことながらその延長線上には韓国民主党主流を占める「東亜日報グループ」の人々があった。「国内にいた人間」が全て親日派であり、また「国内にいた」実業人の全ての「金が不浄である」とするなら、「国内派」から構成される韓国民主党の資金はすべからく不浄であらねばならなかった。韓国民主党、なかんずく「東亜日報グループ」の金性洙、宋鎮禹、張徳秀らがこのような「臨時政府」の主張を受け入れられないのは当然であった。申翼熙の言葉に対し、張徳秀は「海公〔申翼熙の号〕、それは私こそが粛清されるべきということか」という発言で返し、それに対して申翼熙は更に次のように答えたという。「雪山〔張徳秀の号〕だけであるものか！」。これ以上の会談が無意味であることは明らかであり、この会議は宋鎮禹の次のような言葉で幕を閉じたという。

解放された我が国民が「臨時政府」を歓迎しているのは、三・一運動以来の「臨時政府」の法統のゆえである。にもかかわらず、諸兄達は諸兄自らのゆえであると思っているのではないか？[61]

問題となるのは、両者の間に何故このような対立が生じたかであろう。ここにおいてまず指摘できるのは、右に挙げた宋鎮禹の言葉に象徴的に見られるような、「臨時政府」に対する韓国民主党の姿勢の問題があろう。「『臨時政府』絶対支持」を掲げた韓国民主党であったが、彼らが「絶対支持」したのは、金九や申翼煕といった「臨時政府」の要人達ではなかった。彼らにとって重要であったのは、三・一運動以来脈々と続いた「臨時政府」の法統であり、その正統性を自らが引き継ぐことにより、自らが決定的に欠いている解放後韓国における支配の正統性を獲得することであった。この意味で我々が思い返すべきは、彼らが「韓国のペタン」となることを恐れていたということであろう。日本統治期において、「日本との関係を利用」して民族運動を行ってきた彼らには、その総督府との関係ゆえに親日派として指弾される危険性があった。そのような彼らにとって、「『臨時政府』を奉戴する」ことの意味は絶大であった。「韓国のペタン」は、「韓国のドゴール」を戴くことにより、自らの解放後の政治的足場を確保しようとしたのである。当然のことながら、このように「自らが『臨時政府』を呼び養ってやっているのだ」という態度を韓国民主党が示したことは、結果として「臨時政府」側の反発を招くことにより、両者を深刻な対立へと追いやることとなる。

問題は、当時の韓国民主党、なかんずく「東亜日報グループ」を取り巻く状況であった。「人民共和国」排斥に力を注ぐ「東亜日報グループ」の政治姿勢は、当然のことながら左派勢力の反発を招くこととなり、この時期の左派勢力は「東亜日報グループ」の人々を親日派として実際に厳しく糾弾するに至っていた。この時期、「東亜日報グループ」の人々を親日派として非難する書物が幾つか出版されており[62]、「臨時政府」にとってもこのような嫌疑をかけられた勢力との連合は危険であった。

このような当時の韓国民主党に対する「親日派」批判がどれほど厳しいものであったかについて、具体的な例によって見てみることとしよう。一九四六年、朝鮮半島南半では米軍政府からの政権引き継ぎまでの過渡的措置として、「朝鮮過渡議会」が設置されることとなり、一二月にはこの選挙が行われた。韓国民主党もこの選挙に参加し、ソウル市選挙区からは、宋鎮禹亡き後の韓国民主党における二人の中心人物、金性洙と張徳秀、そして同党幹部の金度演が立候補した。彼ら三人は党の組織力を活かして一度は当選を果たすこととなるが[63]、あろうことかこれらの選挙区における選挙は、「臨時政府」出身の「左右合作委員会」委員長金奎植の訴えにより無効とされ、再選挙が実施されることとなる。金奎植が再選挙を要求した公式の理由は「選挙で非合法な要因が発生したこと[64]」であったが、ここで我々はこの選挙に対する「当選者の中に親日分子がいる」ことに対する強い批判があったことを見逃すことはできない。そこには韓国民主党を取り巻く厳しい世論と金奎植自身の思惑が存在した。

この選挙においては、いわゆる「親日前歴者」の被選挙権は認められていなかった。しかしながら、実際に米軍政府がこれを判断する基準としていたのは、「日本統治期に道会議員または局長級以上の地位にあった者」であり[65]、当然、これに金性洙や張徳秀が該当するはずはなかった。確かに彼らには日本統治末期に一定の親日行為を行った経歴は存在した。しかし、そのことは直ちに彼らが実際に総督府における高位の地位を占めていたことを意味するわけではなく、形式的な用件だけからいうなら、彼らの「過渡議会議員」としての資格が否定されることなどあり得なかった。

状況を複雑にしたのが、米軍政府の技術的ミスであった。先の「道会議員または局長級以上の地位」に該当する日本統治期の職位の一つに、総督府諮問機関であった中枢院の「参議」があった。そして彼らはいずれもその職を米軍政開始後に解かれているが、その解職を命じる「移動辞令」の中に「金性洙」という名前があったのである。これに着目した一部新聞は金性洙当選の直後、彼が議員資格欠格者であることを示唆する記事を掲載する[66]。実際にはこれは「金承洙」という全く別人の氏名のローマ字表記、Kim Sung-Su を米軍政府が漢字に直す際に起こった単純なミスであった[67]。しかし、これにより韓国民主党に対する「親日派」としての疑念は急速に拡大、再選挙に立候補した金性洙と張徳秀はあえなく落選することとなる。(68)重要なことは、当時の朝鮮半島南半においては、このような極めて些細な事件により、金性洙や張徳秀の前歴を疑うような「雰囲気」があったということであろう。「彼らならあるいはそうかも知れない」、そう人々に思わせる「雰囲気」こそ、「臨時政府」をして韓国民主党を「切り捨てる」に至らせた最大の要因であった。

韓国民主党を取り巻く状況は厳しく、それは彼らをして「臨時政府」との連合を阻害することとなった。しかし、本当の意味で、彼らと「臨時政府」との間の対立を決定的にしたのは、いわゆる「反信託統治運動」、即ち朝鮮半島における国連信託統治案に対する反対運動においてであった。それではこの「反信託統治運動」とは、どのようなものだったのであろうか。次にこの点について見てみることとしよう。

反信託統治運動

「反信託統治運動」を巡る韓国民主党と「臨時政府」との間の対立について述べる前に、この問題について簡単に整理しておくことにしよう。

朝鮮半島における連合軍の信託統治実施計画が一般に知られるようになるのは、一九四五年一〇月二〇日、米国務省極東局長ビンセントが、アメリカ外交政策協議会においてアメリカの極東政策の全体構想を明らかにした時であった。アメリカはこの構想を早くから有しており、カイロ宣言に先立つ一九四三年三月、ルーズベルトとイーデンとの間の会談において、既にルーズベルト側から提案がなされている。この方針はルーズベルト死後も継承され、トルーマン政権は政権承継の一カ月後の一九四五年五月、スターリンとの間にこの構想を確認し、六月にはもう一つの当事国である中国との交渉を開始、九月にはＳＷＮＣＣ極東小委員会において、その具体的な方策について検討を行っている。その後、アメリカはこの具体案を正式にソ連側に通知、一二月にはアメリカ案を修正したソ連案が、第五次モスクワ三国外相会談に提出される。アメリカはソ連案を修正なしに受け入れ、米英ソ三国は、最高五カ年の信託統治実施を内容とする朝鮮問題処理案を決定する。[69]

朝鮮半島南半の諸政治勢力はこれに一斉に反発し、朝鮮半島南半内の政情は混乱状態に陥ることとなる。そして、この混乱状況において勃発した事件が、韓国民主党主席総務宋鎮禹暗殺事件である。暗殺事件の背後にどのような組織があったかは必ずしも定かではない。しかしながら、当局に逮捕された犯人達が犯行に至った動機として掲げたのは、宋鎮禹が「率先して屈辱的な信託統治に賛成し、この当然の民族的要求に対して鎮圧まで行っていた[70]」ことであった。

韓国民主党や宋鎮禹の側に立つ人々は、このような暗殺犯の主張を、今日に至るまで「誤解」として切り捨てている。[71]事実、暗殺の前々日の二九日、宋鎮禹は「国民大会準備委員会委員長」名義で、「最後まで闘争せよ[72]」という談話を東亜日報に発表しており、確かにこれら宋鎮禹の一連の発言だけを見るなら、宋鎮禹が「信託統治に賛成」しているというのは「誤解」のようにも見える。しかし、本章において重要なのは、そのような一連の宋鎮禹および韓国民主党としての公式の政治的声明にもかかわらず、韓国民主党には、「信託統治に賛成」している、と見られても仕方のない点もまた存在していたということであろう。それではそれは一体何だったのであろうか。

ここにおいて手がかりとなるのは、先の発言の中で暗殺者達が、宋鎮禹は「鎮圧まで行っていた」と述べていることであろう。当然のことながらこの一九四五年一二月という時期は、大韓民国成立のはるか以前、米軍政期のまっただ中であり、このような状況において宋鎮禹や韓国民主党が反信託統治運動の「鎮圧」に当たるなど一見あり得ないことのようにも思われる。しかしながら、ここにおいて我々が看過してはならないのは、事前準備や人的資源の不足により朝鮮半島統治に苦心していた米軍政府が、自らの統治力を補完するために行政機構上層部に多くの韓国人を登用していたということであろう。[73]そして、この一九四五年の一二月という時期において、治安維持を担当する警務局長に就任していたのは、他ならぬ韓国民主党の趙炳玉であった[74]。米軍政府の総責任者ホッジ中将は、一〇月一七日、自らの顧問であるウィリアムス大佐を東亜日報社屋に派遣し、宋鎮禹との会談を求めている。その晩行われた両者の会談において討議されたのは警務局長の「推薦」についてであった。宋鎮禹の自宅で行われたこの会談には、ウィリアムス、宋鎮禹の他に、元世勲、趙炳玉が出席した。翌日、宋鎮禹は韓国民主党から趙炳玉を警務局長に推薦、趙炳玉は早くも二一日にはこの職務に就くこととなる。以上のような経緯からも明らかなように趙炳玉の警務局長就任は、彼の個人的資質によるというよりは韓国民主党からの推薦によるものであり、事実彼は警務局長就任後も米軍政府からの韓国民主党離党勧告を拒否[75]、「韓国民主党代表」としての立場を維持し続けることとなる。趙炳玉は米軍政期三年間この地位を占め続け、朝鮮半島南半における治安維持の責任者となった。韓国民主党は警察権力を掌握していたのである。

趙炳玉（1959年頃）

（出典）趙炳玉『民主主義와 나』（永信文化社【韓国】，1959年）巻頭写真より。

　警務局長としての趙炳玉の「活躍」は目覚ましいものであった。趙炳玉は、当時の混乱状況を収拾すべく、二万五千人の「国立警察」を整備し、その「兵力」を米軍に倣い「師団制」に編成した[76]。警察組織を把握した彼が目指したものは次の二つであった。第一は言うまでもなく、「人民委員会や人民共和国なる集団体を不法化する[77]」ことであった。見落とされてならないのは、この問題を警察レベルにおいて積極的な姿勢を示すべきものとして最初に取り上げたのが米軍政府側ではなく趙炳玉側であったということであろう。彼の米軍政府への進言により、一二月一二日、ホッジは「韓民族の自由独立達成を妨害するもの[78]」として、「人民共和国」の解散を命令することとなる。趙炳玉の左派弾圧はこれに留まらず、更に地方の人民委員会に対しても、政治的自由の立場からこれを渋る米軍政府を説得し、その解体を勝ち取るに至る。彼は「自身地方に巡察し、直接人民委員会の看板を外」しさえした[79]。同時に彼は左翼勢力弾圧のための、右翼青年団の育成に努め、これを「国立警察」の補助的組織として用いている。ここに韓国民主党の政治的立場が現れていることは明らかであった[80]。

趙炳玉が弾圧に尽力したもう一つのグループは「某軍事団体[81]」であった。今日残されている彼の回顧録からでは、この「某軍事団体」が具体的に何を指すかは必ずしも明らかではないが、ここに「臨時政府」系の諸勢力が含まれていた可能性は高いものと思われる。当時の「臨時政府」は、自らの正統性を強く主張して、米軍政府に施政権の即時引き渡しを要求、これを否定する米軍政府と深刻な対立状況にあった。趙炳玉は、「臨時政府」と米軍政府との対立を巧みに利用し、韓国民主党の党益を追い求めていくこととなる。

このような状況における反信託統治運動の発生は、韓国民主党、「臨時政府」の双方にとって、絶好の機会とみなされることとなる。「臨時政府」は、反信託統治運動を自らの正統性を否定する米軍政府への影響力誇示の絶好の機会とみなし、再び施政権の即時引き渡しを強く主張するに至る。「臨時政府」要人達は直ちに「全国反託国民闘争委員会」を組織し、その中で「外国軍政の撤廃」を主張した[82]。このような状況に、突然、それまでの信託統治反対から、ソ連の意を受けて信託統治賛成に転換した左派勢力の行動も重なることにより、朝鮮半島は大きく混乱、米軍政府はその対応に苦慮することとなる。しかし、このような混乱状況は、韓国民主党にとってもまた大きなチャンスでもあった。当時の状況について趙炳玉は次のように述懐している。

しかし、「臨時政府」の反信託統治運動は、公安秩序を紊乱し、米軍政府からの政権引き渡しを実現し、米軍人を軍政府から追い出そうと謀ったものであった。即ち「臨時政府」内務部第一号布告では、彼らは軍政警務部の引き渡しを定めており、また、「臨時政府」内務部第二号布告では、首都警察庁の引き渡しを要求していた。私は、動揺しこれに付和雷同した十個警察署長を罷免した。理由は、上司たる私の示達事項に従わなかったためである。[83]

このような決定を行った背景は何だったのであろうか。趙炳玉は更に続ける。

警務部長の地位にある私としては、また韓国民主党の立場から見ても、韓民族の全体的絶対反対意志を合法的かつ自由に民族を挙げて表すことそれ自体には、諸手を挙げて賛成をすることができる。しかしながら、もしこの運動が公安秩序を破壊し米軍政府から権力を奪おうとするものならば、それは却って韓国の自主独立を遅延させ、その障害となると考えざるを得ない。重要なことは、制限された反信託統治運動を行うことである。私は以上のように述べ、併せて米軍政府との協調の必要性を力説した。私の説得の結果、「臨時政府」は米軍政府に協力することに態度を決定した。[84]

重要なのは、趙炳玉が、米軍政府からの指示以上に、「韓国民主党の立場から」行動していたということであろう。韓国民主党には宋鎮禹による党の「表の顔」以外に、このような米軍政府との密接な関係を利用し、自らの優位を確立せんとする「もう一つの顔」が存在していた。韓国民主党は、宋鎮禹に代表される「表の顔」においては、信託統治反対の立場を鮮明にする一方、同時に過激な反信託統治運動に対しては米軍政府と協力してこれを弾圧する側に回っていた。ここにおいて興味深いのは、宋鎮禹の一連の政治的発言にもかかわらず、趙炳玉が宋鎮禹の政治的立場について次のように述べていることである。

即ち古下宋鎮禹先生は、「臨時政府」を中心に展開される過激な反信託統治運動に反対していた。言い換えるなら軍政からの施政権引き渡しを求める反信託統治運動などというものは、危険千万であるとして反対し、制限された反信託統治運動を主張していた。宋鎮禹はそのことにより暗殺された。[85]

宋鎮禹暗殺の背景は、現在に至るまで明らかにはなっていない。しかしながら、直接的関与の有無にかかわらず、彼の暗殺の背後に、以上のような反信託統治運動を巡る韓国民主党と「臨時政府」との対立が存在したことは明らかであった。[86]

それでは、韓国民主党は何故このような立場に立つこととなったのであろうか。また、そのことはその後の彼らの政治的進路にどのような影響を与えることになったのであろうか。次にこの点について、考察してみることとしよう。

「米軍政府与党」

韓国民主党は警務局長に趙炳玉を送りこむことにより、朝鮮半島南半における他の政治勢力とは明らかに区別される政治的資源を獲得していた。それならば、彼らの米軍政府との特殊関係はどのようにして獲得されたものだったのであろうか。

一九四五年、韓国に進駐した米軍が当初、統治の基本方針としたのは、朝鮮総督府の機構をそのまま引き継ぐ「現状維持政策」であった。[87]米軍政府は一旦、総督府に従事する日本人官吏をも残留させ、そのまま統治を行わせることさえ表明するが、さすがにこの方針は韓国人の猛反発を呼び、米軍政府は方針の撤回を余儀なくされる。[88]いずれにせよ、朝鮮半島内の秩序を回復し、正常に復帰させるためには行政機構の早急な再編が必要であり、ここに米軍政府は追放した日本人官吏の穴埋めのため韓国人有力者の登用を積極的に進めることになる。[89]

ここにおける米軍政府の基本方針の一つが「日本人よりもアメリカ人をよく理解する韓国人の登用」[90]であった。ここに一躍注目されたのが、日本統治期のアメリカ留学経験者達であった。そして既に述べたように、このようなアメリカ留学者達の多くは、韓国民主党に参加していた。米軍政府は俄然、韓国民主党の存在を重視するようになる。

韓国民主党から米軍政府への働きかけも活発であった。既に、九月初頭「国民大会準備委員会」による連合国の「歓迎」を決めていた彼らは、同月二二日、中央執行委員会で「名望と識見ある人士により中央委員会を組織し、行政と人事への諮問ができるようにすること」[91]を決議、未だ体制も整わない、米軍政府にその旨の提案を行っている。米軍政府はこのような韓国民主党の提案を受け入れ、一〇月五日には「行政顧問」を任命することとなるが、この顧問一一名の内実に九名までは韓国民主党系の人々により占められることとなる。[92]委員長には互選で金性洙が選出された。

顧問会議の大多数を韓国民主党系勢力が占めたことの重要性は、すぐに明らかになることとなる。既に述べたような米軍政府による行政高位官職における韓国人登用において、顧問会議の諮問は大きな意味を持った。[93]一二月には、韓国人、アメリカ人の双方で構成される両局長制度が整備され、以後、多くの韓国民主党員が行政各部署の部長や次長に任命されることとなる。一九四七年時点において、米軍政府行政部の省庁に当たる、一三の「部」と五つの「所」の内、七つの「部・所」の長が韓国民主党関係者であり、加えて彼らは大法院と検察の長をも確保していた。彼らの進出は中央にのみ留まらず、地方の行政機関や各種行政委員会においても、多くの者が高位の地位を有するに至っていた。[94]

以上のことからわかるように、韓国民主党は趙炳玉のみならず米軍政府に多数の党員を送り込むことにより、行政機構の中で絶大な地位を占めることとなっていた。彼らは言わば米軍政府の「与党」的存在であり、米軍政府の側も韓国民主党の影響力や組織力に多くを依存していた。韓国民主党が米軍政との関係を如何に重視していたかについては様々なエピソードによって知ることができる。[95]

それでは、韓国民主党は米軍政府への協力を通じて一体何を実現しようとしていたのであろうか。この点について、趙炳玉は次のように回顧している。

しかし、当時の国際情勢を考えてみるなら、韓国は軍政という名の政治的訓練の期間を経ずしては、その治安を維持することは難しく、またそれなくして朝鮮半島全体の共産主義化を免れることはできない。韓国民主党の首脳部はこのような結論に達し、臥薪嘗胆して軍政に協力することと決定した。[96]

彼らにとって「治安維持」が何を意味していたかは既に見た通りである。左派勢力と「臨時政府」、この二つの政敵を排除して自らの優位を獲得し、解放後政局の主導権を握り、自らの希望する政策を実行すること、これこそが彼らが米軍政府との協力に踏み切った動機であった。彼らはこれにより、左右両派からの激しい「親日派」批判をかわし、また着々と独立後への準備を続けていった。

それならば、彼らは結局、どこへ到達していったのであろうか。最後にこの点について見てみることにより、本章の筆を置くこととしよう。

5　李承晩との連合

韓国民主党と「臨時政府」との対立は、その後も引き続き展開されていくこととなった。第三ラウンドは、「四党合同問題」を巡ってであった。一九四五年末に本格化した「臨時政府」主導の反信託統治運動は、一九四六年五月に予定されていた第一回米ソ共同委員会[97]を前にして再度の盛り上がりを見せ、彼らは信託統治賛成を掲げる左派勢力に対抗し、また、米ソ両大国に自らの立場をアピールするため、反信託統治勢力の「統合」を模索することとなる。中心となったのは、韓国独立党（「臨時政府」系）であり、国民党[98]（安在鴻系）、新韓民族党と並び、韓国民主党も同じ「反信託統治勢力」としてこの協議に参加した。しかし、韓国民主党は結局、この合党には参加せず、残る三党は、国民・新韓民族両党が韓国独立党に吸収される形で合党することとなる。もはや、韓国民主党と「臨時政府」の間の亀裂は修復不可能なレベルにまで達していた[99]。

「臨時政府」との対立は結果として、韓国民主党の政治的孤立状況をもたらすこととなった。そして、このような韓国民主党の孤立状況は、同年七月から一〇月にかけて行われた「左右合作運動」の中でいっそう鮮明となることとなった。第一次米ソ共同委員会決裂の後、米軍政府は、朝鮮半島南半の安定確保のため、各種政治勢力の統合を望み、中道派の金奎植を中心に「左右合作」を各政治勢力に強く勧誘するに至る[100]。朝鮮半島南半における主要な政治勢力の一つとして韓国民主党もこれに参加したが、韓国民主党はこの運動の中でも、最終段階で「党内不一致」からこれへの参加を拒否するに至ることとなる。理由は、「左右合作委員会」が一〇月七日に発表した、「左右合作七原則」にあった。「七原則」の第三項は次のように述べていた。

土地改革に当たっては、没収・有条件没収・逓減買上等の手段により、土地を農民に無償分与し、市街地の基地・大建築物を適正処理し、重要産業を国有化し、社会労働法令、および政治的自由を基本にする地方自治制度の確立を速やかに実施し、通貨および民生問題等を、出来るだけ早く解決し、民主主義建国の課業完遂に邁進する[101]。

韓国民主党は、実業家をはじめとする資産家の多く参加する政党であり、彼らがこのような内容を含む「七原則」を受け入れることは困難であった。張徳秀はこの条項を見て直ちに、金性洙に党中央執行委員会開催を要請した[102]。中央執行委員会は「合作委員会」に韓国民主党を代表して参加していた元世勲と、合作に反対する張徳秀との間の激しい応酬となり、結果、元世勲、金若水、金炳魯ら韓国民主党「非主流派」は脱党する[103]。ここに韓国民主党は結党以来最大の危機を迎えることとなる。

窮地に立った韓国民主党が接近したのは、李承晩であった。張徳秀の粘り強い働きかけにより、李承晩は自らの「七原則」に対する声明の中に、「合作原則中に民主政策と矛盾する条件があることに不満足」という一文を挿入することとなる[104]。韓国民主党と李承晩の間には、両者が連合に至る十分な理由が存在した。第一に、両者はともに互いに相補う部分を多く持った存在であった。三四年ぶりに単身朝鮮半島に帰国した李承晩には、朝鮮半島南半における確固たる政治的基盤はなく、彼はこの時期、金九ら重慶「臨時政府」系勢力に遅れをとりつつあるかにも見えた。彼が有するのは「大韓民国臨時政府初代大統領」としてのカリスマ性と正統性のみであり、それは韓国民主党が経済力・組織力・人脈の全てを備えながら、正統性のみを欠いた存在であったのと好対照であった。第二に、両者は様々な思惑から、ともに「自由な経済活動」を支持していた。アメリカにて哲学博士号を取得した李承晩は基本的には自由放任の経済学の信奉者であり、韓国民主党系の人々は自らの事業維持のためにも、社会主義的な政策は是が非でも回避したかった。第三に両者は各々の立場から、左派勢力および「臨時政府」系勢力と深刻な対立状況にあった。李承晩には、「臨時政府」時代から左派との対立を抱えてきた経緯があり、また、金九らとは「『臨時政府』の正統性」を争う対抗関係にあった。韓国民主党の両者との対立の経緯は既に述べた通りである。こうして成立した両者の連合は、以後、南朝鮮単独政府樹立運動から、李承晩大統領選出時まで続き、この連合は左派勢力・「臨時政府」系勢力の両者に対して明らかな勝利を収めることとなる。「大韓民国」はまさにこの二つの勢力によって作りあげられ、そしてその成功の瞬間、彼らは離別に至る。大統領と「国内派」野党。独立韓国の政治的構造はまさにこの時誕生する。

しかし、それならば我々は、このような韓国民主党について、どのように理解すれば良いのであろうか。彼らの政治行動の基盤となってきたのは、解放直後の困難な状況において自らが「韓国のペタン」に転落することを回避すること、そしてそれにより朝鮮半島南半において圧倒的な基盤を有する彼らが政治的主導権を握ること、であった。言い換えるなら、解放後の彼らには二つの全く正反対の可能性が存在した。一つは、「親日派」として処罰され、解放後の韓国から葬り去られること、そしてもう一つは、独立韓国における最大・最強の勢力として彼ら自身が韓国そのものになることであった。解放後の彼らはまさにその両極端の可能性を秘める存在であり、大韓民国成立以後も彼らはその間を大きく揺れ続けることとなった。

彼らがこのような微妙な位置を占めることとなった理由として、我々が見落としてはならないのは、韓国解放の特殊性であろう。日本の敗戦により解放を与えられた韓国には、解放を自らの手で実現した真の「勝者」は存在しなかった。金九や李承晩と言った「韓国のドゴール」達は、自力でのパリ入城を果たすことができず、彼らには国内における活動基盤が決定的に欠如していた。同様に「韓国のビルラ財閥[105]」は、遂に「韓国のガンディー」を生み出すには至らず、彼らに残されたのは「日本と関係を持った」という負の遺産だけであった。「ドゴール」たり得なかった海外派と「ビルラ財閥」たり得なかった「東亜日報グループ」はともに自らに欠けるものを求めて相争い、やがて「ビルラ財閥」は、「一人のドゴール」との連合を実現することになる。「ドゴール」はこれにより国内の政治基盤を獲得して大統領にまで登り詰め、「ビルラ財閥」は自らの経済活動基盤と政治的足場を確保するに至る。「ドゴール」は「もう一人のドゴール」を追いつめ、「ビルラ財閥」は自らが影響力を行使する「国民会議派」を基盤に勢力の拡大を図ることとなる。

韓国民主党とその中核となった「東亜日報グループ」の人々とは、このような微妙な立場に置かれた人々であった。彼らは確かに「ペタン」や「汪兆銘」や「ラウレル」ではなかったが、それ以上に「ガンディー」や「スカルノ」や「チトー」ではなかった。長年にわたって国内で活動を続けてきた彼らの勢力は強大でこそあったものの、その「勝利」の欠如の結果、「何故彼らが解放後の指導者たらねばならないか」を国民に説明することはできなかった。そのような自らの限界性を熟知する彼らは早期に「自らが指導者たること」を断念し、正統性を有する、そして正統性のみを有する人物を探し求めた。彼らは当初、それを「臨時政府」と米軍政府に追い求めた。しかし、「臨時政府」との対立が激化した結果、彼らは米軍政府に大きく頼むこととなり、このことは彼らの政治的立場をいっそう困難なものとさせることとなった。米軍政府はあくまで過渡的なものに過ぎず、彼らには独立以後にも担ぐことの出来る「神輿」が必要であった。こうして彼らは、李承晩へと到着する。

大韓民国成立以後の、李承晩と韓国民主党の関係については、次章にて詳しく議論することとしよう。ともあれ、大韓民国はこのようにして作り出されていった。正統性を独占する大統領と強力野党。両者の対立関係はこの時、開始されることとなるのである。

第三章　「正統保守野党」の変質と「東亜日報グループ」の政治的解体

——「権威主義的」体制成立の前提条件として——

米軍政期。「東亜日報グループ」を中心とする人々は、その巨大資本と人脈を十二分に活用し、事実上の「米軍政府与党」としての地位を確立した。なかんずく重要であったのは、彼らが警察を握ったことであり、それを利用することにより、あたかも彼らが既に政権を支配しているかのように行動した。

しかし、このように一見、極めて強力に見えた彼らは、大韓民国建国以後には一転して「野党」の地位に留まることを余儀なくされる。一体、何が変わり、何が彼らを政権の座から追い落とすこととなったのであろうか。次にその点について見てみることとしよう。

1　建国の裏側で

（私の提出した国務総理）任命案が、提出後、国会で否決された事実に鑑みるなら、この国会において、何らかの取り決めが存在し、二つの党が、各々示し合わせて、自党の人物でなければ、投票で否決しようと約束していたとしか思えない。万一、そのような事実があったとするならば、私が国務総理を何回改めて任命しよう

1948年8月15日，大韓民国政府樹立を宣言する李承晩

（出典）『大韓民国建国大統領　李承晩』（梨花荘【韓国】，1996年）17頁。

と、彼らの内定する候補でなければ、全て否決されてしまうであろう。［中略］一度も討論することなく否決された今となっては、私も覚悟を決めなければならない。(1)

一九四八年八月一五日。朝鮮半島が南北に分断される中、新生大韓民国はその独立を獲得した。しかしながら、華やかな独立式典が行われた旧朝鮮総督府――当時そこには国会が置かれていた――の内部では、既に激しい権力闘争が開始されていた。独立運動の元勲として、また米軍政府の正統性を認定し、それを引き継いだ形での事実上、朝鮮半島南半のみにおける大韓民国の独立を主張した指導者として、李承晩は自らの望んだ通り初代大統領に選出された。しかし彼の国会における基盤は弱体であり、その施政は出発当初、より正確には出発の以前から大きな壁に直面することとなった。李承晩が大方の予想を裏切って国務総理に任命した李允栄は、自党の領袖金性洙を国務総理候補とする韓国民主党の抵抗の前に、圧倒的多数で任命を否認され、李承晩は国会とそこにおける最大党派韓国民主党を激しく非難することとなる。大韓民国の政治、それは大統領と国会との激しい対立で幕を開けた。

以上のような国務総理任命を巡る対立からも明らかなように、今日とは異なり、建国当初の韓国における国会の権限は大きなものであった。大統領任命権と、その大統領の任命する国務総理の承認権を握る国会を前にして、大統領は国会の協力なくしては行政部を立ち上げることさえできなかった。建国当初の韓国は、今日よりもはるかに

国会に比重を置いた制度を採用していたのである。

しかしながら、周知のようにその後の韓国が辿っていったのは、国会ではなく大統領を権力の中核とする政治への道であった。制度的基盤を与えられていたはずの国会は、何故大統領の前に敗北することになったのであろうか。同様のことは、この制憲議会において最大勢力を誇った韓国民主党、そしてその後裔である歴代の「正統保守野党」についても言うことができよう。強大な制度的権限を与えられた国会を支配する、強力な党派。にもかかわらず、どうして「正統保守野党」はその後も「野党」であり続けなければならなかったのであろうか。

国会が大統領に、「正統保守野党」が李承晩に敗北した結果、韓国に出現したのは李承晩を強大な権力の中心とする独裁的な「権威主義的」体制であった。[2]言い換えるなら、李承晩の「権威主義的」体制とは、彼自身による「上から」の権力再構成の結果であったと同時に、国会と野党の敗北により「下から」もたらされたものであった。制度的な権力を与えられた国会や野党は、何故敗北を喫せねばならなかったのか。そして、より大きな観点からするならば、このような韓国における「権威主義的」体制の成立から、我々はどのような政治学的示唆を引き出せるのであろうか。

本章は以上のような観点から、韓国における最初の「権威主義的」体制の成立について、歴史的・実証的に考察を行うものである。考察は次のような形式で進められることとなる。

第一に、制憲議会開催時における、李承晩と「正統保守野党」の対立関係について考察し、何故後者が「野党」たらねばならなかったかを明らかにする。第二に、同じ制憲議会の展開を追うことにより、建国直後における両者の対立関係とその構造について考察する。第三に、第二代国会、特にそこにおける朝鮮戦争勃発以後の両者の関係を見ることにより、当初拮抗していた両者の力が、何故李承晩側の一方的勝利と、それによる彼を権力の中心とする「権威主義的」体制の成立へと結びついていったかを明らかにする。

それでは早速、本題に入っていくこととしよう。

2　「正統保守野党」の挑戦

大韓民国成立と韓国民主党の野党転落

本論に入る前に、一九四八年八月一五日、即ち大韓民国成立に至るまでの李承晩と韓国民主党の関係について簡単に整理しておくことにしよう。

解放から大韓民国成立までの時期は、それを大韓民国の成立それ自身に収斂するものとして見た時、大きく三つの時期に分けることができる。第一は、朝鮮半島南半において、各々が正統な「政府」であると称する、異なる根源の正統性を主張する三つの組織が鼎立する時期である。この時期、総督府からの「治安維持」要請にはじまり、「左派」あるいは「穏健左派」に属したとされる国内派人士を中心に作られた「人民共和国」、三・一運動直後の海外亡命運動家の活動にその正統性の根源を有する「大韓民国臨時政府」、そして日本軍の無条件降伏により朝鮮半島に進駐してきた「米軍政府」が各々成立、あるいは帰国し、そのそれぞれが自らこそが唯一・正統な政府であることを主張した。第二は、三「政府」間の鼎立関係が次第に米軍政府の優位へと転化され、来たるべき韓国の「独立」はこの米軍政府の正統性を受けてしか成立し得ないことが明らかになっていく時期である。一九四五年末の反信託統治運動にはじまり、一九四六年秋の左翼系勢力の挑戦とその失敗までの時期がこれに相当する。第三は、確立された米軍政府の支配が終焉に向かい、大韓民国が成立するまでの時期である。米軍政府の退場は、代わって登場する大韓民国の形に見合った、新たなる支配層とそれに相応しいイデオロギーを生み出すこととなる。(3)

以上のような過程において重要なのは、本章が主たる分析対象とする二つの勢力、即ち李承晩を中心とする勢力と、韓国民主党の流れを引く「正統保守野党」の中核を担う勢力こそが、この大韓民国成立に至るまでの過程を、米軍政府以上に積極的に主導し実現した「勝者」の側に属するものであったということであろう。開化期以来の活動経歴を持ち、大韓民国臨時政府初代大統領として独立運動において重要な役割を果たした李承晩と、日本統治期最大の民族資本として、民族紙東亜日報を拠点として朝鮮半島内部の民族運動において重要な役割を果たしてきた「東亜日報グループ」[4]。彼らは互いの欠点を巧みに補いつつ、その同盟関係を維持してきた[5]。亡命運動家であった李承晩は朝鮮半島内において、具体的な支持基盤を有さず、他方「東亜日報グループ」は、それが日本統治期において朝鮮半島内で活動していたがゆえに、自らの生存と事業拡大のために朝鮮総督府と一定の関係を有さざるを得なかった。このような両者は、解放後「親日派」との批判に晒されざるを得なかった「東亜日報グループ」に、李承晩が自らのお墨つきを与える形で正統性を付与し、逆に「東亜日報グループ」は自らの豊富な資金力と組織力、そして国内における巨大な人脈を李承晩に提供する、という形で協力した。「米軍政府の正統性を承認し、それを引き継ぐ形で朝鮮半島南半のみに成立する大韓民国」は、ある意味ではまさにこのような両者の相補的同盟関係により実現されたといえる。

しかし、両者による勝利の瞬間は、両者の離別の瞬間でもあった。李承晩が初代大統領に選出されるまでは[6]、両者の描いた筋書きは同一であった。韓国民主党がそれを支持した背景に、李承晩が自党の金性洙を国務総理に任命するであろうという期待があったことは、今日良く知られる通りである[7]。しかし先述のように、李承晩が韓国民主党、さらには世論の予想に反して国務総理に指名したのは、李承晩と同じく国会に独自の支持基盤を持たない、朝鮮民主党[8]の李允栄[9]であった。李承晩は、この任命の理由を次のように説明している。

最も難しい問題は、周知のように、全民族の大多数が現在の政党が政権に就くことを望んでいないということである。その中である政党の有力者が政権を握るならば、ソウルの政治家は歓迎するかもしれないが、大半の同朋はこれに失望することであろう[10]。

李承晩による唐突な李允栄任命と、事実上国会とその党派の存在を否定したに等しいその政治姿勢は、国会において激しい反発を買い、任命は二七対一二〇の大差で否決されることとなる。その背景に存在したのは、李承晩のやり方が、韓国民主党のみならず、申翼熙と趙素昂を各々自らの国務総理候補として推す無所属その他の議員達の反感をも買ったことが挙げられよう。なかんずく李承晩自らも認めた国務総理の第一候補者であった金性洙を擁立する韓国民主党の反発は急であり、ここに李承晩と韓国民主党は決定的な対立に至ることとなる。

大統領李承晩と、国会内最大会派韓国民主党の対立。大統領選出に先立って制定された当時の憲法を素直に読むなら、この対立は韓国民主党の勝利に終わってもおかしくはなかった。二七対一二〇の投票結果が端的に示しているように、このような状況下、李承晩が自らの意志を貫くことは困難であり、両者の対立は抜きがたいものであるかのように見えた。第三三次会で否決された李允栄の任命は、既述の李承晩の談話ともあいまって、翌第三四次会でも再び激しく非難された。

しかし、事態はここから劇的な展開を見せた。わずか一週間後に開かれた第三五次会において、李承晩は、否認された李允栄に代えて、再び国会の諸党派と関係を有さない李範奭を国務総理に任命することとなる。国会は、この李允栄のそれと代わり映えのしない任命に対し、今度は一一〇対八四で承認を与えた。韓国民主党はこれへの反対討論さえすることができなかった。

それでは韓国民主党は、李承晩の挑戦に何故これほどまでに容易に屈服せざるを得なかったのであろうか。この点について『雩南実録』は、国務総理任命を巡って国会が空転し、行政部成立を妨げることが、結果として国民による自らへの非難を集中させることを韓国民主党が危惧したからであるとする。[11] しかしながら、この点を考える上で重要なのは、少なくとも論理的には、国会の空転を理由として国民からの非難を浴びる可能性は李承晩の側にもまた存在したはずであるということであろう。問題は、何故同様の危険性をもった両者のうち、韓国民主党のみが一方的に譲歩せざるを得なかったかである。

この点を理解する上で、第一に重要なのは、当時の韓国民主党を取り巻く特殊な状況であろう。確かに制憲議会開催時、韓国民主党は国会内最大の会派であった。しかし、そのことは彼らが、それに先立つ制憲議会選挙において勝利したことの結果ではなかった。米軍政府期、政府内要職に多数の党幹部を送り込み、事実上「米軍政府与党」の地位を占めた韓国民主党であったが、彼らがこの選挙で獲得したのは、この時選挙された一九七議席のうちわずか二九議席に過ぎず、候補者の当選率も無所属のそれを若干上回る程度にしか過ぎなかった。一言で言うなら、彼らはこの選挙において、国民の支持を得ることに失敗していたのである。それは李承晩が、その大統領選出こそ国会でなされたもの[12]であったものの、他の指導者の追随を許さぬ国民的人気を有していたのと対照的であった。[13] 両者が究極的な対立に突入した時、世論がどちらを支持するかは火を見るよりも明らかだったのである。

このような「正統保守野党」の選挙における敗北そのものについては、別稿にて詳しく議論したところであり、[14] 本書ではそれを直接には議論しない。韓国民主党が制憲議会開催時に最大会派となることができたのには特殊な事情があった。[15] 即ちこの選挙において上位を占めたのは、四二・五％、八五名の当選者を出した無所属と、二七・五％、五五名の当選者を出した大韓独立促成国民会であった。半数近い無所属議員の存在に加え、李承晩らによって「独立促成」のために創設され、韓国民主党も自身参加した超党派的組織、大韓独立促成国民会が、まさに大韓民国の「独立促成」の実現それゆえに会派としての求心力を喪失し、制憲議会開催以前既に解体状態となった結果、制憲議会開始以前の国会議員達の大多数は、自らの実質的な所属党派を有さない韓国民主党にとっての巨大な「草刈場」となることとなった。朝鮮半島最大の民族資本「湖南財閥」に支えられる豊富な資金力と、行政組織内に人脈を持つ韓国民主党は、何よりもその領袖、金性洙が国務総理となり、独立後も巨大な影響力を持ち続けるであろうと見られたことにより、多くの議員達を取り込むことに成功し、制憲議会開催時には八〇名以上の勢力を誇ることとなっていた。[16]一言で言うなら、韓国民主党の巨大な勢力は、国民の支持の結果ではなく彼らの政治力と経済力の産物であった。そして、李承晩はまさにこの点をこそ攻撃していた。

巨大な勢力を誇る韓国民主党の政治的後退。実はそれは、国務総理任命を巡る問題の以前から開始されていた。周知のように、この時制定された大韓民国憲法の起草に憲法起草委員会議長として当たったのは兪鎮午であった。兪鎮午は日本統治期には、「東亜日報グループ」の教育部門における中核的機関であった普成専門学校教授を務め、[17]解放後は京城帝国大学から改組・新設されたソウル大学の教授をも兼務する、韓国法律学界の中心的人物であった。日本統治期に法学教育を受けた彼が起草した憲法草案は、内閣は、形式的な元首に過ぎない大統領にではなく国会に対して責任を負い、国会は内閣に対して不信任を行うことができるとする、実際に制定されたものよりもはるかに日本のそれに似た、「内閣責任制」の側に偏ったものであった。[18]しかしながら、この憲法草案は李承晩の強力な拒否により、「一日のうちに」覆され、結局内閣は大統領に対して責任を負い、国会は大統領の国務総理任命に対して承認を行うことのみができる「大統領中心制」へと転換されることとなる。[19]

兪鎮午が後に述懐しているように、[20]彼の起草した憲法草案は、彼の法学者としての所信の産物であると同時に、彼自身が日本統治期から密接な個人的関係を有した金性洙ら韓国民主党幹部の意向をも受けたものであった。「朝鮮人民共和国」の政治的敗退の過程において、朴憲永ら朝鮮共産党系の指導者や、穏健左派の呂運亨らがその影響力を損傷し、金九、金奎植ら大韓民国臨時政府系の指導者の多くもまた、制憲議会選挙をボイコットすることにより、「大韓民国」の政治舞台から退場した当時、その圧倒的得票による大統領選出からも明らかなように、憲法制定のはるか以前から「米軍政府の正統性を承認し、それを引き継ぐ形で朝鮮半島南半のみに成立する大韓民国」初代大統領の座は、事実上、李承晩のものとなることが確定していた。このような状況下において、先述の兪鎮午の憲法草案が、少なくとも韓国民主党の側の理解としては、李承晩を大統領として「棚上げ」するためのものであったことは明らかであろう。

重要なことは、制憲議会の以前から構想を開始されたこの憲法草案が、わずか一日の李承晩の抵抗により、呆気なく「内閣責任制」から「大統領中心制」へと大転換させられたことである。その理由は明白であった。李承晩を自明の、事実上唯一の大統領候補として擁立する韓国民主党には、李承晩の協力なくして大韓民国を立ち上げることは不可能であり、李承晩があくまで否を突きつける問題に対し彼の存在を否定してまで抵抗することは、そもそも不可能だったのである。問題は李承晩個人が如何なる力を有しているかではなく、李承晩以外にこの新たな「独立国」に対し、その「独立運動」に由来する正統性を与え得る人物が存在しなかったということである。李承晩なき大韓民国はあり得ず、結果、彼らは李承晩に全面屈服することとなる。

憲法制定、そして、国務総理任命。李承晩の存在を前提とした韓国民主党の戦略は、こうして必然的に挫折することとなる。しかし、それならば米軍政府「与党」から、大韓民国「野党」への転落は、彼らにとってどのような意味を有したのであろうか。次にその点について少し具体的に見てみることとしよう。

警察権を巡る葛藤

制憲議会選挙敗北から憲法制定、国務総理承認。「米軍政府与党」として絶大な権力をふるった韓国民主党の後退は急速であるかに見えた。そして、このような流れは、その後も暫くは続くこととなる。李範奭国務総理就任に引き続き、李承晩は初代内閣の組閣に着手することとなるが、ここにおいても韓国民主党は、李承晩が「国務総理よりも重要なポスト」として、金性洙のために本来用意した財務部長官[21]の地位を、辛うじて代わって金度演が占めたのみであり、事実上この「挙国一致政権」の外に置かれることとなった。李承晩と韓国民主党の対立と、韓国民主党の事実上の野党への転落は、韓国民主党内部における親李承晩系勢力の同党からの離反をもたらした。この組閣までに有力幹部の一人であり、李承晩の事実上の秘書としての役割を果たしていた尹致暎ら九名が党を去る[22]こととなったのである。韓国民主党は瓦解寸前であるかに見えた[23]。しかしながら、韓国民主党にとってより大きな打撃となったのは、彼らの離党そのものよりもむしろ李承晩が離党した尹致暎を内務部長官に起用したことであった。国内に政治基盤を有さない李承晩にとって、尹致暎らは国内に多彩な人脈を有する貴重な政治的「駒」であり、彼はこの人脈をもって内務部の掌握を目指すこととなる。

それでは李承晩は当時の彼にとっての数少ない貴重な「駒」であった尹致暎を、どうして内務部長官に起用したのであろうか。見落とされてはならないのは、当時の内務部長官というポストの性格であろう。内務部とは、米軍政府期における警務局と土木局、さらには中央選挙管理委員会、中央消防委員会およびその所属機関を統合する形で新設された巨大官庁であったが、なかんずく重要であったのはこの官庁が警察事務を一手に掌握していたということであった。そしてこの警察権力こそ、従来、韓国民主党が「米軍政府与党」であるがゆえの利益を最も享受してきた部分であったのである[24]。

この点については、当時の社会状況を理解する必要があろう。日本の突然の敗戦による解放は、朝鮮半島において大きな混乱を引き起こした。日本の無条件降伏は、朝鮮半島における日本の発言権の完全な喪失を意味しており、この結果それまで日本統治下において、日本と一定の関係を有しながら社会的活動を行ってきた人々は、突然その庇護を失い、「親日派」との非難を浴びることとなる。地方においてこのような非難の対象となったのは、第一に、在地社会の代表者として朝鮮総督府との公的・私的関係を有した、また有さざるを得なかった一部在地有力者、特に大地主達であり、第二には、文字通り日本統治の末端を担った警察官僚達であった。事実、解放とほぼ同時に日本人が脱出を開始し、その結果行政機構が麻痺することとなった地方においてはもちろん、曲がりなりにも米軍進駐時まで総督府が持ちこたえたソウルにおいてさえ、警察機構の解体は急であった[25]。「親日派」として処罰・糾弾されることを恐れて、多くの警察官は職を離れ、警察の庇護を失った日本統治期の有力者達は激しい非難に晒された。在地有力者達は追いつめられた[26]。

そのような彼らの窮地を救ったのは、やはり警察であった。一九四五年一〇月、韓国民主党からの推薦[27]により、米軍政府警務局長に就任した趙炳玉は、直ちに当時解体状況にあった警察組織の建て直しに着手、これを国立警察として、組織的再編と人員確保に努めることとなる。米軍政府はこの再編成された警察力をもって、解放後各地に出現した自衛的その他の個人・団体を武装解除し、結果、朝鮮半島の治安維持は、再び公的な警察権力により担われることとなる。在地社会有力者は自らの庇護を求めて、警察に接近を図り、ここに在地社会有力者と警察[28]、さらには警察やその長である趙炳玉が一定の関係を有する諸団[29]、即ち、西北青年会等、右翼青年団[30]との関係が成立することとなる。これを束ねる位置にあるのが趙炳玉、そして彼の所属する韓国民主党であった。

李承晩による尹致暎の引き抜きと内務部長官任命は、明らかに警察における趙炳玉と韓国民主党の影響力を削ぐことを目的としていた。このことは、趙炳玉同様、首都管区警察庁総監としてソウルの警察業務に当たり、趙炳玉と競争関係にあった張沢相[31]についてもまた、李承晩が張沢相自身の熱望した内務部長官に代えて外務部長官として、一風変わった遇し方をしていることからも明らかであろう。対して趙炳玉が新生人韓民国において与えられた役割は、後の大統領特使としての国連派遣であり、この韓国外における「重要な職務への任命[32]」にもまた、李承晩が趙炳玉の国内における影響力を削ごうとする意図を見ることができよう。いずれにせよ、米軍政府から大韓民国へ、韓国民主党から李承晩への施政権移譲、そして警察権の移譲は、双方にとって特殊な意味を持つものであった。八月一五日の独立式典後、最終的に九月三日までずれ込んだ警察権移譲に対し、新内務部長官尹致暎は、米軍政府警務部長趙炳玉を激しく非難、自らの指揮下に警察権を収め続ける彼を「反乱者」とまで呼ぶこととなる。尹致暎、そして李承晩政権がこの問題をどれほど重視し、趙炳玉らの影響力の大きさを危惧していたかは、この逸話に端的に現れていよう。いずれにせよ、趙炳玉は警務部を尹致暎に引き渡し、ここに大韓民国への政権移譲が完成する。それは即ち李承晩が、尹致暎、そして内務部を通じて警察機構を確保したこと、そして韓国民主党がそれを失ったことを意味していた。

それは後の両者の関係、さらには韓国民主党そのものにどのような影響を与えていったのであろうか。次にその点について見てみることとしよう。

3　民主国民党の攻勢

「短かった安定期」

大韓民国成立から朝鮮戦争勃発までの一年一〇カ月。兪鎮午が「短かった安定期」と呼んだこの時期[33]は、忘れられた第一共和国期の中でも最も看過されがちな時期であろう。[34]兪鎮午の表現にも現れているように、この時期は、新生大韓民国の諸制度がその機能をはじめた時期であり、この時期を見ていくことは、これらの諸制度が本来どのような性格を有しており、さらにはそれが朝鮮戦争という突発事態に遭遇したことにより、どのような影響を受けたかを知る上で極めて重要であろう。そしてそれは、本章が取り扱う、李承晩と「正統保守野党」の関係においても例外ではない。

この短期の相対的「安定期」における両者の関係は、当然のことながら制憲議会序盤での対立構造の延長線上に展開されていくこととなる。李承晩により度重なる譲歩を強いられた韓国民主党は、その後も後退を続けることとなった。その代表的な例は、よく知られているように農地改革法と反民族行為処罰法を巡る議論であった。[35] 党首金性洙自身が朝鮮半島の代表的大地主の一人であり、党員や支持者にも多くの地主を抱える彼らにとって、この二つの法案は、自らの経済的基盤と社会的威信を著しく損なうものであったが、少なくともその建前において国民の強い支持を受けるこの二つの法案に対して、彼らは条件面での抵抗を試みることしかできなかった。

しかし、彼らはここから次第に反撃に転じていった。直接的契機となったのは、いわゆる「柳珍山事件」であった。一九六〇年代、「正統保守野党」の党首として活躍することとなる柳珍山は、この時期には、解放後において興士会、大韓革新青年会を組織した、有数の青年団指導者の一人であった。趙炳玉や、初代内閣社会部長官であり、後に非共産主義系労働運動の指導者となる銭鎮漢らとの密接な交流関係を有する彼は、李承晩帰国後には銭鎮漢らとともに、李承晩による「独立促成」運動の一環として、大韓独立促成全国青年総連盟を結成し、その副委員長の職を占めることとなっていた。当時の青年団は、解放後の混乱状況と、多数の復員軍人・軍属、さらには朝鮮半島北半における社会主義的改革の結果生み出された多数の越南者、即ち、朝鮮半島北半からの移住者らを素材として、日本統治期における青年団運動の残滓が生み出した、解放後政局における「鬼子」的存在であった。大韓民国成立までの時期において、これらの組織は、それが警察組織等と協力して米軍政府の確立および維持の役割を果たしたという意味において、米軍政府や警察組織の欠陥や能力の不足を物理的強制力の面から補完する存在であった。しかし、大韓民国の成立とその「安定」は、即ちこれら青年団組織が、もはや、国家による治安維持の妨げに過ぎない存在となったことを意味しており、この時期、彼らは急速にその存在意義を失うこととなる。[36]

国家的観点からは、その存在意義を喪失した青年団ではあったが、それは各々の政治勢力にとっても、これらの組織が存在意義を失ったことを意味していたわけではなかった。最初に動いたのは李承晩であった。この時期李承晩は、制憲議会選挙後の大韓独立促成系諸組織の解体状況に危惧を覚え、自らの支持基盤の再構成を模索することとなるが、彼はその一つとして青年団に着目した。彼は、全国にあまた存在する青年団が一つに糾合することの必要を説き、結果、大同青年団をはじめとする諸組織はこの李承晩の声明を受ける形で、一九四八年一二月一九日、新設された大韓青年団に合流することとなる。

柳珍山はこの大韓青年団結成に当たり、「李承晩の特命を受けて」統合準備委員長として事に当たった。同青年団は、名誉職的な総裁に李承晩を推戴すると同時に、柳珍山を、李青天、盧泰俊、張沢相、銭鎮漢、姜楽遠らと並ぶ最高委員の一人とする形で発足する。事件が起こったのは、その結成大会の帰路、彼が銭鎮漢の社会部長官官舎に立ち寄った時であった。柳珍山は、ここで全国学生総連盟委員長李哲承宅における手榴弾押収事件[37]に関連して逮捕され、そのまま首都警察庁に拘留されることとなるのである[38]。

国会、なかんずくそこにおける最大党派、韓国民主党は、この事件を「国会議員家庭検索にかかわる」[39]問題として大きく取り上げ、内務部長官尹致暎を激しく非難することとなる[40]。事件の背景に、巨大青年団、大韓青年団の主導権を握る争いがあることは明白であり、尹致暎によるこのタイミングでの柳珍山逮捕には、恐らく趙炳玉の流れを汲む彼を青年団運動から排除することにより、大韓青年団を李承晩の完全な指導下に収める意図が込められていた。しかしながら、「青年団運動に関った者なら、誰もが柳珍山と同じことをしている」当時の状況における尹致暎の性急な行動は、かえって国会を韓国民主党の側に団結させることとなる。国会は、即日「尹致暎内務部長官更迭建議案」を通過させた。李承晩と尹致暎は閣内においても、やはり青年団と密接な関係を有していた二人の国務委員、社会部長官銭鎮漢と外務部長官張沢相の抗議に直面し[41]、尹致暎は、彼ら二人とともに国務委員の職を辞することを余儀なくされる。代わって内務部長官の座に就いたのは、李承晩側近の申性模[42]であったが、韓国民主党もまた、内務部次官に党と関りの深い金孝錫を送り込むことに成功する。「正統保守野党」は再び内務部、そして警察組織に影響力を回復するに至ったのである。

韓国民主党は、ここに攻勢に転じることとなる。先立つ「麗順反乱」事件を契機に、更に反李承晩色を鮮明にしていた韓国民主党は、この事件を契機として、申翼熙、李青天の両名によって指導され、その発足当初においては、無所属その他の諸勢力を糾合して作られた李承晩与党としての性格を有していたはずの大韓国民党、[43]さらには趙素昂、明済世らが率いる社会党との協力工作を活発化させた。この動きはやがて翌年二月一〇日には大韓国民党の事実上の分裂・解体と、申翼熙、李青天らと韓国民主党との合党による民主国民党結党へと発展することとなる。[44]

周知のように、当時、そしてこれ以後の政局における焦点は、「大統領中心制」から「内閣責任制」への改憲を巡ってのものであった。李承晩側の切り崩しによる一部議員脱落や、社会党との協力関係模索の最終的な不調にもかかわらず、この時期、民主国民党は次第に自己の勢力を拡大していくこととなる。このような民主国民党の勢力拡大は、いわゆる国会フラクション事件[45]により、李承晩と民主国民党の間で第三勢力を形成していた少壮派勢力が崩壊することにより、旧与党系勢力の側ばかりではなく、これらの勢力の側にも及ぶこととなる。勢力拡大に自信を深めた民主国民党は、一九五〇年一月一七日、遂に徐相日ら七九名の連名にて第一次改憲案を提出するに至る。李承晩政権の世論を総動員しての巻き返しもあり、改憲案は際どく否決されることとなるが、一九五二年の大統領選挙を前に、民主国民党の李承晩に対する攻勢は弱まる兆しさえ見せなかった。

このような状況は、一九五〇年五月三〇日の第二回国会議員選挙、そして何よりも朝鮮戦争によりどのように変化することとなっていったのであろうか。次にその点について見てみることとしよう。

一九五〇年国会議員選挙と朝鮮戦争勃発

一九五〇年国会議員選挙は、李承晩にとって大統領再選を賭けた試練であった。[46]この選挙を目前にして、李承晩政権は、改憲論議たけなわの一九五〇年二月七日、民主国民党と密接な関係を有した内務部長官金孝錫を「健康上の理由」により罷免、新たに白性郁を長官に任命する。(48) 白性郁は三月二〇日には、「国防法違反に対する犯罪捜査」を目的に大韓政治工作隊を組織、この組織をして選挙に積極的に干渉させる。(49) これ以外にも、白性郁は選挙期間中、従来、民主国民党との関係が強かった警察関係者を「不可解な」人事異動を頻繁に行うなどして操縦し、民主国民党系候補者の当選阻止へ全力を尽くした。選挙の重要性に対する認識は、民主国民党も同様であった。民主国民党にとって同選挙の勝利は、自らの国会支配を確固たるものとすることにより、李承晩大統領再選を阻止し、自らの側に政権を取り戻すための必須のものであった。両者はこうして今日忘れられた選挙を全力で戦うこととなる。

しかし、選挙の結果は意外なものであった。選挙時における二大政党――即ち、尹致暎らによって李承晩政権与党として再建(51)された大韓国民党と、民主国民党――は、それぞれ選挙直前には七一議席と六九議席を有する規模を誇っていた(52)が、両党はともに大韓国民党最高委員の尹致暎、民主国民党幹部の徐相日、趙炳玉、金俊淵、白南薫らが落選するなど惨敗を喫し、偶然にも同じ二四の議席しか獲得することができなかった。(53) 当選者の六〇%、一二六議席を占めたのは再び無所属であり、国会は再び制憲議会当初の混沌とした状態へと戻ることとなる。(54)

ゲームは振り出しに戻ったかに見えた。そして、そのことは、制憲議会と同じ条件なら、再びここから無所属等中間派議員を切り崩すことにより、民主国民党の勢力拡大が見られるであろうことを意味していた。事実、六月一九日に開会した第二代国会において九六票を得て国会議長に選出されたのは、民主国民党の申翼煕であり、これに対して与党の推す呉夏永は、わずか四六票しか獲得できなかった。

言うまでもなく、その「条件」を一変させたのは、わずか六日後に勃発した朝鮮戦争であった。周知のように戦争勃発と同時に、北朝鮮軍の電撃的進攻の前に韓国軍が大敗を喫した結果、大韓民国は文字通りその存亡を賭けての体制建て直しを余儀なくされる。このような状態において、従前のような与野両党の対立を続けることはもはや不可能であり、李承晩らと民主国民党は、その対立を一時休止、与野党双方を包含した真の意味での「大韓民国」の枠組みの中での「挙国一致内閣」を作りあげることとなる。民主国民党はこの内閣に、趙炳玉、金俊淵、許政をそれぞれ、内務部、法務部、社会部の長官として送り込んだ。言うまでもなく、この人事において最も重要であったのは趙炳玉の内務部長官就任であった。金俊淵、許政の長官就任が、一一月の張勉国務総理任命とそれによる内閣構成員一新の一環としてのものであったのに対し、趙炳玉の内務部長官就任は、これらよりはるかに緊急性を帯びたものであった。

背景にあったのは、戦時下の治安維持において、緊要な役割を果たすべき警察組織の崩壊であった。朝鮮戦争時の内務部は、国防部と並び、戦時下において国防・治安を担当する最重要の官庁の一つであったが、肝心のその組織はといえば、先の白性郁による政治的利用により、内部における求心力と職業的規律を喪失した状態にあった。[55]結果、朝鮮戦争勃発と同時に組織は崩壊、責任を問われた白性郁は長官の職を追われることとなる。政治的利用と、大韓民国成立後わずか二年間の間に尹致暎、申性模、金孝錫、白性郁の四人もの長官を生み出した頻繁な長官交代は、内務部において強力な政治指導を作り出すことに失敗し、結果、李承晩はこの「国難」において、内務部、さらには警察行政に精通する人物として、また、実際ソウル陥落後、各種社会団体を統合する「救国総力連盟」を組織、独自の指導力を発揮しはじめていた強力な指導者として、自らが最も警戒する人物の一人である趙炳玉を内務部長官に任命し、警察組織再建に取り組ませることを余儀なくされる。解放と朝鮮戦争。「国立警察の父」趙炳玉は、こうして二度にまでわたり、警察組織の「再建」を担うこととなったのである。

民主国民党にとって、趙炳玉の内務部長官就任が有した意味は絶大であった。緒戦における北朝鮮軍による朝鮮半島大部分の占領と、それに伴う旧地主・名望家達の逮捕・逃亡は、たとえそれが一時的なものであったにせよ、民主国民党にとっての基盤となるべき、在地社会に深刻な危機を巻き起こした。[56]このような情勢において彼らが頼るべき唯一の存在は、解放直後同様、否それ以上に警察であり、自らの勢力を代表する民主国民党がこれを掌握したことは、旧地主・名望家達にとって望外のことであったろう。同様のことは、都市部についても言うことができた。ソウル、大田、大邱、釜山、そして、ソウル、釜山、ソウル。首都そのものの頻繁な移転が示すように、戦争の展開とそれに伴う膨大な人口移動は、結果として都市、なかんずく臨時首都・釜山の急激な人口増加と混乱をもたらすこととなった。実際、趙炳玉の内務部長官辞任後に現実になるように、このような都市への人口の流入は、結果として、釜山等の都市部において、これまた解放直後同様、正体不明の「青年団」を成長させることとなり、人々、特に野党政治家がこれらの勢力から身を守り正常な政治活動を続けるためには、これらの脅威から身を守るための警察の庇護が決定的な重要性を有していた。

「条件」の変化は、民主国民党への追い風となり、戦時下であったにもかかわらず、同党は急速にその勢力を拡張することとなる。一九五〇年国会議員選挙直後、二四名に過ぎなかった民主国民党は、戦乱の中、白寛洙ら二名を失ったにもかかわらず、九月二八日のソウル収復時には四〇名の勢力となり、大韓国民党、大韓青年団等、与党系勢力が合流して新たに作られた民政同志会と並ぶ勢力を誇ることとなる。両者は、国民倶楽部の二〇名と、無所属議員らが構成した無所属倶楽部の五〇名を挟んで激しく対立し、この対立構造はやがて国民倶楽部が民政同志会と合同して新政同志会となり、無所属倶楽部の後進、共和倶楽部が民主国民党と提携することにより、二大政党制に近い形に収斂していくこととなる。

本章において重要なのは、これら諸勢力の合縦連衡そのものよりも、この両勢力の対立が、この時期、次第に民主国民党の優位へと傾いていったことであろう。国民防衛軍事件と居昌事件をきっかけとして激化した両者の対立は、李承晩政権に抗議する李始栄副統領の辞任と、それを受けて国会にて行われた副統領[57]選挙により頂点を迎えることとなる。選挙の結果七八対七三で副統領に選出されたのは、民主国民党最高委員の金性洙であった。

しかし、「条件」は再び変化することとなる。次に節を変えて、この点について見てみることとしよう。

4　自由党「権威主義的」体制の成立

二つの「自由党」

副統領選挙は、翌年に控えた大統領選挙の前哨戦であった。総力を挙げての対決に与党が敗れたことは、このままでは李承晩の再選が事実上不可能であることを意味しており、李承晩には何らかの手を打つことが必要であった。言うまでもなく、その結果、彼が行ったのが、一九五一年八月一五日の声明[58]により本格的に開始される新党結成である。周知のように、自らの手による新党、当初仮称「統一労農党」[59]、後の自由党の結成は、李承晩が自らの掲げる「一民主義」[60]、即ち政党政治を否定し、全ての国民個々が自らの下に直接団結することを唱えたイデオロギーを事実上放棄することを意味していた。言い換えるなら、李承晩はこの時点で、諸党派を超越する全国民的指導者であることを断念し、自らが一党派の指導者に過ぎないことを明確にしたのである[61]。自由党結成は韓国における最初の、大統領自らによる「上から」の「政府党」創党の試みであるという意味において、李承晩自身にとってはもちろん、韓国政治史においても画期的な意味を有するものであった。画期的政党の出現は、国会内外に深刻な影響をもたらし、政界は大きく変動することとなる。

重要なことは、国会が大統領を選挙する権利を有しており、他方、大統領は国会を解散する権限を有さないという当時の制度的構造であった。李承晩が大統領に再選されるには、民主国民党が確固たる勢力を有する国会において、これまで同様、成果の不確かな多数派工作を続けることによりこれを実現するか、あるいは何らかの非常手段を使うことにより、瞬間的に国会の多数を獲得して憲法そのものを大統領直接選挙制へと改正し、再度の付託を直接国民から受けることが必要であった。李承晩はこの二つの政治的冒険の中から、手続き的疑義をこそ有するものの、最終的に国民による直接的付託を受けることのできる後者を選択し、その方向を志向していくこととなる。

　見落とされてならないのは、政権末期とは異なり、一九五〇年代半ば頃までの李承晩は、依然として独立運動に由来するカリスマ性を維持しており、その彼に対して直接選挙にて対抗可能な候補者を他党が立てることは未だ困難だったことであった。二回の国会議員選挙の結果に如実に表れていたように、民主国民党の幹部が選挙に弱いことは実証済みであり、それゆえ、彼らにとって大統領直接選挙制は避けるべき選択肢であると考えられていた。国会内に勢力を張る民主国民党には、政治的闘争の場をあくまで国会内に留める必要があったのである。

　しかし、同じことは、与党系議員達についても言うことができた。憲法を大統領直接選挙制へと改正することは、国会が行政部に対して影響力を行使する際の最大の武器を失うことを意味しており、与党議員にとっても、それは自らの国会議員としての最大の権限を失うことを意味していた。問題をより複雑にしたのは、李承晩がこの新党結成運動に際して、後背常ならぬ院内、即ち国会内の勢力よりも、むしろ院外、即ち国会外の圧力団体、より具体的にはかつて彼の「米軍政府の正統性を承認し、それを引き継ぐ形で朝鮮半島南半のみに成立する大韓民国」を支えた独立促成系諸団体の後身である、国民会、大韓青年団、大韓労働組合総連盟、農民組合連盟、大韓婦人会等の社会団体を重視したことであった。[62] 独立以降活力を喪失していたこれらの諸組織は、李承晩の新党への勧誘に敏感に反応し、李承晩の意思——即ち大統領直接選挙制改憲を経ての李承晩大統領再選——を積極的に主張することとなる。

　院内、院外両勢力の思惑が交錯する中、新党発起準備協議会は紛糾し、結果、同じく李承晩を党首とする「院内」および「院外」の二つの「自由党」が生み出されることとなる。両者は度重なる合党協議にも失敗し、一九五一年一一月三〇日、「院外自由党」系無所属議員が提出した大統領直接制改憲案は、「院内自由党」が反対に回った結果、一九対一四三の圧倒的多数で否決される。(63) 李承晩に事実上見捨てられた「院内自由党」が野党に回ることにより、それまで国会内に辛うじて存在していた与野両党の勢力均衡は完全に崩壊し、国会は野党一色に染まることとなる。李承晩の一手は、かえって彼に破局的な結果をもたらしたかに見えた。

しかし、事態は彼の次の一手により一変することとなる。次にその点について見てみることとしよう。

「釜山政治波動」と民主国民党の敗北

一九五一年の状況は、一見、一九四九年の状況と類似して見える。混沌とした国会の状況が、次第に二大政党へと収斂し、その中で、次第に「正統保守野党」の相対的優位が出現する。野党は攻勢を強め、やがて両者は決定的な対立へと至ることとなる。

類似した点はもう一つあった。それは、このような両者の対立深化の結果、李承晩が野党色の強い、時の内務部長官を罷免し、内務部、そして警察を自らの直接の指揮下に収めたことであった。一九五一年四月二四日、李始栄副統領辞任の直前、李承晩は、戦争遂行過程において発生した韓国軍による良民虐殺事件、居昌事件(64)の責任を問う形で、法務、内務、国防の三長官に辞職勧告を突きつけた。(65) 重要なことは、李承晩が当然に共に責を負うべき、国務総理張勉を不問にする一方、辞職を勧告した三長官が、この事件の直接の責任者であり、李承晩の信任厚かった申性模(66)国防部長官を除き、いずれも民主国民党幹部の金俊淵法務部長官と、趙炳玉内務部長官だったことであろう。背景に、内閣から民主国民党勢力を一掃し、進んでは国民防衛隊事件、居昌事件と相次いだ不祥事の責任を彼らに押しつけようとする、李承晩の政治的意図があることは明らかであった。先の金性洙副統領選出は、まさにこのような両者の対立の中、行われた。民主国民党は代わって内務部長官に任命された李淳鎔に対しても、彼の国籍問題を持ち出すことによりその任命に疑義を表することとなる。

民主国民党の攻勢はこの後も更に強まり、先述の二つの「自由党」の成立とその後の混乱もあいまって、国会は民主国民党主導で進むことになる。彼らは、一九五二年一月一八日、院外自由党系議員によって提出された大統領直接選挙制への憲法改正案を、先述のように一九対一四三の大差で否決、二月一〇日には、逆に内閣責任制色の強い改憲案を提出するに至る。改憲案に署名したのは、民主国民党の三九名に加え、院外自由党への合流を拒否する院内自由党「残留派」の四八名と、民友会の二五名中二一名、さらには無所属議員二六名中一五名、合わせて一二三名であり、その数は改憲に必要な議員総数の三分の二である一二二名を一名超過していた(67)。改憲案そのものは、李承晩による張勉国務総理罷免、張沢相国務総理任命という中間勢力の切り崩しにより寸前で否決されることとなるが、いずれにせよ大統領選挙を目前にして、国会内における野党の優勢は明らかであるかに見えた(68)。

しかし、「違った」のはここからであった。五月一四日、李承晩が政府側改憲案を再度、小修正の後提出すると事態は一変することとなる。憲法の定める大統領選出の日を目前に控え、李承晩側は、院外自由党への被吸収合流を主張する、院内自由党「合同派」を正式に「自由党」の名で政党登録する。これとほぼ同時に、国会の周囲には、様々な「青年団」類似の団体が集結を開始する。進んで李承晩は、院外自由党の重要人物の一人であり、国務総理や朝鮮民族青年団団長を歴任した李範奭を内務部長官に起用、二五日には、臨時首都釜山を含む慶尚南道全域と全羅南北道に戒厳令が布告されることとなる。野党はこれに対して集会等の形で抵抗を行うが、これらの動きはことごとく戒厳令違反として弾圧され、さらには「怪漢」達の襲撃により沈黙させられることとなる。趙炳玉には、李承晩の暗殺を計画した容疑までがかけられた(69)。結果、野党とそれを支援する人々は行動の自由を完全に失うに至る。結果、六月一二日、張沢相国務総理率いる新羅会が、先の政府側改憲案から一部を抜粋した、いわゆる「抜粋改憲案」を国会に提出すると、政府は出席を拒否する野党議員を文字通り国会に強制的に連行し、彼らを国会内で監禁したままその議決を行った。こうして「抜粋改憲案」は在籍一八五名中一六六名の「賛成」を得て「可決」されることとなる。いわゆる「釜山政治波動」である[70]。こうして舞台は国会を離れ、直接選挙制により行われる大統領選挙へと舞台を移すことになる。改憲案が予定する改正憲法施行日から、正副統領任期満了日までの余裕はわずか三九日しか存在しなかった。

しかしながら、本章において重要なことは、このような李承晩政権の余りにも剥き出しな権力乱用にもかかわらず、民主国民党が引き続く大統領選挙において、李承晩に対して満足に戦うことさえできなかったことであろう。この選挙において、民主国民党が立てた大統領候補者は前副統領・李始栄であったが、彼はもう一人の野党系候補者であった曺奉岩にも及ばない七六万票余りで惨敗する。李承晩の得票は五二三万票であった。民主国民党は、同時に行われた副統領選挙においても惨敗、同党の副統領候補者であった趙炳玉は、わずか五七万票余りを獲得したに過ぎなかった。正副統領選挙での惨敗は、民主国民党に致命的な打撃を与え、同党は急速に勢力衰退の道を辿ることとなる。このことは同時に進んだ院内自由党「残留派」の凋落ともあいまって、一転して与党自由党勢力の野党に対する圧倒的優位を作り出すこととなる。

しかし、それならば、このような民主国民党の余りにも呆気ない敗北は、何に起因したものだったのであろうか。次にその点について節を変えて見てみることとしよう。

5　「正統保守野党」の変質と「東亜日報グループ」の退場

「湖南財閥」の経済的衰退と「東亜日報グループ」の解体

この時期における「正統保守野党」のその勢力を支えたもの。それが、金性洙が事実上のオーナーを務める「湖南財閥」の財力であったことは周知の事実であろう。第一章で詳しく見たように、朝鮮王朝末期において大地主として台頭を開始した蔚山金氏一族は、全羅北道を中心とする地域における土地資本を基盤に、日本統治期に産業資本化に成功し、急速にその経済規模を拡大していった。その中核となったのは京城紡織であり、彼らはそれを基盤に、日本統治末期には日本の満洲進出と呼応する形で南満紡績を設立、その経済規模は朝鮮半島内部における如何なる朝鮮人資本をも凌駕するに至ることとなる。

このような彼らの経済的成功を支えたのは、彼らが平行して行った教育分野への進出、より具体的には中央学校および普成専門学校（後の高麗大学）の事実上の買収により、これらの教育機関を中心に成立していた朝鮮王朝時代の在京両班エリートのネットワークをも手中に収めたことであった。なかんずく重要であったのは、このネットワークを利用することにより、彼らが朴泳孝に代表される「親日派」人士との関係を樹立するに至ったことであり、彼らはこの旧エリートを朝鮮総督府との間の仲介役として活用することにより、朝鮮総督府およびその付属機関が有する膨大な金融資本への繋がりを獲得するに至る。自前の土地資本と安価で膨大な総督府系金融。彼らは、自らが所有する経営能力を恵まれた経済的環境の中で存分に発揮し、やがて巨大な「湖南財閥」を作りあげることとなる。巨大な経済力と、それを背景に運営された東亜日報という民族活動のアリーナの提供は、結果として彼らの周囲に様々な人間を呼び集め、それはやがて朝鮮半島内における最大の政治集団「東亜日報グループ」形成へと導かれることとなる。

「正統保守野党」の創始、韓国民主党は、まさにこのような「湖南財閥」の財力と、その結果として形成された人脈により生み出されたものであった。もちろん日本統治期における総督府との関係は、解放後における彼らの政治活動の正統性に大きな疑義を生じさせた。しかしながら、少なくとも朝鮮戦争の以前までは、彼らの経済的および人脈的な資源は彼らの正統性の欠如とその結果としての度重なる選挙での敗北を補って余りあるものであり、彼らはそれを十二分に活用することにより、選挙によってではなく選挙後において二度にまでわたって自らの勢力を再編・再建することに成功する。

しかし、状況は次第に変化していくこととなる。重要であったのは、この時期彼らが野党に留まったということであった。既述のように、彼らの経済的成長を支える大きな要因となったのは、総督府系金融機関、なかんずく総督府の政策銀行であった朝鮮殖産銀行との関係であった。彼らは、朝鮮王朝開化派の「元老」格として、日本統治期一貫して朝鮮殖産銀行の理事に留まった朴泳孝を、京城紡織や東亜日報の社長や顧問として担ぎ上げることにより、同銀行との関係を維持していた。同様のことは、彼らが事実上の「与党」であった米軍政期についても言うことができる。彼らの経済的優位はこのような政治的中枢部との関係を有することにより支えられていた。

しかし、大韓民国建国後の李承晩との同盟関係の終了と、その結果としての野党への転落は、結果として、彼らがそれまで他の勢力に対して有していた優位性の根源であった、彼らと政治的中枢部との紐帯を失わせることとなる。解放後の困難な経済的状況ともあいまって、「湖南財閥」の経営環境は急速に悪化し、その資金供給は次第に、しかし確実に滞りがちになることとなる。状況を更に困難にしたのは、言うまでもなく「親日派」問題であった。国会内でこそ大きな勢力を誇った彼らも、解放後の「親日派」への追及を求める世論に抗することは困難であり、彼らは自らの内部においても、「湖南財閥」の経済部門における統率役を果たし、その結果、南満紡績社長として、日本の満洲進出に関与し、満州国名誉総領事および中枢院参議を歴任した金性洙の実弟、金季洙を「親日派」として差し出すに至る。[71][72] 最終的に金季洙は辛くもこの追及を逃れるが、このような政治的打算に基づく実弟の「売り渡し」は結果として、金性洙と金季洙との関係を微妙なものとさせ、[73]「正統保守野党」が「湖南財閥」から政治的資金を引き出すことは次第に困難となることとなる。

それでもそれだけならば、まだ彼らの経済的優位は相対的には際立っていた。巨大な経済規模を誇る彼らは、真に必要であれば、自らの所有する在庫品や資産を処分することにより、豊富な政治的資金を獲得できたのである。[74]

しかし決定的であったのは、朝鮮戦争の勃発とそれによる事実上の経済活動の停止、さらには戦乱の中での工場設備等の破壊であった。主力企業京城紡織が、戦乱の最中、四〇％以上の設備を失った状況の中、[75]「湖南財閥」はその主力工場があったソウルが奪還されると同時に復旧に当たることとなるが、ここで彼らは、自らが後援する勢力が「野党」として李承晩政権と対立することが如何なる意味を有するかを思い知らされることとなる。

一九五一年一二月、預金引き出しを申請した彼らは、京城紡織を野党系企業とみなす李承晩政権により、自らの預金引き出しを拒否されることとなる。[76]周知のように解放後の韓国における金融機関は、日本統治末期において朝鮮総督府によって朝鮮人系金融機関が事実上接収され、その総督府財産と日本人財産がさらに米軍政府に接収され、その米軍政府が接収した財産が大韓民国政府へと引き継がれる、という三つの過程を経ることにより、事実上の国営・国有の状態に置かれていた。このような状況に加え戦時下であった当時においては、金融機関について非常統制が行われており、金融機関からの多量の資金引き出しに際しては、たとえ自らの預金であっても政府の許可が不可欠であるとされていた。[77]時あたかも、民主国民党の政治的攻勢により窮地に立たされていた李承晩は、この機会を逃すことなく「湖南財閥」に圧力をかけた。資金の途絶が、即ち経済活動の途絶を意味する当時の状況において、「湖南財閥」はこれに屈服する。即ち一転、彼らは与党自由党に資金供給することを約束し、[78]ここに「湖南財閥」と「正統保守野党」の関係は大きく損なわれることとなる。

「湖南財閥」からの資金供給途絶は、民主国民党、特にその中で中心的位置を占めていた金性洙への政治的求心力を失わせた。この事件の直前、野党の統一候補として副統領に選出された金性洙は、党の看板としての役割をやがて申翼熙にとって代わられ、徐々にではあったが確実に政治の表舞台から退場することとなる。[79]金性洙の退場は、民主国民党が自前の「財力」というその最大の武器を失ったことを意味していた。最大の武器を失った野党には、もはやかつてのような、選挙に敗れた後における国会内での勢力巻き返しを期待することは困難であった。

こうして「正統保守野党」は、李承晩への挑戦能力を失い低迷、やがて自らを大きく変質させていくこととなる。次にその点について見てみることとしよう。

「正統保守野党」の変質と趙炳玉の台頭

一九五一年。勝利を目前とした「正統保守野党」の財政は深刻な危機に直面していた。金性洙はこれに新たな資金を供給できず、もちろんそれが他の財閥によって補われる可能性も存在しなかった。政権に挑戦する野党へ資金供給を行うことの結果は「湖南財閥」のそれに如実に現れており、「湖南財閥」より相対的に小さな規模しか有さぬ他の資本家にとって、それが投資としては冒険に過ぎることは余りにも明らかであったろう。

趙炳玉が内務部長官の職を事実上更迭され、民主国民党に戻ったのは、このような時期であった。国民防衛隊事件と居昌事件という、民主国民党が李承晩政権の責任を厳しく追及した両大事件において、総責任者の一人であったはずの趙炳玉に、民主国民党が用意したのは、党実務を主管する事務総長の要職であった。その背景に、「国立警察の父」として、警察、そしてその警察と密接な関係を有する「青年団体」に対し、李承晩さえ一目を置かざるを得ない影響力を有する彼への特段の配慮があったことは明らかであった。こうして、趙炳玉は一躍、「正統保守野党」の最重要幹部として登場する。李承晩もまた、彼を最大の政敵の一人として強い警戒を見せた。

その趙炳玉が民主国民党事務総長として最初に取り組んだのは、破綻直前にあった党財政の建て直しであった。彼は党内にこの問題を管轄する「五人委員会」を組織し、不十分ではあったにせよ政治資金調達に一定の成果を収めることに成功する。金性洙さえ調達不

金性洙（副統領当時）

（出典）　金相万『東亜日報社史』一（東亜日報社【韓国】，1975年）4頁。

可能であった彼の政治資金調達を支えたもの、それは彼の「国立警察の父」としての経歴と、その中で培った人脈であった。今日、このような趙炳玉による政治資金調達源としては、鄭雲永、方義錫、全用淳らの存在が知られている。このうち、全用淳は、解放直後に結成された国内派経済人組織、朝鮮商工会議所において、「副会頭グループ」の一人として財界の政界工作を担当した人物であり、また、韓国民主党創党期の幹部の一人でもあった人物である。[80]彼は言わば、和信の朴興植や湖南財閥の金季洙ら、日本統治期からの代表的企業の経営者達が、親日派批判の中、財界の表舞台に立つことができなかった当時において、代わって国内派経済人の表の顔の役割を果たした人物であり、その経緯からも、同じ国内派経営人である彼が民主国民党に肩入れすることは、ある意味では当然であったということができよう。

しかしながら、趙炳玉の集金力を考える上でより重要であったのは、鄭雲永、方義錫らとの紐帯である。鄭雲永は、日本統治期における朝興銀行の前身の一つ、大邱銀行創設者の嫡孫であり、日本統治末期においても朝興銀行の理事および大株主として金融界に影響力を持ち続けた、数少ない韓国人の一人であった。解放以後、彼はその地位を活かして、朝興銀行頭取に就任、一時は朝興銀行を朝鮮銀行に代わって中央銀行とすべく奔走するまでに至るが、結局、日本統治期において総督府の金融支配の一翼を担った彼は、時の親日派批判の中、「不正融資」を理由に朝興銀行頭取の地位を追われることとなる。[81]他方、方義錫は、同じく日本統治期において、朝鮮人運輸資本として有数の規模を誇った咸興タクシーの経営者として、中枢院参議の地位まで登り詰めた人物であったが、三八度線による分断により、その以北に存在した経営基盤を失い、加えて、やはり親日派批判を正面から受けることにより、財界の一線から退いた経歴を有していた。[82]

重要なことは、一九五二年当時、両者がともに莫大な資産を有しながらも、その経営手腕を発揮する場を事実上喪失した立場にあったということだった。解放後の混乱と親日派批判の中で、両者が経営の一線から追われたこと、そして彼らの進出を支えた土地資本もまた農地改革に直面せざるを得なかったことは、直ちに、彼らが日本統治期に培った巨大な資産を完全に喪失したことを意味しなかった[83]。「湖南財閥」の関係者とは異なり、彼らは自らの莫大な資産を、企業その他の経営を考慮することなく使用できる極めて特異な立場にあったのである。

もちろん、このことは彼らが趙炳玉に資金を供給するための必要条件でこそあれ、十分条件ではなかった。同時に忘れてならないことは、最も深刻な親日派批判に晒された時期においても、彼らが最終的には反民族行為処罰法により処罰されることを免れていることであろう。ここで我々が想起すべきは、その当時において彼らの捜査に当たるべき警察を指揮していたのが、時の警務部長趙炳玉であったということである。加えて、趙炳玉への政治資金の最大の提供者、鄭雲永には、彼との紐帯を持つべき理由がもう一つあった。鄭雲永とその一族が本拠とした大邱と趙炳玉の特殊な関係がそれである。解放以後、大邱が直面した二つの大きな政治的事象、即ち一九四六年一〇月に勃発した、労働組合ゼネストにはじまる「大邱一〇月抗争[84]」と、朝鮮戦争初期における大邱攻防戦において、趙炳玉はともに主要な役割を果たしている。一九四六年の「大邱一〇月抗争」において趙炳玉は、警務部長として、警察組織と自らの影響下にある青年団とを総動員し陣頭で鎮圧に当たり、また、一九五〇年、朝鮮戦争時の大邱攻防戦においては、戦術的理由から釜山への後退を主張した国防部に対し、あくまで警察部隊の後退を拒否し、大邱を守り抜いた内務部長官であった。大邱にとっての二度の危機、なかんずく李承晩ら他の政権主要人士が例外なく釜山へと退いた状況において、大邱に留まり続けた趙炳玉とその地を拠点とする資本家の間に特殊な関係が生じたことは決して不思議ではなかった[85]。

重要なことは、親日派処理と引き続く農地改革により、当時の韓国において経営の第一線を事実上追われながらも依然として巨大な資産を持つ人物が一時的にせよ存在し、その追放の経緯の中で、大韓民国さらには李承晩政権と敵対関係にあった彼らに対して、趙炳玉が言わば庇護者としての役割を果たすべき位置にいたということであった。言うまでもなく、このような趙炳玉の特殊な地位は、彼が二度までにわたり「国立警察の父」としての役割を果たし、警察組織内部に隠然たる影響力を有したことの結果であった。

金性洙の影響力喪失と、趙炳玉の台頭。平行した二つの現象は、民主国民党の性格を大きく変えていくこととなった[86]。それを典型的に示すのが、宋鎮禹、張徳秀、白寛洙亡き後、「東亜日報グループ」の流れを引く人物として「正統保守野党」において重要な役割を果たしてきた徐相日[87]、金俊淵[88]の動向と、彼らの「正統保守野党」からの脱落であったろう。李承晩が再選を果たした一九五二年大統領選挙から三年後の一九五五年、翌年に迫った一九五六年大統領選挙を睨んで進められた、民主国民党と旧院内自由党系勢力統合による、巨大野党、民主党結党に向けての動きは、日本統治期に共産党員であった経歴を持つ、曺奉岩の民主党加入を巡り、その排除を主張する「自由民主派」と、容認を主張する「民主大同派」の対立をもたらした。この問題を巡って「東亜日報グループ」は大きく分裂し、徐相日は金性洙とともに曺奉岩の民主党入りを主張した。金性洙の死後、徐相日は曺奉岩を排除して成立した民主党への参加を拒否、曺奉岩とともに進歩党を結党することとなる[89]。「自由民主派」の最強硬論者として活躍した金俊淵もまた、自らの主張に基づいて成立したはずの民主党中枢部から排除された。副統領候補としての張勉との競争に大差で敗れた彼は、一九五六年、民主党大統領候補・申翼熙の急逝後、大統領選挙における李承晩支持を突然表明し、民主党を除名されることとなるのである。新生民主党は、趙炳玉を中心とする「旧派」と、院内自由党系勢力を率いる張勉の「新派」に両分され、そこにもはやかつてのような「東亜日報グループ」の姿を探すことはできなかった。

注目すべきは、結果として民主党の実質的な指導者として現れる二人の人物、趙炳玉と張勉がともに、元内務部長官と元国務総理として、政権内部に人脈を持ち、それに影響力を行使できる人物であったということであろう。

事実、両者はともに自由党政権期の李承晩政権の内部に豊富な人脈を有していた。言い換えるなら、この時点において、「正統保守野党」はかつての「自前の経済力を有する国内派による政党」から、李承晩政権の確立・強化の過程の中において、一時はその中枢を占めたものの李承晩と対立して政権から離脱した「政権内部に影響力を有する国内派元インサイダーによる政党」へとその性格を劇的に変化させた。趙炳玉ら「旧派」と張勉ら「新派」の違い。それは、結局、政権からの「離脱」を早期に果たしたか否か、そして何よりも趙炳玉と張勉という二人の「元インサイダー」のどちらを大統領候補として掲げるかの違いであるに過ぎなかった[90]。

それでは、我々はこのような韓国「正統保守野党」が辿った道筋から、一体何を知ることができるのであろうか。最後にその点を見ることにより、本章を終えることとしよう。

6　「独立」の意味

以上見てきたことをまとめてみよう。

大韓民国成立以後一九五二年頃までにおける、李承晩政権と「正統保守野党」との間に行われた政治的闘争において繰り返されたのは、国会議員選挙における「正統保守野党」の敗北と、その後の国会内における巻き返し、そしてその結果としての、行政府を支配する李承晩政権と、国会を基盤とする「正統保守野党」との間の、次期大統領の座を巡る対立であった。この対立の中で、「正統保守野党」は李承晩を追いつめ、少なくとも一時は李承晩の敗北は目前であるかのように見えた。

にもかかわらず、「正統保守野党」は最終的に李承晩に敗北を喫し、自らが「野党」から「与党」へと転じる貴重な機会を逸することとなる。重要なことは、このようにしてこの時期「野党」に甘んじることを余儀なくされた

「正統保守野党」が、以後実に四〇年以上の長きにわたって、「野党」の地位に留まり続けることとなったということであろう。一九九〇年、「正統保守野党」の一方の流れを引く民主党が、時の政権政党である民主正義党と、朴正熙政権の流れを引く共和党と合同することにより、民主自由党という政権の一翼を担う「与党」を形成し、一九九二年大統領選挙において金泳三政権を実現させるに至るまで、彼らが政権の座に就くことはなかったのである。それでは、そもそも韓国における「権威主義的」体制の出発当初において、彼らの「敗北」をもたらしたのは一体何だったのであろうか。

本章で扱った政治過程を見て明らかなことは、第一に、それが少なくとも直接的には、「釜山政治波動」における李承晩政権による物理的暴力装置、より直接的には警察組織の政治的利用によりもたらされたということであろう。「釜山政治波動」とその結果としての大統領直接選挙制への改憲は、李承晩に対抗する国民的人気を誇る指導者を欠く「正統保守野党」と、李承晩との間の政治的力量の差異を決定的なものとした。しかしながら、このような李承晩政権による物理的暴力装置の濫用は、大韓民国成立後、李承晩が大統領として政権、更には警察権力を掌握したことにより直ちにもたらされたものというよりは、大韓民国成立以後に繰り広げられた両者の政治的対立の過程において、少しずつではあったが確実に、「正統保守野党」勢力が警察組織から排除されていったことの結果であった。李承晩政権と「正統保守野党」の対立の中、次第にその存在感を増していった「国立警察の父」趙炳玉の存在と、彼による「正統保守野党」支配権の掌握は、何よりも如実にこのことを物語っている。解放直後においてはそれほど重視されていなかった趙炳玉の警務部長就任と彼による警察組織掌握は、李承晩らはもちろん、彼を米軍政府に推薦した「正統保守野党」の中枢を占めた「東亜日報グループ」の思惑をも超えて重要なものとなり、やがて、彼をして李承晩への最大の挑戦者の一人へと浮上させていくこととなる。[91]

その意味において、一九六〇年大統領選挙において予定されていた李承晩と趙炳玉の激突、そしてそれを過剰に意識した李承晩政権による過剰な選挙への干渉と、その結果としての李承晩政権の崩壊は、ある意味において解放後における韓国政治史の当然の帰結であったということができる。証明されたのは、物理的暴力を独占する近代国家における最重要機構は、物理的暴力を管轄する組織そのものであり、彼らがその争奪戦に敗れたという極めて単純な事実であった。

しかしながら、第二に、そしてより重要であったのは、大韓民国という「国家」の「独立」が単なる物理的暴力を支配する者とそれ以外の者との間の、勢力の乖離以上のことをもたらしていたということであろう。このことを如実に示すのは、その豊富な経済力により初期の「正統保守野党」を支えた金性洙の凋落であろう。日本統治期、当局と微妙な距離を保ちながら巨大な富を築き上げた金性洙と「湖南財閥」であったが、その彼らが大韓民国成立後、直面したのは、自らが「野党」にいることによる大きすぎる代償であった。金融機構を事実上支配した総督府を引き継いだ大韓民国の「国家」は、その金融への支配力を活かして「湖南財閥」の経済活動を封じ込め、やがてこれを経済的に凋落させていくこととなる。

問題は「独立」が有する特殊な意味であった。「彼ら」を自らの正規の構成員として認めない植民地国家と、一国民として包含する「自前の」国家。後者は、一見前者よりも明らかに、「彼ら」の経済活動にとって好ましい存在であるかに見える。しかし、一旦「彼ら」が「国家」、より正確には「国家」を現に支配する勢力への挑戦を企てた時、この関係は逆転する。即ち植民地国家における「彼ら」の挑戦は、少なくともそれが、現支配勢力の即時の追放——即ち「独立」——を志向しない限り、「国家」の支配勢力にとって自らの地位を直接的に脅かすものとはみなされない。対して、独立後の政治状況において独自の、そして巨大な勢力を有する「彼ら」の挑戦は、現支配勢力にとっては「彼ら」が自らに即座にとって代わる可能性があることを意味しており、支配勢力は「彼ら」に対し全力を挙げて対抗することを余儀なくされる。総督府が見逃した「東亜日報グループ」の挑戦に、李承晩が全力で対応し、遂にはこれを政治的に死滅させるまでに至ったのは、ある意味ではそのような大韓民国の「独立」の結果であったということができる。李承晩は、物理的暴力と金融統制力を直接的に政治的に使用し自らの政治的勝利を実現した。趙炳玉は過去に自らが権力の内部にいたことを生かして、「正統保守野党」にとりあえずの資金を供給し、これを一息つかすことにこそ成功するが、もはや「政府党」と「正統保守野党」の間の勢力格差は明らかであった。

大韓民国の「独立」。それは単に、支配する者と支配される者、さらには「国家」の支配権を巡る支配者と挑戦者を生み出したというだけに留まらぬ意味を有していた。即ち「国家」の出現は、その当然の帰結として、その「国家」を支える固有の正統性原理を生み出すこととなる。結果、それまでの植民地支配においては、すべからく植民地国家の正統性原理の枠外に置かれていた旧植民地の住民は、独立後、新生独立「国家」の正統性原理に基づいて、これによりよく合致する者とそうでない者へと「分別」されることとなる。日本統治期、その豊富な人脈と絶妙なバランス感覚により植民地当局との微妙な距離を保ってきた「東亜日報グループ」は、大韓民国の建国とその過程において、自らはもちろん、植民地支配当時の人々の予想をも越える形で、「親日派」の傾きを有する者として厳しく「分別」され、極めて困難な立場に置かれることとなる。日本統治期に大きな影響力を誇った彼らが、同じ時期、一貫して海外に滞在し、その独立運動においても決して大きな成果を収めることのできなかった李承晩に、解放後の選挙において全く太刀打ちできなかったことは、このことを如実に示していよう。「国家」が自らに見合った「イデオロギー」を創出し、「イデオロギー」は自らに見合わない者を「国家」の中枢部から容赦なく排斥する。この意味において、「正統保守野党」はまさに敗れるべくして敗れたということができよう。

政党の大統領に対する敗北は、政党の社会的・組織的動員能力に支えられた国会の個人的カリスマ性に支えられた大統領に対する敗北を意味していた。結果、大韓民国は、当初の憲法が予定した体制とは異なる、国会を軽視した大統領中心の政治体制へと導かれることとなる。[92]「独立」が、ネーションの中に支配者と被支配者を生み出し、支配者は「独立」の結果獲得した「国家」の物理的組織を活用して、被支配者の挑戦を封じ込める。併せて、脱植民地化直後の状況において、支配者は、そのほとんどの場合、挑戦者が有しない、独立運動に由来する被支配者の有さない支配の正統性を圧倒的に有している。組織とイデオロギーの両面における、支配者と挑戦者との間の勢力均衡の喪失は、結果として支配者による長期政権をもたらすこととなる。支配者はやがて、その支配の中で自らかつて有していた支配の正統性を磨耗させていくこととなるが、逆にその組織の活用法に熟練することにより、当初、支配者のカリスマ性と、国民の熱狂的支持に支えられた体制は、次第に公的・私的双方の組織が融合した「政府党」支配へと転化していくこととなる。組織的優位を確立した政権は安定し、権力交代はやがてその「現実的可能性」を喪失する。

韓国の「権威主義的」体制は、こうして生まれてきた。それが如何にして打倒され「民主化」されたかは後に論じることにしよう。[93]しかし、同時に我々が忘れてならないのは、このような韓国、さらには脱植民地化後の新興独立諸国固有の特色への理解なしに、その「民主化」を理解することは困難であるということであろう。「民主化」は決して、独立や「脱植民地化」さらにはナショナリズムと無関係であるのではない。この点を再度確認して、本章の筆を置くこととしたい。

第Ⅱ部　独立運動のカリスマと「政府党」

第四章　「建国の父」とその時代
――李承晩再論(1)――

強大に見えた「東亜日報グループ」は解放からわずか一〇年後には事実上政治的に解体し、代わって韓国には李承晩と自由党が支配する「権威主義的」体制が成立する。明らかなことは、そこに至るまでにおいて最も重要な役割を果たしたものの一つが、時の大統領であった李承晩が占める当時の韓国社会における特殊な社会的地位であったということである。

それではそもそも、李承晩とはどのような人物であり、何故彼は自らが「建国の父」としてカリスマ性を独占する地位に立つこととなったのであろうか。次に、この李承晩という特別な人物について、改めて見てゆくこととしよう。

1　大韓民国を考える(2)

「大韓民国」とは何か。このように問い掛けられた時、人々は何を考えるであろうか。多くの韓国人、そしてそれ以外の人々にとっても、通常イメージされる韓国とは「半万年」の歴史を持った「国」のことであり、それゆえ、

李承晩（大統領当時）

（出典）　成斗慶編『国会写真年鑑』（国会写真年鑑社【韓国】，1958年）4頁。

それを今更「考える」ことなど思いもよらぬことなのかも知れない。

しかしながら、同じ問題を政治学的に考えてみるなら、問題は随分異なるものとして現れてくることとなる。言うまでもなくそこにおいて「大韓民国」とは、一九四八年八月一五日に成立した主権「国家」のことであり、当然のことながら、それはそれが成立した当時の状況に、大きく規定された存在である。言い換えるなら、今日の「大韓民国」を考える上においても、それが成立した状況の重要性を否定することはできない。

本章はこの点、即ち一主権国家としての「大韓民国」とは何かについて、その初代大統領・李承晩を手がかりとして考えてみようとするものである。言うまでもなく李承晩は、「大韓民国」の成立において最も重要な役割を果たした人物の一人であった。前著[3]にて既に論じたように、大韓民国とはまさに彼の存在を前提として作られたものであったとさえ言っても過言ではない。言い換えるなら、我々は、彼なしに「大韓民国」を考えることはできないのである。

このような重要性を有する李承晩であるが、なかんずく、今日そして過去の「大韓民国」そのものとの関係で彼を捉えなおした研究は決して多くはない[4]。恐らくその背景にあるのは、彼に対する固定的な理解であろう。このような今日の我々の通常有する李承晩に対する理解について、それを思いつくままに挙げると、次のようになろう。まず一般的な理解から述べていくなら、その第一は、民族主義的なイデオロギーの持ち主としての李承晩理解である[5]。とりわけ、李承晩による強い非難の対象となった我が国においては、「李承晩ライン」の名とともに頑固な民族主義者であり、反日思想の持ち主としての李承晩理解が根強く存在している。第二に挙げられるのは、「反共の闘士」としての李承晩理解である。この理解は彼の執政期における最大の政治的事件である朝鮮戦争の記憶とともに、我々の中に依然として強く残されている。[6] それは時には、彼が「アメリカの傀儡」であるとする否定的な表現で出現することもある。

これとは別に、主として韓国・朝鮮研究において見られる李承晩理解も別にあろう。その第一は、主として民主化研究に見られる、独裁者としての李承晩理解であり、今日、それは多くの場合、引き続く朴正熙との比較において表れることとなる。[7] 第二は、これも同じく朴正熙との対比において見られるものであり、彼を経済的な失政者とする理解である。[8] そこにおいて李承晩の統治した五〇年代は、輝かしい経済発展を遂げた一九六〇年代とは対照的な、混乱と停滞に沈んだ「失われた時代」であるとみなされている。第三に開化思想や独立運動の中で彼を理解しようとするものである。[9] ここにおいてさえ今日の彼に対する評価は、例えば、呂運亨や金九のそれに対して決して高いものであると言うことができない。

一見してわかるように、今日において李承晩と彼が統治した時代への関心を阻んでいる最大の要因は、これらの理解が特に彼が大統領として韓国を統治した時期と、その時期の李承晩について、いずれも否定的な傾きを強く有していることである。多くの人々にとって李承晩とその時代は積極的に研究するに値しないものであり、精々、引き続く朴正熙の時代を導く、さして重要でないプロローグとしての意味を有するか、あるいは逆に先立つ時代の輝かしい民族運動を台無しにした出来の悪いエピローグとしての意味を有するかに過ぎなかった。

しかしながら、冒頭にも述べたように、李承晩とその時代の重要性は、単に前後の時代に挟まれた「幕間劇」としての意義のみを有するものではない。重要なことは、先立つ時代の民族運動に「大韓民国」という形を与え、この「国家」の方向性を決定づけ、「大韓民国」を朴正熙へと引き継いだのが、李承晩とその時代であったということであろう。我々は、この点についてもう一度真摯に考える必要がある。

このように問題を考えた時、重要なのは、そもそも何故李承晩が「大韓民国」にとって決定的な役回りをすることなったかであろう。言うまでもなく、この点において我々が見落としてならないのは、李承晩が同時期に植民地から独立を果たしたアジア・アフリカ諸国の多くに見られたカリスマ的指導者の一人[10]であり、彼の統治が、例えば朴正煕のそれとは異なり、彼自身の「独立運動の指導者」、あるいはより直接的に「建国の父」としてのカリスマ性に大きく依拠していたということであろう。しかし、それならば彼のカリスマ性とは一体どこから来たものであり、それは「大韓民国」をどのように性格づけていったのであろうか。そして、そもそも何故「大韓民国」は彼とともに誕生せねばならなかったのであろうか。

本章はこのような問題意識を前提として、次のように議論を展開する。第一に、彼の経歴を再度洗いなおすことにより、何故他の人物ではなく彼が最終的に「建国の父」となることとなったかを明らかにする。第二に、彼が「建国の父」として統治した時代、彼のカリスマ性は当時の韓国社会においてどのように受け止められ、どのような機能を果たしたかを明らかにする。

本論に入る準備は以上で十分であろう。早速、分析に入っていくこととしよう。

2　「建国の父」の誕生

失われた世代

まず、李承晩の経歴について簡単に確認してみよう。ある人間を理解する場合、第一に重要なことは、その人がどの世代に属するかを理解することであろう。世代の別は、その人が自らの生涯の中で経験したであろう事柄について我々に大まかな見通しを与えるとともに、我々はそれを通じて、その人が自らの生涯の中でどのような機会と遭遇し、また遭遇しなかったかを知ることができる。言うまでもなく、属する世代の違いは、韓国の「近代」のように、朝鮮王朝から大韓帝国を経て日本統治へ、さらには分断体制下の独立へと、激しい変化を経験した時代においてはいっそう重要であったろう。当然のことながら、それは李承晩の生涯をも大きく規定することとなる。

李承晩が生まれたのは、一八七五年、江華島事件の年のことであった。日本の「近代」がペリーの来航とともに始まり、また韓国についても同じことが言えるとするならば、李承晩はまさに韓国の「近代」を生きた人物であった。ここで、韓国「近代」における各々の画期において彼が何歳であったかを確認することは有益であろう。李承晩は、甲午改革時に一九歳、保護条約時に三〇歳、併合時には三五歳、三・一運動時には四四歳であり、また、太平洋戦争勃発時には六六歳、そして一九四五年の解放時に七〇歳になる計算になる。前後の世代がどのような人々であるかを確認することもまた重要であろう。韓国近代史の前半を彩った開化派の代表的な人物、金玉均は一八五一年生まれ、同じ急進開化派の徐載弼は一八六六年生まれである。また、日韓併合時における韓国側の立役者李完用も彼らと同世代の一八五八年生まれである。[11]明らかなことは、彼らが活躍した時代からおよそ半世紀近くも後に「大韓民国」の大統領に就任する李承晩が、実は一九世紀末の朝鮮王朝や大韓帝国にて活躍した彼らのすぐ次の世代に属しているということである。

それでは解放後、李承晩と同時期に活躍した人々はどうであろうか。「建国準備委員会」と「朝鮮人民共和国」の樹立において活躍し、一時は解放後の政局を主導するかに見えた呂運亨は一八八五年生まれであるから、李承晩とは一〇歳違いになる。同じく米軍政下における李承晩の主たる競争者の一人であった金奎植は一八八一年生まれ、「大韓民国臨時政府」内務部長として解放後の政局で重要な役割を果たし、「大韓民国」建国後には一九五六年大統領選挙における李承晩の競争相手となる申翼熙は一八九二年生まれ、米軍政期における事実上の与党として勢力を誇った韓国民主党の創設者達、宋鎮禹や金性洙らもまた、一八九〇年から一八九　年の生まれであるから、彼らはおよそ李承晩とは六年から一五年後の世代であることとなる。同時代に活躍した政治的有力者の中で唯一人、李承晩と同じ一八七〇年代生まれであったのは、一八七六年生まれの金九であった。

このような世代分析において重要なことは、第一に、李承晩が大韓帝国期に未だ二十代半ばであったということである。朝鮮王朝や大韓帝国の官僚システムにおいては、官僚としての階段を上昇し、政治に影響力を発揮できるまでには、およそ一五年以上が必要であり[12]、それゆえ李承晩から後の世代には、彼らが韓国併合以前に王朝や帝国の有力官僚となり、政治的影響力を発揮する地位まで昇ることのできる時間的余裕は、事実上与えられていなかった。加えて李承晩は、甲午改革において科挙が廃止された段階で弱冠一九歳に過ぎなかった。彼らの世代の人々、なかんずく李承晩のように特段に有力な氏族的背景を有さぬ者にとって、科挙という手段が奪われたことはその政治的栄達において決定的な意味を有していた[13]。それ以前の世代と異なり、彼らの世代にとっては、官僚としての経歴を開始させることとさえ、決して容易なことではなかったのである。第二に、解放の時点で七〇歳であったことも重要であった。李承晩より前の世代にとっては、彼らが解放時において依然現役の活動家として生き残っていることは、政治的にのみならず、物理的においてさえ簡単なことではなかったであろう。実際、解放の時点における有力な政治的指導者の中で、李承晩より年長であったのは徐載弼唯一人であり、その徐載弼もまた、自らの政治への意欲を建国の時点まで維持することはできなかった[14]。

一言で言うなら、それは即ち次のようになろう。李承晩より前の世代には、王朝や帝国で自らの立身出世を遂げる機会が存在した。しかしながら、三五年という日本統治下の年月は、彼らの世代に属する人々が解放後の政局に再び登場することを不可能とさせた。そもそも併合に至る段階の最末期の旧王朝・帝国にコミットしたことは、結果として後に彼らの指導層としての正統性を大きく損なわせることとなり、それはやがて三・一運動とその後の政局において明確に示されることとなる。他方、李承晩より後の世代はと言えば、旧王朝・帝国における経験を欠如した彼らには、韓国における併合以前の経験を解放以後に繋げることはできなかった。三・一運動時にさえ三十代半ばから二十代後半に過ぎなかった彼らは、少なくとも運動の看板としての役割を果たすことはできず、その地位を相対的な年長者に譲り渡す他はなかった(15)。

言い換えるなら、李承晩の世代は、前後の世代とは異なる特殊な世代であった。彼らの世代は、旧王朝・帝国の滅亡に辛うじて間に合い、旧王朝・帝国から何かしらの経験と威信を引き継ぐことができた。同時に、それ以前の世代が韓国併合への流れの中で政治的威信を喪失したことは、結果として李承晩の世代を運動の最前線へと浮上させることとなった。三・一運動直後、世界各地に設置された複数の亡命政権において事実上の首脳部を形成したのは、当時四十代の人々であり、彼らはその後も民族運動を指導することとなる。しかしながら、ここにおいて同時に見落とされてならないのは、このような役回りを担うこととなった李承晩の世代こそが、当然のことながら、植民地当局からの圧力の矢面にもまた立たされることとなったということである。運動とそれに加えられる強力な圧力の中で、ある者は過激な武装闘争路線に訴えて運動を破綻させ、またある者は現実的な運動への転換の名の下に植民地当局への事実上の屈服を余儀なくされた(16)。

他方、李承晩のような少数の例外を除いて、この世代に属するほとんどの人々は、近代的な教育に触れる機会をも有さなかった。結果、日本統治下における韓国社会の急速な変容の中で、彼らは自らの社会的・経済的活動の場を見出すことさえ次第に困難になっていくこととなる。代わって台頭したのは、併合前後、いち早く、日本あるいはその他の諸国へと留学を果たし、本格的な近代的教育を与えられることとなった一八八〇年代以降生まれの世代であった。一般的に言うなら、一八七〇年代生まれの世代は不遇であった。旧王朝・帝国での立身出世の機会を失い、日本統治下において民族運動の中での成功はもちろん、一実業人・社会人としての成功の機会をも奪われた彼らは、言わば「失われた世代」であった。

李承晩はこのような世代に生まれ、しかし、この困難な状況の下、物理的そして政治的に生き残り、やがて解放の日を迎えることとなる。次に解放に至るまでの彼の経歴を見てみることとしよう。

政治的サバイバル

李承晩は旧王朝・帝国の政治において、自らの影響力をどうにか行使できた最後の世代に属していた。その意味で、李承晩が最初に政治の表舞台に登場するのが、独立協会最年少の運動家の一人としてであったことは示唆的であろう。甲午改革における科挙廃止により、伝統的な官僚としての出仕の道を断たれた李承晩は、外交官養成のために設立された培材学堂に初年度入学生の一人として入学した。ここでこの学校において指導的地位にあった徐載弼との関係を持った彼は、やがて、徐載弼が組織した独立協会における最年少の活動家として、活発な政府への非難活動を行うこととなるのである。活動の結果、一八九九年には彼は逮捕・投獄され一旦政治的活動の場を失うこととなる。一九〇五年まで獄中にあった彼は、この年、獄中から突如アメリカにおける高宗の密使として大抜擢されることにより、以後は活動の拠点をアメリカに移すこととなる。[17]

李承晩個人の経歴において最初に重要なことは、この結果彼が、一旦はその政治的舞台へと登場はしつつも、旧王朝・帝国が最も困難な局面に差し掛かった時期、そしてそれ以降においても、実質的に朝鮮半島内部の政治に関わることができない位置に置かれたということであった。それゆえ彼は、この時期に自らの政治的経歴を傷つけることがなかったのである。

もっとも、それは言い換えるなら、この時点では彼が朝鮮半島の政治において本当の意味で重要な人物ではなかったことの裏返しでもあった。アメリカでの工作に失敗した彼は、その後、ジョージ・ワシントン大学で学士、ハーヴァード大学で修士、そしてプリンストン大学で哲学博士号を取得することとなる。対米工作失敗の李承晩のアメリカにおける活動について、日本が特段の関心を寄せた形跡はなく、そのことは、少なくとも朝鮮半島の植民地化を進める日本から見て、李承晩が目立った、しかしながら政治的に特段の注意を払う必要のない一人の韓国人留学生に過ぎなかったことを意味している。

同様のことは、その後の彼についても言うことができる。学位取得後、彼は一旦朝鮮半島に戻りソウルのＹＭＣＡの韓国人総務を務めることになるが、この時の李承晩の帰国にも日本が特に警戒を見せた形跡はない。あるいはそれは当然であったかもしれない。何故なら、この時の李承晩の帰国は基本的に朝鮮半島においてキリスト教を布教するためのものであり、少なくとも直接的には民族運動を目的としたものではなかったからである。一言で言うなら、この時点での彼は、アメリカにおいて最初に哲学博士号を取得した、優秀で英語の達者な、しかしながら一人の有力なキリスト教布教者に過ぎなかったのである。

李承晩自身の後の回想によれば、百五人事件[18]に関連して自らへ嫌疑が及ぶことを恐れて、わずか一年半余りの朝鮮半島における活動の後、彼は帰米することとなる[19]。李承晩が百五人事件とどのような関係を持ち、彼への嫌疑がどの程度であったかについては必ずしも明らかではないが、少なくとも確かなことは、この時点における李承晩は別段に日本からの妨害を受けることもなく、通常の交通手段を利用して帰米することができたということである。見落とされてならないのは、これ以後解放後の一九四五年の九月まで彼が朝鮮半島に戻ることはなく、その結果彼が、日本統治下の朝鮮半島、そして日本との関係において後に禍根となるような政治的経歴を残すことがなかったということである。

この時点での李承晩は決して「重要人物」ではなかった。問題は、その李承晩が何故解放後、他の指導者達を圧倒する形で大統領へと就任することになるかであろう。李承晩が本当の意味で全民族的な指導者として注目されはじめたのは、一九一九年の三・一運動の直後であった。重要なのは、そもそも三・一運動がウィルソンの「平和のための一四原則」に触発されて開始された[20]という事実であった。第一次世界大戦後の東ヨーロッパ諸国とアイルランドの独立。当時の韓国知識人はこのウィルソンの「原則」を、後にそうみなされることになるような実態を持たない口約束としてではなく、これらの国々の独立を現実にもたらした実際に影響力を有するものとみなしていた。彼らがそこに袋小路と化した独立運動の現状から脱却する道を見出そうとしていたことは、多くの文献から確認することができる。

ウィルソンが元プリンストン大学総長であり、その下で李承晩が学位を取得したことは、ここで特殊な意味を持って現れてくることとなる。即ち仮に来たるべき韓国の独立が、アメリカを中心とする国際社会の支持なしでは実現不可能であるとするならば、重要なのは、如何にしてアメリカ、そしてこれを指導するウィルソンの目を韓国に振り向けるかである。ここにおいて、周囲が李承晩であればそれが可能であるかも知れないと考えたのは当然であった。この結果、それ以前には一度として民族運動の指導的人物の一人として数えられたことのなかった李承晩の名が、一躍、この時期各地で作られた様々な「亡命政府」名簿の上位に一斉に掲げられることとなる。なかんずく注目すべきは、後に「大韓民国」がその法統を継ぐことをうたうこととなる上海の「大韓民国臨時政府」において、李承晩が初代国務総理、そして後には制度改編によって設けられた初代大統領の職に任じられたということである。

もちろん、この時四五歳にしか過ぎなかった李承晩が大統領に選ばれた理由は他にも存在した。それは即ち三・一運動における旧王朝・帝国支配層の脱落であった。三・一運動前後の局面において、日本との鮮明な対決姿勢を打ち出せなかった彼らは、この時韓国の民族運動から決定的に脱落した。(21) 彼らの脱落を促した最大の理由は――彼らの個人的資質よりもむしろ――旧皇族との関係であった。三・一運動直後に起こった義親王亡命未遂事件により、親族を事実上日本に人質としてとられた形になった旧皇族は、事実上の当主であった李垠が日本皇族の梨本宮方子と結婚する、という形での日本への屈服を余儀なくされた。李承晩より年長の、そして依然として旧王朝・帝国の

「臣」であることを自認する彼らにとって、自らの「君」を犠牲にしてまで民族運動へと乗り出すことは困難であり、彼らは沈黙を余儀なくされることとなる。年長者の沈黙と運動からの脱落は、結果として旧王朝・帝国との関係において「手の汚れていない」世代を台頭させることとなり、結果、三・一運動は李承晩や安昌浩を筆頭とする当時四十代前半以下の世代によって指導されることとなる。このような劇的な世代交代により、韓国ネーションは旧王朝・帝国の頸木から脱却することに成功する。そして彼らの中では、独立協会の闘士であり、高宗の密使としての経験を持ち、哲学博士号と豊富な人脈をアメリカ国内に有する李承晩が、相対的に優位な位置にあったのである。

1920年12月上海にて開かれた臨時政府大統領李承晩博士歓迎式
（中央花輪を架けた人物が李承晩）

（出典）『大韓民国建国大統領　李承晩』（梨花荘【韓国】，1996年）10頁。

しかし、それは李承晩のこの時の立場が、二五年後もそのまま維持されることを保証するものではなかった。李承晩が「大韓民国臨時政府」において代表したのは、韓国の独立に向けて積極的に諸列強の支援を利用すべきであるとの主張であり、その背景には、文明において重要なのは、物質的なものよりも文化的なものであり、また韓国は、文化的には優れていても物質的なものにおいてはアメリカや日本にはかなわないとする、彼独特の「小国意識」があった[22]。このような李承晩の立場は、彼をして独立への第一歩として、朝鮮半島における国際連盟の委任統治を申請する道を選ばせることとなる。当然のことながら、このような李承晩の議論は、「臨時政府」内部に深刻な路線対立をもたらすこととなる。結果、日本ではなく今度はアメリカに国を売り渡す「第二の李完用」として非難を浴びた彼は、追われるように上海を離れることを余儀なくされた[23]。

「臨時政府」における李承晩の事実上の失脚。しかし、事態は、その後むしろ彼の予言に添って展開することとなる。一部の運動家によって推進された日本に対する武装闘争は一九二〇年前半の極めて早い時期に挫折し、やがて「臨時政府」は自らの活動の方向性を失い迷走をはじめることとなる。対照的に李承晩の立場は一貫したものであった。彼の主張は単純であった。人々は独立において列強の助けを借りることに反対するが、結局のところ他に道はない。いずれかの列強の助けを利用せざるを得ないことは明白であり、利用できるとすればそれはアメリカの力しかない。前著[24]にて詳しく論じたように、ここで彼は独特の論理を発達させることとなる。韓国は助けを卑屈に乞うているのではない。国が弱く小さいことは決して恥ずかしいことではない。小国が大国に対して自らの国を守れないのは当然である。問題は自分で国を守れない小国の側にあるのではなく、これを侵略し見殺しにする大国の側にあるのである。言い換えるならアメリカは日本と同罪なのであり、韓国にはアメリカを非難し、その援助を要求する「正当なる権利」が存在する。

アメリカはこのように主張する李承晩を黙殺した。しかし、李承晩の予言通り、韓国はアメリカの軍事力により日本から解放されることとなる。予言を成就させた李承晩の権威は絶大なものとなり、やがてその権威は、李承晩をして大統領の地位に浮上させることとなる。

それでは、李承晩は自らの権威をどのような形で、「大韓民国」という形にしていったのであろうか。次に節を変えてこの点について見てみることとしよう。

3　「大韓民国」成立と李承晩

「海外派」の優越

一九四五年八月の日本からの解放。本章において重要なのは、この時点で李承晩が七〇歳であり、既に運動の第一線から退いていた八六歳の徐載弼を除けば、主だった独立運動家の中では最高齢であったということであろう。加えて、日本統治期のほとんどの期間を海外にて過ごした彼は、他の独立運動家、なかんずく日本統治期を朝鮮半島内部において過ごしたいわゆる「国内派」の運動家達と比べて、日本との関係において明らかに「手を汚していない」という長所をも持っていた。

しかしながら、それだけでは来るべき主権国家「大韓民国」を指導すべき人物が彼でなければならないことを説明するには十分ではない。見落とされてならないのは、当時の韓国を巡る状況と、李承晩の従来からの政治的主張が一致していたことであった。即ち韓国の解放は、李承晩が主張したようにアメリカの軍事力により実現された。それはまた同時に、武装闘争路線や朝鮮半島内部における自力養成路線による独立を主張した者達の主張が現実に敗れたことを意味もしていた。当然のことながら現実との離反は、彼らの主張の正統性を大きく揺るがせることとなる。

李承晩自身をも含めて主だった独立運動家達は、解放後においてもそれ以前の自らの論理に比較的忠実に行動した。周知のように朝鮮半島の日本からの解放は、直ちに韓国の独立には繋がらず、朝鮮半島は米ソ両国の分断占領下に置かれることとなる。太平洋戦争における敗北が朝鮮半島における日本の発言力を皆無とさせた結果、独立運動家達の非難は、既に影響力を失った「過去」の日本ではなく、「現在」の韓国の即時独立を否定し、それを「敗戦国の一部」として軍事占領を継続する米ソ両国、なかんずく首都ソウルを含む朝鮮半島南半を支配するアメリカへと向けられることとなる。ここにおいて「国内派」穏健左派勢力を代表した呂運亨らが展開したのは、自ら解放直後に築き上げた「建国準備委員会」と「朝鮮人民共和国」を、そのまま国家として認めさせることであった(25)。労働組合等を巧みに利用した彼らの戦術は、やがて米軍政府との直接対決へと彼らを導くこととなる。「国内派」右派を代表した「東亜日報グループ」が行ったのは、時の権力者である米軍政府へ協力し、自らの「自力養成」に努めることであった。豊富な経済力と豊かな学識を誇る彼らは、やがて米軍政府内部において重きをなしていくこととなる(26)。金九ら、「大韓民国臨時政府」勢力の方向はより明確であった。自らが大韓帝国の法統を継ぐ正統政府であるとの認識を持つ彼らは、米軍政府へのテロ活動をも伴う「武装闘争路線」に訴えて、自らの理想を直線的に実現しようとした(27)。

言うまでもなく、ポイントは米軍政府支配の「現実」に如何に向き合うかであり、また米軍政府とどのような関係を持つかであった。かつての日本統治に対してと同様、これと密接な関係を持ちすぎた者は、米軍政府の存在そのものが、独立という民族運動の大目的と矛盾する以上、運動の中で正統性を獲得することが困難であった。他方、これとの直接的な対決を選んだ者を待っていたのは、強大な軍事力との対決とその結果としての政治的壊滅であった。労働運動によるものであれ、テロによるものであれ、当時のこれら勢力に米軍政府との物理的な対抗能力が欠如していることは明白であり、その意味で彼らの政治的破滅は、路線選択の段階で運命づけられていたと言っても過言ではなかった。

米軍政府との距離

ともあれ重要なことは、李承晩の競争者たるべき指導者達が、いずれもこの米軍政府との距離のとり方に失敗し政治的自滅の道を歩んでいったのに対し、李承晩のみが生き残りに成功したということであろう。李承晩は米軍政府との関係において、正面対決の道も全面協力の道も歩まなかった。李承晩が選択したのは、以前と同様に、韓国独立のためにアメリカの支援を「当然の権利」として要求することであり、またそれを拒否するアメリカを声高に非難することであった。この結果李承晩は、米軍政府の支配という「現実」を実際には認めながら、同時に米軍政府と自らの間に明確な一線を引くことに成功する。この米軍政府に対する微妙な距離のとり方は、結果として、李承晩をしてこの独立運動家達にとって最も困難であった時期を唯一、政治的に生き残らせたのみならず、既に解放直後の段階において、その独立運動時の経歴により他の独立運動家達よりも多く獲得していた朝鮮半島の人々の支持を、「大韓民国」建国時まで維持することに成功する。事実、当時のある世論調査によれば、李承晩は、当初から金九、金奎植、呂運亨、朴憲永に対して、「将来の大統領」として圧倒的な支持を集めており、その差はその後いっそう明確なものとなる。[28]

大韓民国の建国。呂運亨はそれまでに暗殺により姿を消し、朴憲永は米軍政府の弾圧を恐れて朝鮮半島北半へと去っていった。最後の南北会談の試みに失敗した金九と金奎植は、最も重要な、そして九〇％以上の有権者が参加した制憲議会選挙[29]をボイコットすることにより、この生まれつつある国家において自らの政治的居所を失うこととなる。李承晩以外の有力勢力・人物の中で、この困難な時期を辛うじて政治的に生き残り大韓民国の政局に自ら身を投じることができたのは、米軍政府下において圧倒的な権力を揮った「東亜日報グループ」を中心とする韓国民主党だけであったが、米軍政府との距離を近くとりすぎた彼らは、肝心の制憲議会選挙において有権者から手痛いしっぺがえしを食らうこととなる。李承晩の政治的勝利は、「大韓民国」が建国される以前の段階で、既に事実上決定されていたのである。

結果、「大韓民国」の政治は、圧倒的にその中心にいる大統領李承晩により進められることとなる。動き出した国家の「現実」としての力は強力であり、これから身を引くことを選択した者達は急速に影響力を失い「過去」の存在となることとなる。このように「大韓民国」が成立した段階において、既に李承晩に正面から挑戦できる指導者・勢力が存在しなかったことは、次の二つの効果を持つこととなった。その一つは言うまでもなく、大統領としての李承晩の政治的突出である。金九ら、かつての有力者達が「大韓民国」の政治過程から排除された結果、独立後相当の期間にわたり、大統領候補者として李承晩に対抗できる人物が事実上存在しない状態が継続し、大統領職は彼によって独占されることとなった。第二に、このような李承晩の政治的突出は大韓民国の制度的様相をも大きく変えていくこととなった。李承晩にとって自らが権力を維持するために最も安全な方法は、自らがその責にある大統領へとできるだけ多くの権力を集中させることであり、またその大統領選出の手続きを自らに有利なように変えていくことであった。注意すべきは、この時点では少なくとも他の候補者と比べた場合、李承晩が相対的に大きな支持を集めていた[30]ということであり、それゆえこの時期の李承晩にとって自らの地位を保全するために最も有効な方法は、大統領選出に国民を直接携わらせること、即ち当初は国会における間接選挙により選出されていた大統領を、国民による直接選挙により選出されるものへと変容させることであった。当然のことながら、野党はこれに激しく抵抗し、結果、独立当初の韓国政治は、この大統領直接選挙制への改憲を巡る、大統領・李承晩と国会内における最大野党勢力、即ち「正統保守野党」の対立に彩られることとなる。

詳細については、本書第Ⅰ部にて既に議論したところであり、ここではそれは省略することとしよう。それではこのようにして成立した李承晩政権は、その後の韓国に何を残したのであろうか。最後にこの点について簡単に述べることにより、本章の筆を置くこととしよう。

4 李承晩の遺産

大韓民国がその建国当初において、李承晩を大統領として出発したことは、この国家をして、周辺大国、なかんずくこの時代を支配した二つの超大国の一つであるアメリカに対して、独特の姿勢をとらせることとなった。世界的な民族運動の隆盛の中、多くの国が「政治的独立」に引き続いて「経済的独立」を目指し、自らの領域における外国勢力の存在を極小化しようとしたこの時期において、李承晩の韓国が目指したのは、むしろアメリカとの間でできるだけ密接な関係を維持し、また「冷戦」が「熱戦」と化した朝鮮半島にアメリカの介入と関心をできるだけ多く引き込むという全く異なる道であった。見落とされてはならないのは、ここにおいて李承晩が、この一見「屈辱的」な、また「民族主義」とほど遠いように見える路線を選択するに当たり、これに対して自らの国民を納得させる論理を持ち、また自ら自身もその論理をもってアメリカに対して臨んだということであろう。この論理が李承晩により発案されたか否かは問題ではない。重要なのは、彼がこの論理をもって国民を説得することに成功し、その結果、韓国が明らかに他国と異なる道を歩んだということである。

李承晩が韓国経済をアメリカのそれと結びつけた状態で立ち上げた結果、朴正熙が登場した段階では、韓国は既にアメリカからの膨大な援助を受けた後であり、外貨なしにはその経済を考えることができない状態になっていた(31)。そのことは、本来「昭和維新」の思想的流れを引き、自らの国家的実力による輸入代替的な「上からの工業化」を志向していたはずの朴正熙をして、その意図に反する、外資を積極的に利用した『輸出主導型発展戦略」へと導くこととなる。その意味において、朴正熙による「上からの工業化」を用意したのは、李承晩による「援助漬けの経済」であったと言っても過言ではなかろう。

李承晩が朴正熙に残したのはそれだけではなかった。一九五〇年代前半までの李承晩。「建国の父」の名をほしいままにした彼は、独立間もないこの国家を、当初の憲法が予定した国会中心のものから、大統領に絶大な権限が集中する大統領中心のものへと大きく変えていくこととなる。このような中央集権的な「国家」としての大韓民国のあり方は、第二共和国を挟んで、朴正熙の第三共和国、そしてそれ以後の体制へと受け継がれていくこととなる。当初は国会に重きを置き、この制度改革に抵抗した「正統保守野党」も、やがてこの体制に順応し、韓国政治は文字通り、大統領職を握る者が支配する中央集権的な形で定着する。全てを決めるのは大統領であり、それゆえ与野党はともに、大統領選挙にその勢力全てをつぎ込んで大統領職獲得を目指すこととなる。国会と国会議員を選ぶ総選挙は、大統領という巨大な存在の前に光を失い、その地位を大きく後退させた[32]。

しかしながら、それは李承晩以後には異なる色合いを持って現れることとなる。李承晩により、彼の「建国の父」としての圧倒的な威信——カリスマ性——を利用して生み出された、大統領中心制的な韓国政治体制。言うまでもなく、それは李承晩という特別な人物の存在を前提として作りあげられたものであった。なかんずく重要であったのは、それが李承晩という、国民による直接選挙に強い大統領の存在を前提として作りあげられたものであったということである。第二共和国を挟んでこの国家を受け継いだ朴正熙は、その過去の経歴におけるマイナス面においてはもちろん、年齢・外見等の全ての面において、李承晩のような圧倒的な個人的人気を受けることのできない存在であり、事実、朴正熙は、一九六三年の民政移管後行われた三度の大統領選挙において二度までも敗北の瀬戸際に立たされることとなる。

重要なことは、にもかかわらず、朴正熙が大統領選挙で勝たなければならなかったということであった。最初に国民による大統領直接選挙が行われてからわずか十年余りの間に、韓国人は、国民が大統領を直接選挙し、その大統領に大きな政治的権限が与えられることが当然であると考えるようになり、結局、以後も韓国はこの政治制度を本当の意味で変えることはなかった。朴正煕や全斗煥にとって、韓国がもし当初の憲法が想定したような、議院内閣制に近い政体を採用していたならば、彼らの仕事はもう少し容易であったかもしれない。国会議員選挙において選ばれるのは、制度としての建前はともかく、実質的には各々の選挙区における個々の「地域の代表」であり、それゆえ、各々の候補者達は「地域に何を持ってきてくれるか」により選挙を戦うことが出来る。ここにおいて有利なのは与党であり、与党は「利益誘導」を用いることにより、与党としての長所を最大限に発揮することができる。しかし全国を一選挙区として行われる巨大な小選挙区制である大統領選挙において選ばれるのは、文字通り「全国民の代表」であり、勢いそこでは「個別の利益」は背景に退き、むしろ抽象的な政治理念や候補者自身の個人的資質が直接問われることとなる。当然のことながら、李承晩のようなカリスマ性を有さない候補者達は、ここで極端な苦戦を強いられた。追い込まれた彼らはやがて韓国の制度的民主主義そのものを停止させ、韓国を「剥き出しの権威主義体制」へと導くこととなる。

韓国史における李承晩。それは、大韓民国とその草創期である第一共和国を前後の時代と結びつける「糸」であったということができよう。一八七〇年代生まれの「失われた世代」に属する彼は、大韓帝国の政治過程に辛うじて登場し、日本統治期をアメリカで過ごしたという歴史的偶然を経ることにより生き残り、大韓帝国の何がしかを大韓民国へと結びつけ、朴正煕へと渡していくこととなった。李承晩自身の業績は、独立運動においても、また大統領としても、実は決して目覚ましいものではない。にもかかわらず、「大韓民国」と、その結果としての今日の韓国を、彼の存在抜きにして語ることは不可能であるといっても過言ではない。朴正煕が日本統治とＮＩＥＳとしての韓国を結びつけているように、我々は李承晩を導きの糸とすることにより、大韓民国という国家についてもう少しより良く知ることができるのではなかろうか。

第五章　自由党体制の成立と崩壊
――韓国における最初の「権威主義的」体制――

解放後、そして建国後における李承晩の圧倒的威信。それが韓国の建国に至るまでの特殊な歴史的過程、即ち「盗人のようにやって来た」[1]解放と、それゆえに解放から建国に至るまでの間にもう一つの「占領」を経験せねばならなかったことと関係を有することは最早明らかであろう。過酷な国際的状況に置かれた韓国においては、解放同様建国もまた外から「与えられた」ものであり、人々はこの決して望ましいとは言えない現実に抗うことさえできなかった。

李承晩がそこにおいて果たした役割は、この不満足な状況を「変える」ことよりは、むしろ「説明すること」、それもこの状況があたかも李承晩と韓国人が主導権を持って進められているかのように「説明すること」であった。そして、この困難な作業に成功した彼は抗いがたい現実に実際に抗い、結果として駆逐されていった政敵達を尻目に「建国の父」としてのカリスマ性を独占する。全ては彼が説明したように進行したように見えた。

しかし、李承晩といえども、その彼が現実に建国後の韓国政治を思うままに牛耳り、支配するためには、そのカリスマ性のみでは不十分であった。転機となったのは一九五一年の自由党結党であり、以後、韓国の「権威主義体制化」は急速に進むこととなる。先述したように、「正統保守野党」がその力を失い、「東亜日報グループ」が政治的壊滅へと導かれたのもまたこの時期である。

それでは自由党とは一体どのような政党であり、この政党と李承晩、さらには李承晩のカリスマ性とは如何なる関係を有していたのであろうか。そして、何故自由党の結党は、事態を一変させることとなったのであろうか。次にこの点について見てみることとしよう。

1　自由党体制の歴史的意義

韓国における「権威主義的」体制。一九八七年の民主化宣言から既に一五年以上を経た今、その時代は確実に遠ざかろうとしている。三回の大統領選挙を経て、異なる支持基盤に基づく、異なる個性の三人の大統領を生み出した韓国の政治体制が、もはや、民主主義のそれとは全く異なるものであるということは難しかろう。しかしながら、今日の順調な民主主義の定着は、逆に今日、我々に新たな疑問を投げかけているかのようにも見える。民主化宣言以前の韓国。それは、典型的な「権威主義的」体制の国家であった。しかし、それならば、今日の民主主義国・韓国は、どうしてそれほどまでに典型的な「権威主義的」体制を経験せねばならなかったのであろうか(2)。

問題をこのように考えた時、我々がまず想起すべきは、そもそも韓国も、その独立当初から「権威主義的」体制(3)を志向していたわけではなかったということであろう(4)。独立当初の韓国が志向していたのは明らかに「民主主義的」な体制であり、そのことは何よりも独立当初の憲法に現れていよう。重要なことは、にもかかわらず韓国が、他の第二次世界大戦後の新興独立国同様、当初は「民主主義的」な体制を志向しつつも、結果として「権威主義的」体制へと転化していき、その形態の変化こそあれ、それからおよそ三〇年もの間、「民主主義的」体制へと戻ることができなかったことである。そもそも韓国は、何故独立当初の構想とは異なり、「権威主義的」へと転化してしまったのか。この問題への解答なしに、我々は韓国における「権威主義的」体制と、そこからの脱却——即ち民主化——を考えることはできない。

筆者は、ここまでこのような観点について、主として野党の側からの韓国の「権威主義的」体制への転落の過程を分析してきた。そこにおいて重要であったのは、韓国における特殊な脱植民地化のあり方が、「正統保守野党」[5]を形成した「国内派」人士からその支配の正統性を奪い去ったことであり、また、日本統治から引き継がれた「大韓民国」という名の国家が経済に対して圧倒的な支配力を有していたことであった。二つの障害は、与党に対する野党の活動を困難なものとさせ、彼らによる「建国の父」李承晩への挑戦を、次第にしかし着実に後退させることとなる。その結果出現したのが、「政府党」としての自由党が野党に対して圧倒的優位をもってする体制[6]であり、ここに韓国最初の「権威主義的」体制が成立する。

しかしながらこのような分析は、同時に重要な問題点を含んでいる。なるほどこのような状況においては、野党が自ら固有の社会的あるいは経済的基盤を利用して政権をうかがうことは困難であろう。しかしここで見落とされてならないのは、程度の差こそあれ同様の問題は、与党においても一定の制約要因となっていた可能性があるということであろう。事実、自由党結党以前における与党は、「正統保守野党」同様、極めて不安定な基盤によって立つ存在であり、このような国会における与党の不安定な状態は、李承晩が自らの政府を指揮し政策を実現するに当たり大きな障害となっていた[7]。後述するように、「李承晩を支持すること」と「李承晩に支持される者を支持すること」は異なることだったのである。

状況を一変させたのは、一九五一年の自由党結党であった。自由党が国会で安定多数を獲得し、同時に政党としての強い結束力を発揮するようになって初めて、李承晩は安定して自らの施策を自らの思いのままに実現する行動の自由を獲得することとなったのである。言い換えるなら、李承晩は自由党という安定した「政府党」を獲得することにより、初めて独裁的な政治的地位に立つこととなったのである。

韓国における最初の「権威主義的」体制。それは自由党という「政府党」[8]を理解することなくして考えることは出来ない。以上のように韓国の「権威主義的」体制理解において決定的な重要性を有する自由党とその体制であるが、これに関する研究はわが国においてはもちろん、韓国やその他の国においても極めて少ない。その理由は恐らく次の二つであろう。第一は、史料の不足である。朝鮮戦争を経て、韓国があらゆる面において困難な状態にあった当時について本格的な研究に使用できる史料は限られており、それゆえ今日までこの分野における研究は困難であると考えられてきた。第二は、研究者の関心の偏りである。従来、韓国における「権威主義的」体制研究は、目覚ましい経済発展により人々の注目を浴びる朴正熙政権期に集中する傾向があった。朴正熙政権期の華々しい業績を前に、これに先立つ李承晩政権期は、「失敗した時代」であると認識され、それゆえ本格的に研究されることは少なかった。しかしながら例えば朴正熙政権民政移管直後の民主共和党と四月革命以前の自由党、そしてその各々の政党の得票構造を比べるだけでも明らかなように、韓国における「権威主義的」体制の特色は、既に李承晩政権期において表れている。経済発展においても、朴正熙政権の政策を考える上での、先立つ時代が与えた影響の重要性が指摘されるようになっている。いずれにせよ、韓国現代史を真摯に問い直し、またそれを再検討するに当たり、李承晩政権、なかんずくそれが「権威主義的」政権の段階に到達した自由党体制への分析が不可欠であることは明らかである。

本章は以上のような観点からの研究であり、筆者はそのために以下のような作業を行うこととする。第一に、一九五〇年代の自由党、特にその末端部での活動に関する文献を再検討することにより、その組織構造についての解明を行う。第二に、自由党支配成立以後において、中央の政治、なかんずく政府と「政府党」である自由党がどのような関係を持ち、現実の政治がどのように進行していたかについて、新たに発掘した史料[9]に基づきその構造的分析を行う。第三に、以上のような中央・地方双方における自由党支配の構造を明確にした上で、何故その支配が一九六〇年に入り、脆くも崩壊したかを考察することにより、その支配の限界と、それが依存していた政治的・社会的用件について明らかにする。

以上で、本論に入る準備は整った。早速、具体的な議論に入ることとしよう。

2　在地社会と自由党

第一共和国期における「選挙」の重要性

第一共和国期の「権威主義的」体制。これを考察する上で第一に重要なのは、それが様々な問題を孕みながらではあれ少なくともその当初においては、憲法に規定された選挙とその勝利の結果成立したものであったということであろう。実際、軍事クーデタにより成立した、朴正煕や全斗煥を頂点とする後の「権威主義的」体制は、その出発の時点において選挙を経ずして成立し、また成立以後においても、その選挙における野党への苦戦の中で、むしろ「選挙」により選出される代表の範囲をできるだけ制限する方向へと傾斜していった。これらの後の韓国における権威主義的政権と比較するなら、自由党結党から一九五六年頃までの李承晩政権の特殊性は明らかであろう。即ちこの時期、有権者が「選挙」という形で自らの意志を表示できる機会はむしろ増加する傾向にあった。その代表的な

第一共和国当時の国会議事堂

（出典）『서울』（서울特別市史編纂委員会【韓国】，1957年）68頁。

例は、国会による大統領間接選挙制から、有権者による大統領直接選挙制への移行であるが、同様のことは地方政治についても言うことができる。大統領直接選挙制が導入された一九五二年、それまでその実施に消極的であった李承晩政権は、一転、地方自治レベルにおける「選挙」実施へ積極的な姿勢を見せることとなり、この年のうちに地方議会選挙が、そして一九五六年にはこれに加えて一部の地方首長選挙が実施されることとなる。

ここにおいて注目すべきは、このような第一共和国期における「選挙」の拡大が、李承晩と与党の主導により実現されたということであろう。言うまでもなく、このような李承晩らの行動の前提として、国会内での政治的駆引きや行政府での調整を経るよりも、これらポストの帰趨を「選挙」により決定した方が自らにとって有利な結果を得ることができるという彼らの認識がなければならない。

もっとも、ここで注意しなければならないのは、筆者はここで何も、李承晩政権期の選挙に「不正」がなかったといいたいわけではない、ということである。重要なのは、もし仮に国民的支持を多く受けることのないある勢力が、自らが「不正」を行っても、それが絶対に摘発されることがない、と確信できるなら、その勢力が、「『不正』を行って選挙に勝つ」という計画を立て、実際に「選挙」に訴えることは、十分に考えられることであり、また合理的なことでもある、ということである。だからこそ、ある勢力の選挙における「不正」を考える上でもまた、この勢力がどのような形で組織化され、どのような形で社会に浸透しているかは見落とされてはならない。

一言でいうなら、ある勢力が自ら進んで「選挙」に訴えるか否かを知るためには、我々は「不正」を「不正」だからとして切り捨てるだけでなく、どうしてこの勢力が「『不正』を行って選挙に勝つ」という戦略を選択し、その背後にどのような構造と確信があったのかを知ることが重要だ、ということである。李承晩と自由党。この時期の「権威主義的」体制を支えた二つの存在が、その命運を「選挙」に預けた場合、そのための準備がより多く必要なのは、言うまでもなく後者であった。韓国独立運動の有力指導者の一人であり、また解放以後、韓国建国に至るまでの過程において、他の有力指導者を駆逐して獲得した、大統領としての李承晩の地位は、少なくとも一九五〇年代中葉までは他から隔絶した地位を占めており、個人対個人の戦いである大統領選挙において、李承晩が他の者に敗れることは、与党の側のみならず野党の側においても考えることさえ難しい状況にあった[10]。

しかし、同様のことは、与党とその所属議員については言えなかった。建国以来行われた幾度かの選挙において、李承晩は自らを支える勢力を様々な形で支援し、支援を受ける側もまた、李承晩の支持を最大の武器としてこれを戦ったが、その成果は芳しいものとは言えなかった。そのことは「建国の父」としての李承晩のカリスマ性が、彼への投票を呼び込むことはできても、彼を支持する者への投票をも呼び込むことができないことを意味していた。即ち自由党結党以前の状況とは次のようなものであった。「選挙」という手段に訴えることにより、李承晩自身はその政治的地位を確保することができた。しかし、彼への支持は、彼が支持する者への支持には繋がらず、結果、李承晩は不安定な統治をすることを余儀なくされた。李承晩にとって重要なのは、彼自身よりも李承晩が支持する者を如何にして「選挙」で勝たせるかであった。

このような意味において、一九五一年の自由党結党は韓国の政治を劇的に変化させることとなった。即ちそれ以後、李承晩は、この自由党を自らの基盤とすることにより安定した統治を行い、進んではその基盤の上で独裁的な政治を行うことが可能となるのである。

それでは、自由党とは一体どのような政党であり、何故彼らは「選挙」に「勝利」することができたのであろうか。次に、当時における自由党の具体的な姿へと迫ってみることとしよう。

「馬山三・一五義挙」事後処理過程に見る在地社会の自由党

自由党を「選挙」にて勝たせたもの。それが自由党に結集した個々の政治家の「自前の」支持基盤でないことは、当時、自由党に属した人々の、李承晩政権崩壊以後の状況を見れば明らかであろう。李在鶴のような極めて少数の例外を除き、李承晩政権崩壊後、最初に行われた「選挙」において、彼らは当選することはおろか、「善戦」することさえできなかった。彼らのそのような状況は、その後も変わることはなく、彼らのほとんどは以後も政治的復活を遂げることができなかった。同様のことは、自由党結党以前との比較においても言うことができよう。自由党以前の段階における与党、なかんずくその幹部達個々の選挙区における支持基盤は弱体なものであり、それは自由党期のそれとは明らかに一線を画すものであった。

以上のことから我々が推測できるのは、次の二つのことであろう。第一に李承晩政権崩壊以前と以後との比較から明らかになるのは、この政党の勢力が「与党であること」と大きな関係を有しているということである。何故なら、仮にこの政党の勝利が、政党自身の組織や個々の政治家自身の力にのみ支えられているのであれば、彼らは政権を失ってもある程度の「善戦」が出来るはずだからである。しかしながら、第二に、そして本章においてより重要なのは、そのことはそれが「政党」という形態をとり、それ自体の組織を有していることが無意味であることを意味しないということであろう。このことは、自由党結党以前と以後の比較により明らかであろう。与党に属していることと、自由党に属していることは異なるのであり、そのことは、自由党そのものに何らかの特殊な意味があることを意味している。更にもう一つここで付け加えておかなければならないのは、この政党が掲げる「綱領」や「イデオロギー」が重要であった可能性は考えられないことである。李承晩政権のイデオロギー性は、自由党結党以前、いわゆる「一民主義」の時代においての方がより明確であり、自由党政権期においてはむしろ後退を見せている。そのことは、当の自由党自身が、その選挙運動において、自らの「綱領」をことさらに掲げなかったことからも明らかであろう。また「選挙」に自由党が勝利するに当たっては、野党のそれと隔絶した巨大な資金力が重要であったことはこれまでに幾度も指摘されているが、この資金力は明らかにこの政党が与党であることそれ自身に由来しており、これをもって自由党とそれ以前の与党との決定的な差があるということはできない。

以上を整理するならば次のようになろう。即ち自由党とは何らかの「与党であること」の利点を実際の得票へと結びつけるための組織であったということである。それでは、その組織とはいかなるものであり、どのように構成されていたのであろうか。この点を垣間見る上で参考になるのは、その政権末期、一九六〇年のいわゆる「馬山三・一五義挙」[11]処理過程に現れるこの政党の姿であろう。「馬山三・一五義挙」とは、一九六〇年三月一五日に行われた正副統領選挙における自由党の「不正」に対する抗議をきっかけとして馬山市内にて発生した大規模デモのことであり、それに対して警察が発砲することにより、「義挙」は「事件」へと発展することとなる。この事件とその処理過程については、当時の馬山市党部が作成した内部資料[12]が残されており、我々はこれを通じてこの地域における自由党の組織と活動を仔細に知ることができる。

まず、事件の経過とそれに対する自由党の対応を時系列的に見ていくこととしよう。三月一五日、民主党馬山市委員会が「不正」選挙糾弾のために行った「選挙放棄宣言」を契機として、馬山市内では大規模なデモが発生した。この「予期せぬ暴動」を受けた自由党は、翌一六日には市選挙対策委員会および企画委員会を開催し、事件の責任が民主党にある旨の声明書を発表すると同時に、事件処理のための非公式な「七人小委員会」を発足させた。続いて一八日には選挙対策委員会幹部および各部次長会議を開催し、以後も対外的には選挙対策委員会の名義で活動を行うことを決議する。二一日には市党部常任委員および管下洞党部委員長連帯会議が招集され、「七人小委員会」を「発展的」に解散し、「馬山騒擾事件自由党馬山市党部収拾委員会」を発足させることが決定される。彼らの活動は二四日、全員が自由党国会議員から構成される「中央党部慰問団」が到着するまで展開され、その後の主導権は事の重大性に鑑みて中央党部に移されることとなる。[13]

この時期、即ち三月一五日から二四日までの間の自由党馬山市党部の活動は大きく次の三つであった。一つは

「宣伝対策」であり、声明文発表やマスコミとの接触等の広報活動がその内容である。彼らは地元紙である馬山日報に積極的な働きかけを行うと同時に全国紙特派員らとも接触し、自らに有利な報道が行われるべく工作した。二つ目は「救護活動」であり、その内容は慰問とそれに密接に結びついた「吊慰金（品）」「慰問金（品）」等の伝達である。三つ目は「調査対策」であり、事件の真相調査のための情報収集活動と、警察、なかんずく治安局との接触が主な内容であった。「調査対策」という項目名称からも明らかなように、この活動の内容は、事件そのものの真相究明以上に、事件の解決のために国会が行う「調査」についてどのように対応するかを目的としたものであったろう。自由党が党として行ったのはこれらの活動に事実上限定されており、そのことは日常の活動も同様の範囲を超えなかったであろうことを推測させる。[14]

しかしながら本章においてより重要なのは、このような活動の過程において当時の馬山市党部の姿が明確になるということであろう。第一に、その組織の中核となったのは、「七人小委員会」を構成する人々であった。委員会は自由党馬山市党部委員長でありこの地域選出の国会議員であった許潤秀[15]を委員長として、他に、同党部副委員長の三名と市党部総務部責任委員、同宣伝部責任委員、さらには自由党中央委員一名で構成された。[16]三名の副委員長は、二名の市党部副委員長（馬山商工会議所長と馬山市議会議員）[17]と国民会支部会長が務めていた。彼らは言わば、平時における自由党馬山市党部の幹部達であると言えよう。しかし、真に重要なのは、事件が重大化した後、「七人小委員会」が「発展的」に解消され形作られた「収拾委員会」の構成の方である。表5－1から明らかなように、この「収拾委員会」はこの委員会の委員の上に、慶尚南道選出の自由党所属の国会議員を筆頭として、馬山市における主要公共機関長、さらには同市内各種団体・会社の長を、「顧問」として戴く形で形成されている。注目すべきは、他の地域に比べて比較的自由党の勢力が弱体であった馬山市においてさえ、市長をはじめとする行政の各々の責任者、さらには野党が大きな勢力を占めた市議会[18]の議長や裁判所長までもがここに網羅されていることであった。[19] 同時に見落とされてはならないのは、そこにこれらの前職や元職の姿が見られないことであり、そのことは彼らが、個人としてではなく、各機関の代表者としてここに名を連ねていることを意味している。[20]

いずれにせよ、馬山市党部自由党とは、自由党に直接かかわる国会・地方双方の議員やその潜在的候補者を日常的な活動の中心としつつも、必要に応じて行政部を筆頭とする各種機関がこれを支援する形態を有していたということであった。[21] なかんずく重要な機関は警察であり、自由党と警察の関係は事実上、不可分な状態にさえあったということができよう。[22] 同時にもう一つ見落とされてはならないのは、国民会を除き、元々自由党を支えていたはずの諸団体、大韓民国労働総同盟や大韓民国農民総同盟の姿がここに見えないことであろう。そのことはこの時期における自由党が、発足当時において主唱された各種国民的団体により構成される政党から、行政機関を中核とした、地域における主要機関によりその組織を補完される典型的な「政府党」へと転化していたことを示している。

もちろん馬山における事例をもって、自由党の全てを代表させることは危険であろう。それでは他の地域、なかんずく自由党支配を支えた金城湯池であった農村部における自由党はどのような存在であり、どのような組織に支えられていたのであろうか。次にその点について簡単に見てみることとしよう。

「与村野都」を支えた自由党組織

「与村野都」。この時期の韓国の「権威主義的」体制の特色は、第四共和国期や第五共和国期のそれらとは異なり、その正統性の主要な基盤を「選挙」による勝利により大きく依存していたことにあった。言うまでもなく、このような「選挙に依存する『権威主義的』体制」が成立し得るためには、その前提としてそれが強い抵抗に直面し、批判に晒された場合にも、政権側が必ず「選挙」に勝利するということが必要であろう。その意味において、韓国における「与村野都」現象、より正確には与党の確固たる政治基盤としての郡部の存在は、第一共和国期の「選挙に

表5－1　馬山騒擾事件自由党馬山市党部収拾対策委員会・任員一覧表

氏名	委員会内地位	職　業　等	七人小委員会	備　考
金喆寿	顧問	自由党中央委員・慶尚南道党部委員長		民議員・慶尚南道内選挙区選出
李栄彦	顧問	自由党中央委員・民議員		慶尚南道内選挙区選出
李相龍	顧問	自由党中央委員・民議員		慶尚南道内選挙区選出
金仁皓	顧問	自由党中央委員・民議員		慶尚南道内選挙区選出
安徳基	顧問	自由党中央委員・民議員		慶尚南道内選挙区選出
金成鐸	顧問	自由党中央委員・民議員		慶尚南道内選挙区選出
朴昌華	顧問	自由党中央委員・民議員		慶尚南道内選挙区選出
姜琮武	顧問	自由党中央委員・民議員		慶尚南道内選挙区選出
李鍾寿	顧問	自由党中央委員・民議員		慶尚南道内選挙区選出
池瑛進	顧問	自由党中央委員・民議員		慶尚南道内選挙区選出
朱金用	顧問	自由党中央委員・民議員		慶尚南道内選挙区選出
金㶇燉	顧問	自由党中央委員・民議員		慶尚南道内選挙区選出
李竜範	顧問	自由党中央委員・民議員		慶尚南道内選挙区選出
辛洙桂	顧問	自由党中央委員・民議員		慶尚南道内選挙区選出
趙瓊奎	顧問	自由党中央委員・民議員		慶尚南道内選挙区選出
李泳熙	顧問	自由党中央委員・民議員		慶尚南道内選挙区選出
崔奭林	顧問	自由党中央委員・民議員		慶尚南道内選挙区選出
具泰会	顧問	自由党中央委員・民議員		慶尚南道内選挙区選出
李在員	顧問	自由党中央委員・民議員		慶尚南道内選挙区選出
金正基	顧問	自由党中央委員・民議員		慶尚南道内選挙区選出
陳石中	顧問	自由党中央委員・民議員		慶尚南道内選挙区選出
兪鳳淳	顧問	自由党中央委員・民議員		慶尚南道内選挙区選出
孫永寿	顧問	自由党中央委員・民議員		慶尚南道内選挙区選出
金載瑋	顧問	自由党中央委員・民議員		慶尚南道内選挙区選出
朴相吉	顧問	自由党中央委員・民議員		慶尚南道内選挙区選出
徐漢斗	顧問	自由党中央委員・民議員		慶尚南道内選挙区選出
金鍾信	顧問	前自由党馬山市党部委員長		前国会議員・馬山選挙区選出
金圯変	顧問	自由党慶尚南道党部副委員長		
安允奉	顧問	自由党中央委員	○	
朴永斗	顧問	馬山市長		
李万熙	顧問	馬山市議会議長		
朴商玟	顧問	釜山地方法院馬山支院長		
徐得竜	顧問	釜山地方検察庁馬山支庁長		
金炳喆	顧問	馬山警察署長		
徐福泰	顧問	馬山税務署長		
権夏植	顧問	馬山税関長		
朴正錫	顧問	慶尚南道立馬山病院長		
諸吉允	顧問	馬山市医師会長		
徐基弘	顧問	国際人権擁護連盟馬山市支部委員長		

金亨潤	顧　　　問	馬山日報社長		
李太九	顧　　　問	馬山放送局長		
李竜祚	顧　　　問	海印大学長		
金致殷	顧　　　問	馬山市中等教育会長		
李甲道	顧　　　問	馬山商業高等学校長		
許潤秀	委　員　長	自由党馬山市党部委員長	○	民議員・馬山選挙区選出
韓泰日	副 委 員 長	自由党馬山市党部副委員長	○	馬山商工会議所会長
李炳珍	副 委 員 長	自由党馬山市党部副委員長	○	
金斗喆	副 委 員 長	自由党馬山市党部副委員長	○	
金鍾圭	総務部責任委員	自由党馬山市党部総務部長	○	
李元吉	総 務 部 委 員	自由党馬山市党部財務部長		
崔載衡	救護部責任委員	自由党馬山市党部組織部長		
朴普鉉	救 護 部 委 員	自由党馬山市党部議員部長		
金昌式	宣伝部責任委員	自由党馬山市党部宣伝部長	○	
金祥洙	宣 伝 部 委 員	自由党馬山市党部文化部長		
朴昌麟	調査部責任委員	自由党馬山市党部監察部長		
韓金桂	調 査 部 委 員	自由党馬山市党部調査部長		

より成立する『権威主義的』体制」を支えた最大の要因であったということができよう。与党は郡部における安定した優位があったからこそ、自らの勝利を信じて「選挙」に訴え、政権の正統性を誇ることができたのである。見落とされてならないのは、このような郡部における与党の安定的優位は、自由党以前には見られなかったものであり、それが自由党成立と同時に恒常化していったということであろう。それでは、自由党はどうして郡部において安定的に支持を獲得できたのであろうか。

　この点を考える上で重要なのは、そもそも自由党は郡部においてどのような存在であったかであろう。この点を考える上で基礎的ではあるが我々の考察において重要な手がかりを提供するのは、この時期の郡部における「選挙」の変化、なかんずくその競争のあり方の大きな変化としての一選挙区当たりの候補者数の変化であろう。自由党結党以前の国会議員選挙、即ち一九四八年の制憲議会選挙と一九五〇年国会議員選挙の最大の特徴は、二〇〇あるいは二一〇の議席を巡って、一九四八年は九四八名、一九五〇年に至っては実に二二〇九名もの候補者が乱立し、その結果、多数の無所属当選者を出したということであった。第三章(23)で既に詳しく論じたように、このような多数の無所属議員の存在は、李承晩

表5－2　54年国会議員選挙における，市部・郡部別，及び候補者数の相違と各政党の得票率の相関関係

	市・郡	候補者数	自由党	民主国民党	国民会	国民党	諸　派	無所属
市　・　郡	1							
候補者数	0.277	1						
自　由　党	−0.449	−0.372	1					
民主国民党	0.209	−0.088	−0.639	1				
国　民　会	−0.424	−0.008	0.234	0.184	1			
国　民　党	−0.201	0.034	−0.025	−0.089	−0.138	1		
諸　　派	−0.127	−0.305	0.226	−0.010	−0.267	−0.231	1	
無　所　属	0.394	0.543	−0.590	−0.150	−0.355	0.081	−0.628	1

註：各道を市部・郡部に区分した単位毎に，市部・郡部の別，一選挙区当たりの候補者数，そして同じく諸党派及び無所属の得票率との相関関係を示したものである。例えば，「候補者数」と「自由党」が交差する位置に当たる「−0.372」は，選挙区当たりの候補者数と同じく自由党の得票率が負の相関関係にあることを意味している。

政権の政権運営を著しく不安定なものとさせ、またこれに対抗する「正統保守野党」に政権への挑戦の機会を提供することとなっていた。

候補者の乱立と多数の無所属候補者の当選。それは即ち一九五〇年国会議員選挙までの時点の韓国社会においては、政党が在地社会にまで十分浸透してないことを意味していた。このような状況においては、ある政党が他に対して優位に立つ最も簡単な方法は、乱立する自党系の候補者を事前に調整し、限られた得票を特定の候補者に集中させることであった。

このような目的のために自由党が実施したのが「韓国初の公薦制」であった。自由党はそれまで各候補者の「自称」でしかなかった各候補者の政党所属を、党中央による「公薦」により明確化し、さらにはその過程において与党系候補者の絞り込みを行うことにより、自党候補者の当選確率を向上させようとしたのである[24]。そして、自由党はこれに成功した。それまでは相関関係を有さなかった選挙区当たりの候補者数と与党得票数の関係は、一九五四年国会議員選挙[25]において相関関係を見せるようになり、それは一九五八年国会議員選挙[26]においてその関係は更に強化されることとなる（表5－2、表5－3）。このような候補者数の絞り込みは、郡部において特に顕著であり、それこそが「与村野都」状況が一九五四年国会議員選挙以降に見られるようにな

表5-3　58年国会議員選挙における，市部・郡部別，及び候補者数の相違と各政党の得票率の相関関係

	市・郡	候補者数	自由党	民主党	統一党	国民会	諸　派	無所属
市・郡	1							
候補者数	0.468	1						
自由党	−0.683	−0.638	1					
民主党	0.590	−0.078	−0.245	1				
統一党	−0.005	0.069	−0.012	−0.095	1			
国民会	−0.028	0.513	−0.139	−0.203	0.350	1		
諸　派	0.359	0.116	−0.362	0.279	0.073	−0.225	1	
無所属	−0.128	0.455	−0.419	−0.766	−0.012	0.198	−0.104	1

註：表5-2に同じ。

る要因を形成することとなる。

それでは自由党は、郡部においてどのようにしてそれを実現したのであろうか。重要なのは、そもそも郡部において自由党がどのような姿を持って現れているかであろう。表5-4は、一九五八年国会議員選挙が行われた年、京畿道広州郡の五面、および龍仁郡の一面での農民達の団体所属に対する調査結果であるが、重要なのは、少なくともこの時期、この地域においては最も多くの所属者を有する組織が自由党そのものであったということであろう。言い換えるなら、この地域の人口の圧倒的部分を占めた農民達は、例えば国民会のような自由党を構成する下部組織を介して、間接的に自由党と関係を取り結んでいたのではなく、直接的に自由党との関係を取り結んでいたのである。このことからわかるのは、従来の理解とは異なり、自由党は決して中央にのみ影響を有する、社会から浮き上がったエリートの政党ではなく、限定こそされ具体的に在地社会に根を張る政党であったということである。いずれにせよ重要なのは、自由党を構成する団体ではなく、自由党、より正確には行政機関と一体化した「政府党」としての自由党そのものである。

この調査を見る上で、もう一つ興味深いのは、実はこの調査の対象となった地域の大部分が、そのわずか二年前までは、一九五六年正副統領選挙における、民主党側からの大統領候補者・申翼熙の強固な地盤であったということである。言い換えるなら、表5-4に現れたような強固な自由党組織は、

表5－4　村落居住者の認識する自らの所属する団体と活動への積極度

団体名	熱心	普通	傍観的	無回答	参加者合計
教会	18	5			23
宗親会	7	7	2	2	18
師親会	6	2	1	2	11
親睦会	2	3		10	15
畜産組合	2	2		1	5
4Hクラブ	5		5	6	16
菜疎組合	1				1
山林組合		1			1
水利組合		1		1	2
国民会	1		1		2
自由党	10	12	39	5	66
婦人会	2	4	16		22
除兵将兵輔導会	1	1	3		5
尚武会	1		3	2	6
団体非加盟					177
				調査対象者総数	336

註：1958年12月13日～21日，京畿道広州郡及び龍仁郡における調査。団体への加盟は非調査者からの聞き取り調査によるものであり，その結果，国民会・婦人会等，農村のほぼ全員が上から強制的に加盟させられ，その結果，彼等が自らの加盟を認識していない団体については，参加者合計の数字は公式の加盟者の数字とは大きく異なる。詳しくは，李万甲『韓国 農村社会의 構造와 変化』（서울大学校出版部【韓国】，1973年）121頁以下。

同党がこの地域を自らの基盤とすべく努力を続けた結果であったのである。[27]幸いなことに、この地域における自由党の活動については、一九五四年および一九五八年国会議員選挙における自由党候補者、崔仁圭が獄中回顧録の形で具体的な記録を残しており、[28]我々は限定された範囲でありながらその内容を知ることが出来る。

崔仁圭によれば、上記のような組織拡大に際して自由党が用いた方法は以下のようなものであった。[29]第一は、当該地域内部における公職を巡る人事への干渉である。崔仁圭によれば、中央からの任命の場合のみならず、道議会や面議会においても自由党が圧倒的多数を占める当時の状況においては、地方議会の公薦によるものも含めて、彼らは人事に関して広範な影響力を行使することができた。第二は、ソウルの官民両分野における就職の斡旋である。この点について興味深いのは、崔仁圭が自ら自身としては、第一の方法よりもむしろ第二の方法を重視したこと、そしてその理由として、地域における人事への干渉は、既にその地位を占めている者の罷免を前提としている以上、新たな敵を作り出す可能性があるが、第二の方法はその危険性がないため安全であることを挙げていることである。このことは、この時期の在地社会における公的ポストの配分が、極めて重要な問題となっていたこと、そしてそのような在地社会において影響力を有する人々を敵に回すことが、当時の政治家にとって如何に厄介な問題であったかを示唆している。

第三は、地方事業の振興であり、これが与党の武器として使えることは当然であった。第四は、地域駐屯軍部隊への働きかけである。この地域には、全有権者の五分の一にも相当する第三三予備師団が駐屯しており、彼はその慰問等を積極的に行っている。このことは、自由党が進出するに当たり、まず軍人を含む公務員の票をまとめることが重要であったことを意味している。第五は、敬老団設置や、学校各種行事への祝電や支援、自らの夫人を利用した婦人会活動支援、冠婚葬祭における活動等であったが、これについても与党としての利点が最大限発揮されたことは疑いがなかろう。

それでは、このような自由党側の工作を受け入れた在地社会は、結果としてどのように変化していったのであろうか。この点については、全羅南道和順郡同福面[30]の事例が我々に示唆を与えてくれる。表5－5は、この地域における一九五六年時点での、自由党・同福面・党正副統領選挙対策委員会の顔ぶれである[31]。ここから明らかなことは、この村落における自由党組織が日本統治期から続く在地社会名望家を組織したものであったということであろう。即ちこの在地社会における自由党とは、在地社会名望家を幹部として組織化し、その下に一般農民を組み込んだものであったということができる。しかしながら、同時に見落とされてならないのは、自由党が階級的な意味での地主政党であったわけではなかったということであったろう。農地改革への理解に象徴的に現れているように、当時の二大政党である自由党と民主党のうち、地主や実業家の利益に立って自らの主張を展開したのは、国内派の政党

表5－5　1956年自由党同福面党・正副統領選挙対策委員会
（大地主及び日本統治期公職経験者）

序列	職　　位	農地規模（1950.6.24.）	受配農地	日本統治期 地主等級	日本統治期 公職等	面議会議員（1956年）
		町歩	町歩	級		
1	委員長	34,933		10	面協議員	○
2	副委員長	1,955	1,605	(16)	面書記	
3	副委員長					○
4	副委員長・渉外部責任	4,430				
5	事務長・調査部責任	1,362		(19)		
6	総務部責任					○
9	宣伝部責任・地区委員	2,853	376	(20)	区長	
10	宣伝部責任	4,215				○
11	宣伝部責任・地区委員			(10)		
13	組織部責任・地区委員				区長	
14	組織部責任・地区委員	122				
15	財政部責任	1,271	353		面雇員	○
16	財政部責任			16	区長	○
17	調査部責任	344				
18	渉外部責任				区長	
19	婦女部責任		(52)			
20	監察部責任・地区委員				(区長)	
21	監察部責任	269				
22	監察部責任	2,186			区長	
23	監察部責任・地区委員				区長	

註：拙稿「韓国における民主化と『政府党』」西村茂雄・片山裕編著『東アジア史像の再構築』（青木書店，2002年）196頁。洪性讃『韓国近代農村社会의 変動과 地主層』（知識産業社【韓国】，1992年）315～317頁，『地方議会議員名鑑』（中央通信社【韓国】，1958年）等より作成。

常任委員以下は省略した。受配農地とは農地改革により獲得した農地。（　）内は親族の等級や受配農地規模。この表には出ていないが，本人とは別に親族が地主であったり，日本統治期の官職経験者であった者は多い。また，同福面議会定員は11名。他の5名も全て自由党所属，うち2名はこの選挙対策委員会常任委員である。

として出発した「正統保守野党」の流れを引く民主党の側であり、李承晩と自由党はこれとの比較においてはむしろ「愚夫愚婦」の側に立つ政党であるとみなされる傾向にあった[32]。実際、崔仁圭が自らと申翼熙とを比較しつつ述べているように、民主党系の政治家は基盤とする地域の住民への「利益還元」に不熱心であり、そのことは結果として在地社会における自由党の活動を容易ならしめることとなっていた[33]。

重要なことは、にもかかわらず、彼ら在地社会名望家達が、結果的に彼ら自身の利益を体現するとみなされている民主党ではなく、自由党の中に包摂されていったことであろう。ここにおいて注目すべきは、広州郡、和順郡の双方の例に共通して見られる現象として、当時の在地社会名望家、なかんずくこの時点においても在地社会にて有力な地位を維持し続けている在地社会名望家の多くが、単なる大地主や資産家であるだけでなく、行政あるいは地方議会における何らかの役職経験者であったということであり、彼らがそれらの官職を経たことこそが彼らの在地社会における名望家としての地位を維持するために重要な役割を果たしていたということであろう。(34) 即ち彼ら、日本統治期の名望家達は、解放後一〇年以上を経た当時において、農地改革により自らの富の相当部分を喪失する一方で、在地社会の有力者として、各種、公的職務に従事する機会を与えられることにより、その権威を補完される状態にあったのである。そのことは、彼らが次第に自ら自身に由来する権威と富ではなく、政府からのそれらに依存するようになっていたことを意味している。

馬山市の例からも明らかなように、当時の自由党は文字通り行政機関と一体化した状態にあり、このような状況において自由党に対して反旗を翻すことは、自らが公的機関における職務に従事する機会が著しく減少することを意味していた。そしてそのような状況下にあって、政府からの権威への依存を深めていた彼らが次第に自由党に取り込まれていったことはむしろ当然であったと言うべきであろう。そのことは、日本統治期において日本と一定の関係を有した者達には、いっそう深刻な意味をもって現れていた。日本との関係によって支配の正統性を失い、農地改革において固有の経済的基盤を喪失した彼らが在地社会における指導的地位を保つためには、事実上、「政府党」に依存する以外には方法がなかったのかもしれない。(35)

自由党は、まさにこのような状況に置かれた在地社会の名望家を組織化することにより、彼らに「秩序」を与えることに成功する。後述するように、それは確かに彼らの熱狂的支持に支えられたものではなかったが、とはいえそれに参加することによって得られる利益は確実であった。その意味において、自由党が結成されて最初に行われた選挙が地方議会のそれであったことは重要であった。自由党の圧勝に終わったこの選挙において、彼らは確実に自由党に取り込まれ、それは同年の大統領選挙における李承晩の圧勝へと繋がることとなる。

自由党はこうして農村を自らの影響下に収め、それを基盤に国会での優位をも獲得していくこととなる。それならば、そもそもこの李承晩と自由党による体制とは、中央の政治においてはどのような意味を有したものだったのであろうか。次に節を変えてその点について見てみることとしよう。

3　政府と自由党

国務総理の重要性

最初に自由党結党以前の韓国政治、なかんずくその李承晩と与党を取り巻く状況についてまとめてみることとしよう。

先述のように、自由党結党以前の韓国政治における最大の特徴の一つは、国会内における、与野党どちらの側にも明確に組みしない、無所属議員を含む、巨大な中間派の存在であった。与野党はこれら中間派を自らの側につけるべく競争を行い、結果、当時の政治はその帰趨に従い流動的かつ不安定なものとなった。このような不安定な国会の状況は、当初の大韓民国憲法が、国会による大統領間接選挙制を採用していたこととあいまって、李承晩そして与党の政策を著しく困難なものとさせていた。

中間派を自らの側につけた野党による、与党への抵抗。それが与党にとって最も大きな障害となって現れたのは、国務総理の承認においてであった。当時の憲法においては、国務総理の選出に際して大統領による任命の後に国会がこれに承認を与えることが必要とされており、大統領は国会の多数の支持なくしては自らの内閣を立ち上げることさえできなかった。李承晩はこれに対し、自らの望む者が国会による承認を得ることが難しい状況にある場合、彼を国会の承認を経ることなく「国務総理署理」として任用したが、その制度的限界は明らかであった[36]。

流動的な国会において多数を制することにより、自らの望む者を国務総理へと任用する。李承晩政権は、この問題に対し二つの方法で対処した。第一は、物理的な強制力発動による国会議員への圧迫であり、その最も典型的で極端な例は、いわゆる「釜山政治派動」前後の状況であろう。しかし、露骨な物理的強制力の乱用が、長期的には政権の基盤を蝕むであろうこともまた明らかであり、それには必然的に限界が伴った。重要であったのは、むしろ第二の方法、即ち国会内の実力者、なかんずく中間派のそれを国務総理へと任命し、彼の支配下にある部分を確実に確保して、これを乗り切ることであった。第二代および第三代の国務総理であった、張勉[37]、張沢相[38]はまさにこの観点から李承晩によって国務総理に任命され、また与党と彼らの率いる勢力の連合により実際に国会での承認を獲得し、総理への就任を果たしている。

しかし、このような問題の処理方法は、当然のことながら根本的な問題解決にはほど遠かった。中間派有力者からの国務総理任命は、結果として李承晩による内閣統制を困難なものとさせた。李承晩にとって厄介であったのは、このような大統領と国務総理との政治的対立が、当時の政治的状況の産物であると同時に、ある部分においては大韓民国建国当初の憲法の構造上、必然的に生み出されたものであったことである。大韓民国最初の憲法草案は、制憲議会における最大党派、韓国民主党の主導により作りあげられたものであった[39]。ここにおいて韓国民主党が最重要視したのは、自らの勢力基盤である国会にできるだけ多くの権力を持たせることであり、それゆえ来るべき大韓民国の政治システムは、基本的に議院内閣制に近いものが予定されていた。しかしながら李承晩は、このような国会重視の、即ち自らの就任が予想される大統領の地位を軽んじた憲法草案に反発した。結果、建国当初の憲法における国務総理は、大統領により任命され国会の承認を得ることによりその選任を完結され、その責任は大統領に対

張沢相（国務総理当時）

（出典）　張炳恵・張炳初編『大韓民国建国과 나』（滄浪張沢相記念事業会，1992年）巻頭写真。

して負うという、大統領と国会の間における複雑な存在となることとなる。重要であったのは、李承晩の抵抗により当初の憲法草案が修正された結果、この憲法における国務総理の地位が、自らの大統領と国会との関係においてのみならず、国務総理それ自身と大統領との関係においても曖昧な点を多く残したということであろう[40]。即ち当初の憲法草案においては、事実上の象徴的元首に過ぎない大統領に代わり、内閣を実質的に統括する役割を想定されていたのは、国会に対して責任を負う国務総理であった。しかし、李承晩による憲法草案修正により、大統領が象徴的な存在から実質的な行政府の長へと転化したことは、結果としてこの国家の行政府において、大統領と国務総理という二人の指導者が並立する状況が生み出されることとなった（図5－1）。

もちろんそれは制度的には、国務会議、即ち閣議の議長である大統領が副議長である国務総理に優越するシステムであった。しかし、この状況をいっそう複雑なものとさせたのは、李承晩の自らの内閣に対する姿勢であった[41]。「建国の父」として自らが他に超越的存在であると自認する李承晩は、行政府の長としては日常の行政に興味を有さない自由放任的な指導者であり、それゆえ日常の行政については国務総理以下の閣僚が自らその職務を遂行することとなった。実際、平時において週二回の頻度で開催された閣議において、大統領は週一回出席するに過ぎず、また出席した場合にも各閣僚に対し具体的な指示を出すことは多くはなかった[42]。このような李承晩の内閣に対する接し方は、結果として内閣における国務総理の重要性を増さしめることとなる。制度がそれを裏打ちした。国務総理は自ら自身が管掌する官庁として、総務処、公報処、法政処等を有しており、なかんずく公務員人事の取りまとめを行う総務処をその手中に収めていたことにより国務総理の実質的権限は大きなものとなっていた[43]。加えて、張

図5－1　建国当初の政府組織

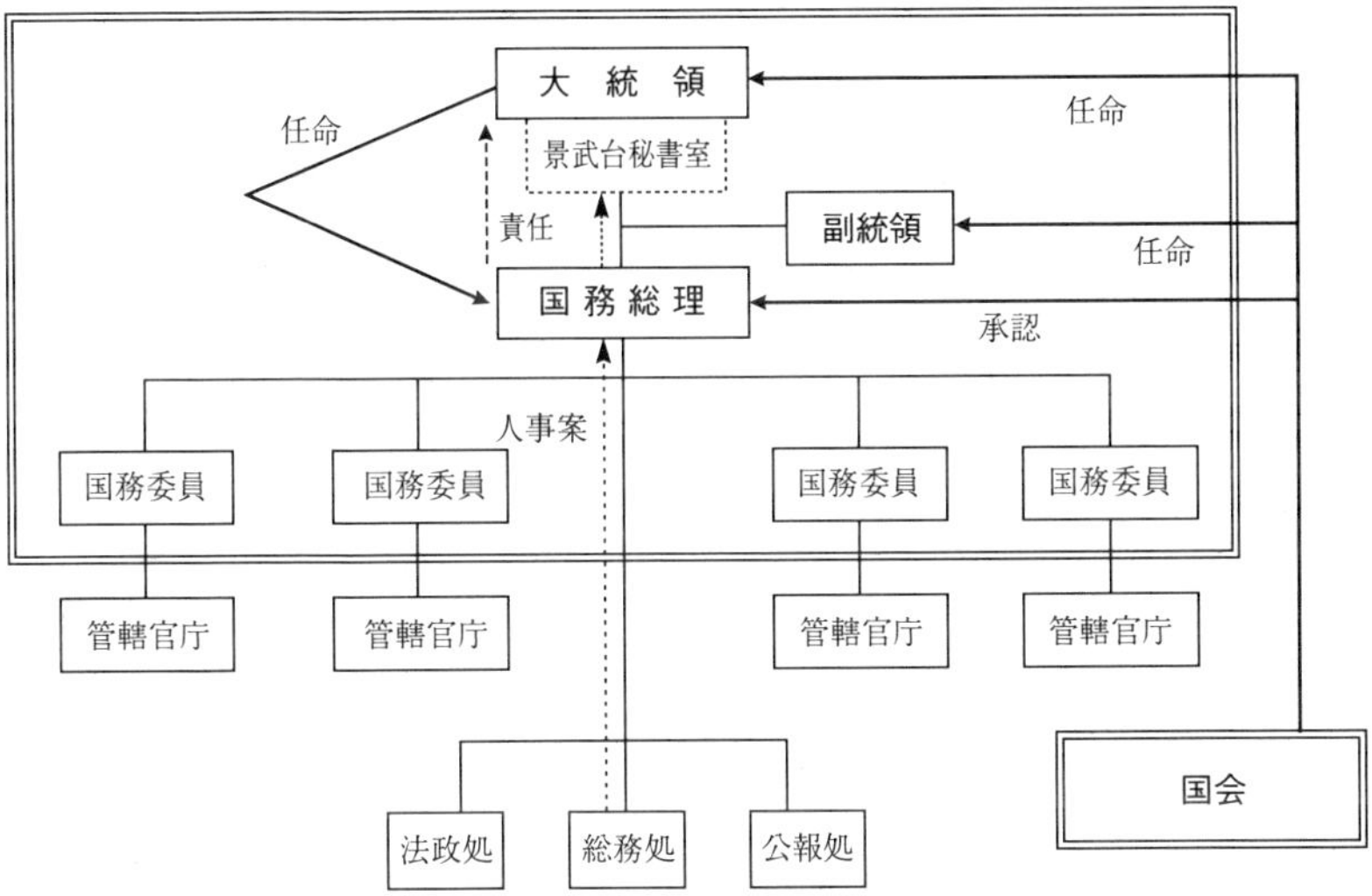

沢相に典型的に現れたように[44]、李承晩による中間派有力者の国務総理への起用は、国会運営においても国務総理に大統領からの統制を離れて行動する自由度を大きく与えることになった。

重要なことは、このような結果、李承晩の意図とは異なり、この時期国務総理が実質的な行政府の長として、独自の権威を確立していったということであろう。実際それは、李範奭、張勉、張沢相という、建国以後三代の国務総理の、自由党結党前後、なかんずく一九五二年正副統領選挙時の動向を見れば明らかであった。国務総理就任時には大きな勢力を有さなかった李範奭は、予想外の国務総理就任により、一躍、大韓民国有数の実力者にまで成長し、一九五二年の正副統領選挙においては、自由党公認の副統領候補者として、また当時の自由党における最大派閥「族青（朝鮮民族青年団）派」の領袖として、李承晩の後を窺うまでに成長することとなる[45]。張勉の李承晩に対する脅威はより直接的であった。国会による間接選挙を前提とする一九五一年の憲法改正以前の状況において張勉は、現職の国務総理でありながら、野党・民主国民党側の大統領候補者として立候補すべく水面下で画策し、それ

図５－２　1952年憲法改正以後の政府組織

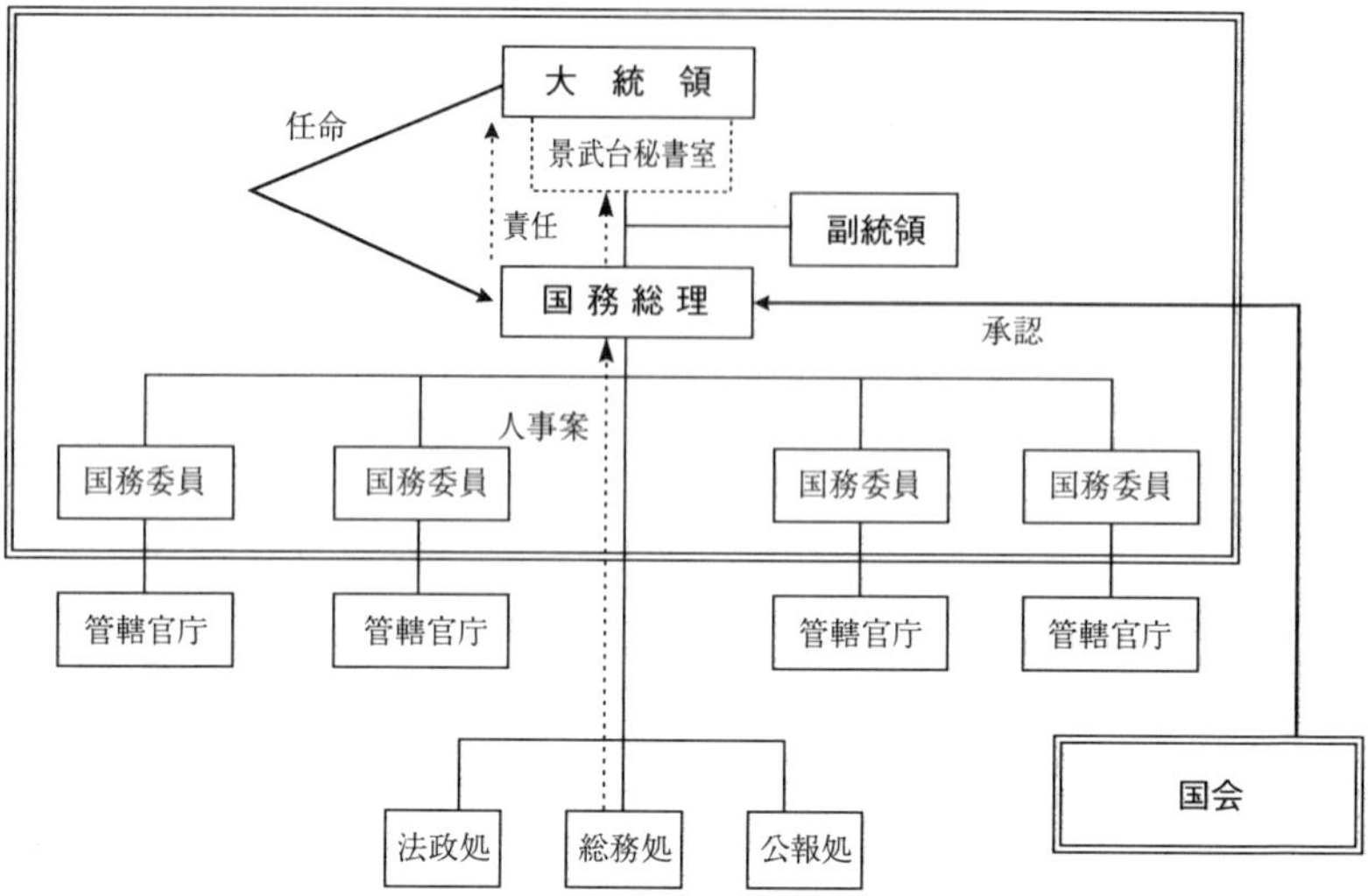

が発覚した結果、李承晩の逆鱗に触れ解任されることとなる。(46) その張勉解任の後に起用された張沢相は、国会における有力中間派の指導者として、大統領直接選挙制改憲への協力と引き換えに国務総理の地位に就任する。このような任命の経緯は張沢相をして一時的に、李承晩の統制から離れることを可能とした。(47) 明らかなことは、大統領と国会の間同様、大統領と国務総理との関係もまた、制度的にも実際的にも不安定な状態にあり、それが国政における李承晩の政治指導の著しい妨げとなっていたことであった。李承晩から見る限り、このような状態は是正される必要があり、事実、それはやがて自由党体制の下、大きく改変されることとなる。

それでは、自由党の誕生は、このような状況をどのように変えていったのであろうか。次にその点について、見てみることとしよう。

李起鵬の登場

自由党の結党。李承晩によるこの新党結成は様々な勢力の様々な動きをもたらした。李承晩による政治指導の多くがそうであったように、この新党結党への動きもまた李承晩によって組織的に且つ秩序を持って統制されたものではなかった。その結果、この結党への動きは早期に分裂した。結果、国会議員達によって結成された議員政党である院内自由党と、院外諸圧力団体をベースとして作られた院外自由党という二つの「自由党」が生み出されることとなる。二つの「自由党」の闘争は、やがて李承晩が院外自由党への支持を明確化することにより、院内自由党の敗北に終わることになる。敗れた院内自由党は「残留派」と「合同派」へと分裂し、「合同派」が院外自由党に吸収されることにより、巨大与党・自由党が最終的に誕生する。巨大与党の成立は、その副産物としての巨大野党をもたらした。「正統保守野党」民主国民党は、旧院内自由党「残留派」を含む無所属議員らとの合同により、統合野党・民主党を結党した。ここにその後長く続くこととなる、「政府党」と「正統保守野党」が対峙する二大政党制、より正確には韓国版「一ヵ二分の一政党制」の原型が作られることとなる(48)。

このような「政府党」としての自由党の結党は、李承晩と与党の側から見れば、彼らが組織化された強大な与党をもって国会における基盤を確保し、安定的に政策を遂行出来るようになったことを意味していた。国会において自らを支える勢力が常に安定多数を確保できるならば、もはや政府が時々の国会内における勢力配分や、そこにおける駆け引きに捉われる必要はない。しかしながら、真にこの条件が満たされるには、もう一つの条件が必要であった。即ち巨大与党の登場は、同時に政府を掌握する者と、与党を掌握する者が分離した場合には、巨大与党が政府の長である現職大統領の意図を離れて暴走し、甚だしくは与党の指導者をして現職大統領への最強の挑戦者へと浮上させる危険性があることを意味していた。「政府党」が真に「政府党」たるためには、政府の「政府党」への完全な統制が確立されねばならないのである。

このような意味において、自由党結党時点における李承晩と李範奭の角逐(49)は、自由党が「政府党」たるために不可避な出来事であったということができる。「族青派」という独自の基盤を有し、初代国務総理、さらには「釜山

ためには必然的に排除されなければならなかった。李承晩が李範奭の排除に用いたもの、それは即ち自己の「建国の父」としてのカリスマ性であった。一九五二年の副統領選挙において李承晩は、自党の公認候補であった李範奭を、自らが望む副統領候補ではないことを示唆することにより、大統領選挙における自らへの投票と抱き合わせで、李範奭と彼の組織が持つ集票能力を無力化し、彼を与党から排除することに成功する。重要なのは、この時点では、李承晩が、依然、圧倒的な国民的支持を有しており、彼の支援なくして「李承晩」その人への支持・不支持を直接的に問う正副統領選挙を与党が勝ち抜くことは事実上不可能であったということであろう。言い換えるなら、この時点での李承晩のカリスマ性の威力は、少なくとも「族青派」程度の組織の動員力とは、比べものにならないものであり、李承晩はこれを有効に用いることにより政敵を未然に葬り去ることに成功したのである。

しかしながらより重要なことは、自由党という組織を基盤として李承晩への挑戦者が現れる可能性は、李範奭以後においても論理的には存在したはずであるということであろう。問題は即ち李承晩がその後、どのようにして自由党という組織とそれを握る者を従順なものとさせたかである。ここにおいて重要なのは、李承晩が、自由党結党以前から国会に議席を持ち、自由党以前の与党系党派において中心的人物として行動してきた人々を自由党の指導層から排除していったということであろう。[50]言い換えるなら、自由党とは、その結党以前においては自力では国会に進出できなかった人々を中心として構成される政党であり、それゆえ彼らは必然的に、李承晩と自由党に自らの政治的生命を大きく依存していたのである。そのような彼らのあり方は、この時期自由党を離れた人々の多くが結果として、かつて自らが激しく対立した「正統保守野党」へと合流せざるを得なかったことに象徴的に現れていよう。[51]

無力な自由党幹部を通じた李承晩による自由党支配。そのような当時の自由党の性格を何よりも象徴的に示しているのは、自由党副総裁として実質的に自由党を取りまとめた李起鵬の存在であろう。日本統治期、民族運動家としても、また逆に対日協力者としても主要な役割を果たさなかった無名[52]の李起鵬[53]が、この時期政治的に台頭するに至ったきっかけは、帰国直後の李承晩の庶務秘書を務めたこと[54]であった。有能な実務家として、李承晩の信任を獲得した彼はその後、景武台秘書室長からソウル市長を経て、朝鮮戦争下、張勉国務総理解任以後の混乱状況の中、国防部長官へと抜擢される。当時の国防部長官は、野党が多数を占める困難な状況において、政府を代表して国民防衛軍事件、居昌事件といった巨大疑獄の処理に当たる難職であり、ここにおける野党交渉で政治手腕を発揮した李起鵬は、実務家としてのみならず政治家としても李承晩から高い評価を得ることとなる[55]。結果、李承晩は、李範奭と「族青派」が自由党から排除された後に行われた自由党の人事改編において、李起鵬を党内各部所の筆頭部長格であった総務部長に任命した。李起鵬はこうして自由党内における李承晩に次ぐ実力者としての地位を獲得した[56]。

重要なことは、自由党内における李承晩に次ぐ地位が、極めて特殊なものだったことである。それは自由放任的なリーダーである李承晩に代わって実質的に自由党を指導する役割を持たされていた。しかし、そのような重要な地位に抜擢された李起鵬はそれまで国会に議席さえ有さず、特定の選挙地盤も持たなかった。彼自身の政治基盤の欠如が典型的に現れたのは言うまでもなく選挙においてであった。一九五四年国会議員選挙において、警察組織その他を総動員してソウル・西大門区からどうにか当選を果たした[57]李起鵬は、一九五八年国会議員選挙において、首都ソウルにおける自由党への逆風の中、同じ選挙区からの再度の立候補を断念せざるを得ない窮地へと追い込まれる。彼は最終的には同じ自由党議員の選挙区を奪い取り、辛うじて当選を果たすことになるが、その行為は民主党からは冷笑をもって迎えられることとなる[58]。このような李起鵬自身の政治基盤の弱体と個人的声望の欠如がより鮮明に現れたのは、一九五六年正副統領選挙においてであった。この時自由党公認候補として副統領選挙に立候補した彼が、民主党候補・張勉に対して敗れたことは与党、そして政府に甚大な影響を与えることになる。重要なことは、自由党がその組織を総動員して臨んだこの選挙において、李承晩の同走者として立候補した彼の得票がその前後に行われた国会議員選挙における自由党候補者の得票の総和にも及ばなかったことであった[59]。それは李起鵬の個人的声望が、各選挙区における各議員のそれにさえ遠く及ばないことを意味していた。

いずれにせよここで強調すべきは、李起鵬もまた自らの政治的生命を全面的に自由党とその組織に依存する存在であったということであった。李承晩に心酔し、議員としても独自の政治的基盤を有さない彼は、自由党内における指導的地位を保つためにも、李承晩の支持を絶対的に必要とした。その彼が自由党を率いて李承晩に反旗を翻す可能性は事実上存在しなかった[60]。李承晩はこのような李起鵬に自らの信任を与え、李起鵬はそれを唯一の基盤として自由党内部における指導的地位を確立し、さらには「李承晩後」をも窺うこととなる。

それでは、そのように成立した「李起鵬体制」とは、如何なるものだったのであろうか。次にその点について見てみることとしよう。

4　「李起鵬体制」とその限界

「李起鵬体制」の政治構造

「西大門景武台[61]」。一九五〇年代末、齢八〇歳を超え、次第に実務から遠ざかる傾向にあった李承晩[62]に代わり、実質的な権力を揮ったのは李起鵬であった。先の言葉は、そのような状況下、西大門にあった彼の自宅が事実上の大統領官邸の役割を果たしていることを、当時の人々が揶揄したものである。しかしながら、それならば、この時期自由党中央委員会議長であり、国会議長ではありながらも、行政府に自らの席を有さぬ彼は、具体的にはどのようにして自らの権力を行使したのであろうか。また、そもそもこの時期の政治において、彼と彼に統括される自由党はどのような位置からその支配を行っていたのであろうか。

この点において重要なのは、自由党と行政府、なかんずく内閣との関係がどのようになっていたかであろう。先述のように、自由党結党以前の内閣は、その内部に潜在的な大統領との競争者である国務総理を抱えることにより、必ずしも李承晩に忠実なものとは言えない存在であった。この状況は自由党結党、さらには一九五四年国会議員選挙における自由党圧勝と、自由党内における李起鵬体制の確立により変化することとなる。ここで見落とされてならないのは、国務総理のあり方の変化であった。自由党の圧勝と党内の安定の結果、李承晩は国務総理任命に当たり、国会の動向を考慮する必要がなくなった。このことは彼をして、それまでの人物と比べてはるかに小さな政治的影響力しか有さぬ人物を国務総理へと任命させることとなる。張沢相に続いた、白斗鎮、卞栄泰二代の国務総理は、ともに議員経験をもたない、前国務委員からの昇格組であった。それ以前の国務総理と比較するなら、彼らの政治的指導力や政策決定過程における影響力ははるかに限定されたものでしかなかった。

同様のことは、国務総理以外の国務委員についても言うことができた。それまで主として国会議員、しかも比較的「大物」の議員の中から登用されてきた国務委員は、白斗鎮内閣以降、国会議員を排除して官僚から任命する方針が政府によって採用され、その面貌を一新することとなる(63)。見落とされてならないのは、この背景にもまた、自由党とその組織確立が存在することであった。国務委員からの国会議員排除は、国会議員にとって、政治的影響力行使における有力な手段の一つが失われることを意味しており、当然、一時は与党内部からの反発を買うこととなった(64)。しかしながら自由党は、このような与党議員の抵抗を、実力をもって抑え込み、それを限定的なものに留めることに成功する。そもそも自らの政治的生命の多くを党組織に依存するこの時点での

李起鵬（民議院議長当時）

（出典）成斗慶編『国会写真年鑑』（国会写真年鑑社【韓国】，1958年）5頁。

与党議員達には、本格的な党への抵抗を行うことは事実上、不可能だったのである。

国務総理とその他国務委員の官僚化は、結果として、そもそも政治制度における「盲腸」的存在であり、建国当初の憲法草案の残存部分とも言うことができる国務総理そのものの存在に疑念を投げかけさせることとなる。各々の国務委員を取りまとめる独自の指導力をも有さない国務総理は、大統領欠席時に国務会議の議長役を代行するだけの存在に過ぎず、それだけのために特定の大臣を置く必要はもはやなかった[65]。こうして、一九五五年、李承晩三選を可能としたいわゆる「四捨五入改憲[66]」による憲法改正[67]において、国務総理職は、それ自身国会での大きな議論を呼ぶこともないまま廃止されることとなる（図5－3）。

しかしながら、同時に重要であったのは、以上のような制度的改変が、その制度上当然予想される大統領による積極的な国務会議主導へとは繋がらなかったということであろう。国務会議の官僚化は、確かにその過程から国会議員を排除することにより、政治家と官庁、あるいは政治家と政治家との間の政策調整の必要性を減じる効果をもたらしはした。しかし、そのことが直ちに、政治家による政策調整が不必要となったことを意味するわけではなかった。なかんずく自由党が体現し追求する利益をどのように実現するかは重要であり、それは「政府党」である自由党が、自らの「選挙により成立する『権威主義的』体制」を維持する上でも必要不可欠なことであったろう[68]。このような観点からすれば、不活発で自由放任的な大統領李承晩に代わり内閣を統制すべき国務総理の廃止は、自由党にとっても負の影響をもたらす可能性のあるものであった。問題は、李起鵬体制下の自由党が、国務総理を介さず、また自らの所属議員達をも積極的に内閣に登用せずして、どのようにして内閣を統制したかであろう。

この点について、一九六〇年正副統領選挙における「不正選挙」事件を例に見てみることとしよう。この事件は、当該選挙において、政府が自由党とその候補者である、李承晩、李起鵬に有利なように積極的な介入を行ったものであり、それにより最終的に李承晩政権が倒れることになることは周知の事実であろう。しかしながら本章におい

図5－3　1955年憲法改正以後の「公式」な政府組織

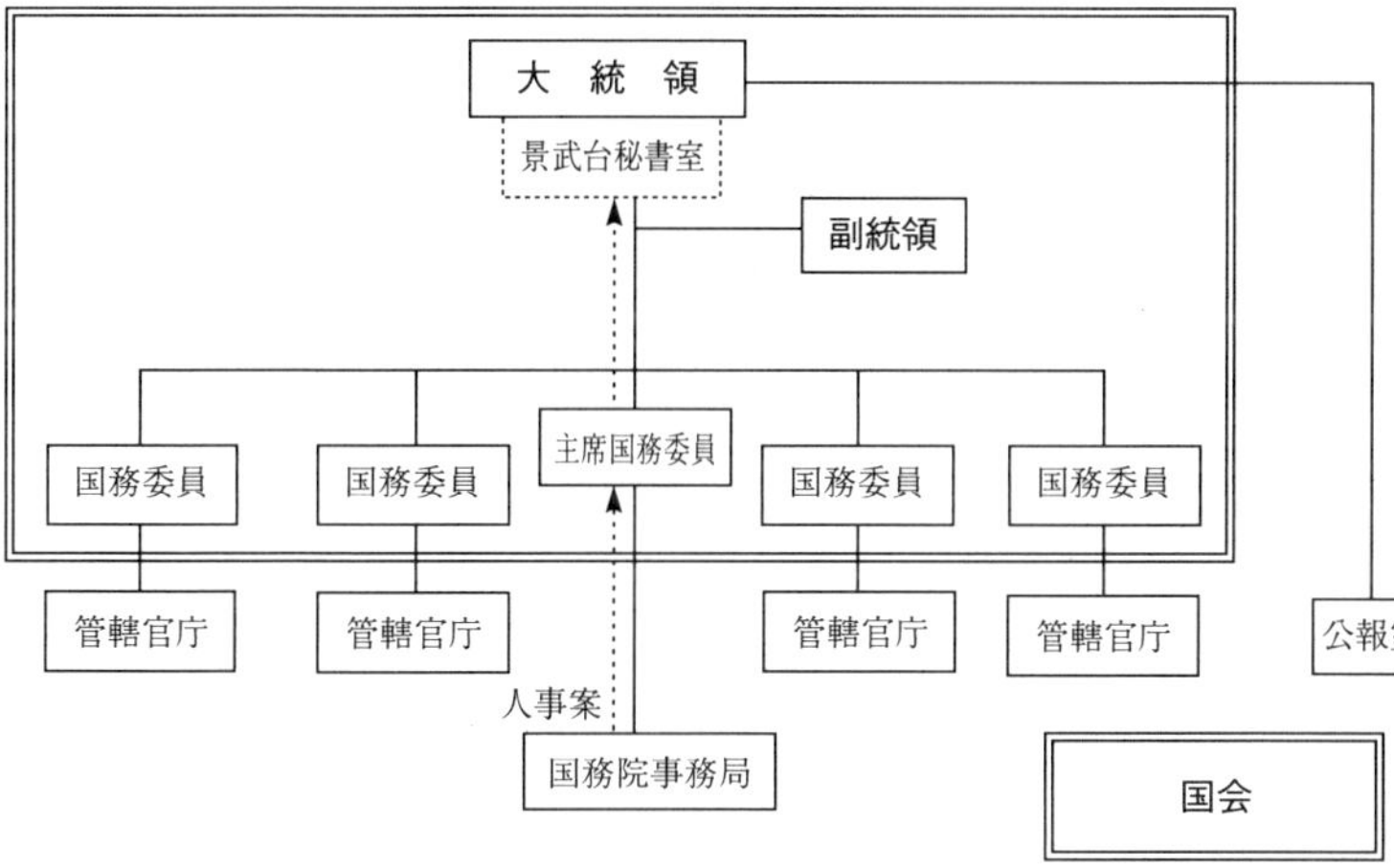

て重要なのは、このような自由党の利益を政府が体現するという政府・政府党一体となった行動において、自由党と政府がどのようにしてその「政策」の調整を行い、またそれが誰によりどのように指導されていたかである。

まず、この「政策」決定における政府側の状況から見てみることとしよう。「不正選挙」の実務的な統括者であった選挙時の内務部長官・崔仁圭によれば、当時の政府は以下のような形で実質的な「政策」決定を行っていた。即ち李承晩政権末期の内閣においては、本来の閣議は形骸化した状態にあり、その実質的な意志を決定していたのは、主要閣僚六名からなる非公式組織「重要政策委員会」であった。公式の意志決定機関が形骸化した状態にあったのは、地方も同様であり、その実質的な意志決定は、同じく非公式組織である「地方行政研究委員会」によって行われており、この委員会には内務部傘下の公務員のみならず、「その他各機関長」が網羅されていた。中央と地方の二つの非公式組織をつなぐ役割を果たすのは内務部長官であり、内務部長官はこの「地方行政研究委員会」を通じることにより、本来、自らの傘下にはない、教育委員会や税務官僚をも統括することが可能であった[69]。そのことは、閣内において筆頭大臣である外務部長官に次ぐ序列

図5－4　自由党政権末期の「非公式」な政府組織

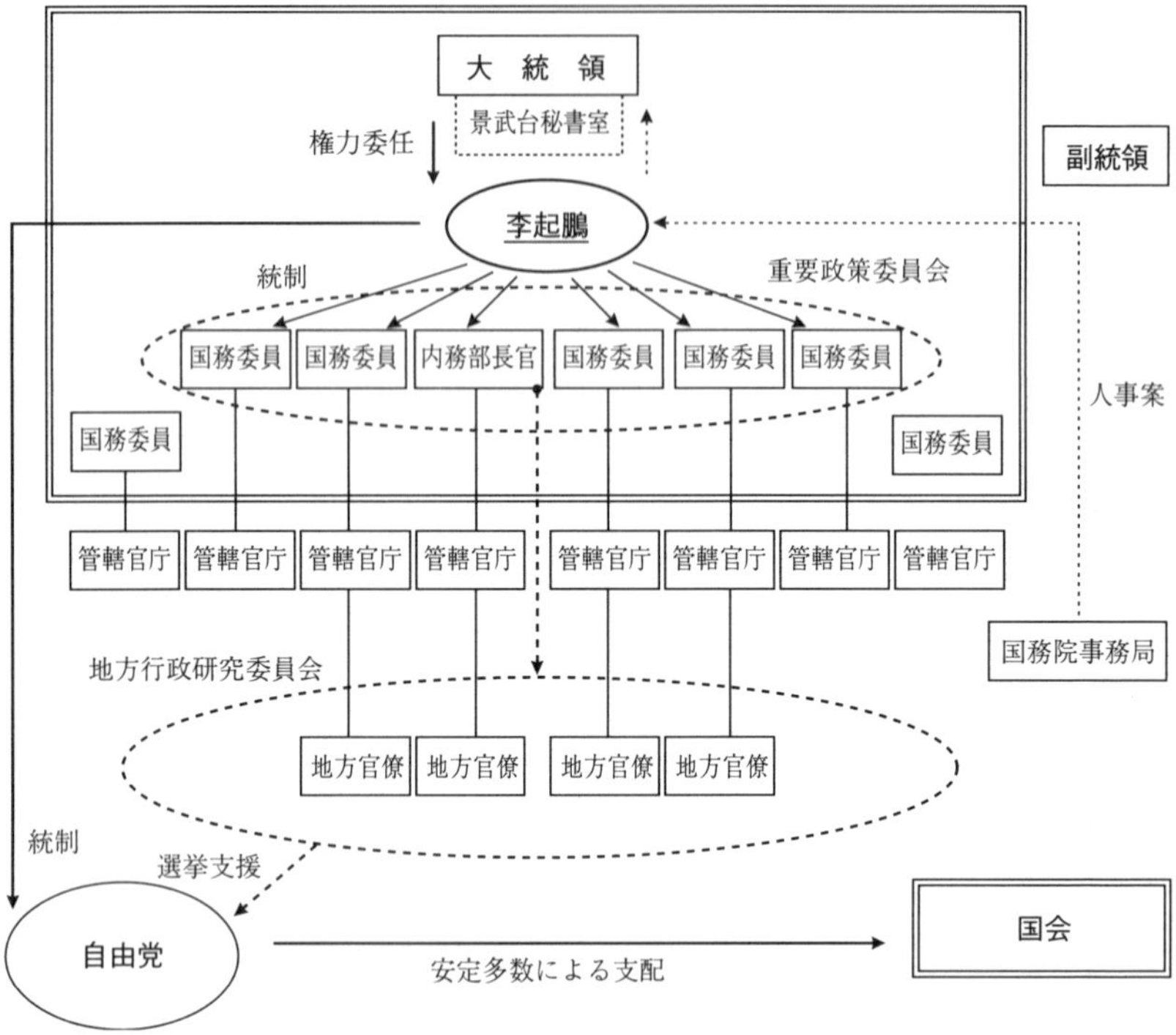

を占める内務部長官が、中央・地方を問わず内政事項に関して、単独で相当程度まで指導することが可能であったことを意味している[70]。内務部長官の指示通りに地方組織や公務員が動かない場合には「重要政策委員会」を通じて他の国務委員の助けを借りることもあった。

重要なことは、当時の行政が上記のような非公式組織をもって統制されていたことであった。問題はこのような「政策」決定過程において、自由党がどのような役割を果たしたかであろう。第一に考えられるのは、これらの非公式組織が自由党の公的機関の実質的支配下にあるということである。しかし結論から言うなら、そのような経路は存在していなかった。「不正選挙」において自由党の側でこれを統括すべき組織は企画委員会であったが、「不正選挙」に当たって内務部長官や内務部幹部がこれと協議を行った形跡はない。当時、党中央委員会副議長と選挙対策委員会委員長、更には企画委員会議長を兼務していた韓熙錫は、この決定過程から明らかに排除されており、同様のことは、党内における李起鵬に次ぐ実力者であり、国会副議長の地位にあった李在鶴の証言によっても知ることができる。彼によれば、この「不正選挙」に向けての方針を企画委員会にて彼が知った段階においては、それは既に既定の方針となっており、「警察は到底（その変更を）受けつけない」[71]状態にあった。「企画委員会と国務委員達との協議はなかった」のである[72]。

二つ目の可能性は、自由党所属国会議員でもあった担当大臣がこれを独断で決定した可能性である。「不正選挙」当時は、外務部長官が空席の状態にあり、首席国務委員の地位にあったのは内務部長官・崔仁圭であった[73]。加えてそもそも選挙に関する事項は公的にも内務部の管轄下にあり、併せて警察をも統括する位置にあった内務部長官の地位は、この問題に関して絶大なものがあった。崔仁圭は、実際この「不正選挙」において、その手法等の計画を「自らが立てた」と供述しており、それが内務部長官自身の政治指導の産物であることは否定できない。崔仁圭はこのような自らの行動の理由として、「李承晩博士への尊敬」を挙げる。興味深いのは、このような李承晩への「忠誠」に由来する崔仁圭の一連の行動が、少なくとも李承晩自身の直接的な指示によるものではないということである。言い換えるなら、崔仁圭は自らの意思により、自らが李承晩を支えるに最も必要であると考える方案を自ら発案し、それを実現に移したのである。彼にとって国家に忠誠を誓うことは、李承晩に忠誠に誓うことと同義であった。何故なら、それは「万一李博士が落選したならば、［韓国の］前途は暗澹たるものとなる」[74]からである。

もっとも、当時の複雑な「不正選挙」への過程が、内務部長官であった崔仁圭唯一人によって導かれたというのは過酷に過ぎよう。現実には、多くの「不正選挙」の細部における方法と方針は、彼の部下達が案出したものであり、崔仁圭はこれに承認を与えたというのが実際であろう[75]。しかしながら、ここで真に重要なのは、そもそも「不正選挙」に訴えてまで選挙に勝利しようとする崔仁圭ら内務官僚の「過剰忠誠」を止め得る人物が、自由党にいなかったわけではなかったということであろう。そもそもこの選挙のわずか二年前、一九五八年の国会議員選挙にてようやく初当選を果たしたに過ぎない「一年生議員」であった崔仁圭の自由党内部における地位は決して大きなものではなく、首席国務委員として政府、そして自由党内部の諸勢力を調整できる能力を彼はそもそも有してはいなかった。[76] 実際、彼は「不正選挙」に当たり、自由党と「相議」を行ったことはなかったが、ここからの「協助」を受けたことは認めている。[77] 例えば、この点について韓煕錫は、選挙資金に関する計画は「李起鵬と（総務委員長である）朴容益の二名により決定され、自らは支払いを行っただけだった」と述べている。[78] また、公務員を動員して選挙活動を行うことは、李起鵬の自宅において行われた党務委員全体の集まりで決められたという。[79]

中心にいるのは李起鵬であった（図5－4）。崔仁圭の回顧録の各所からも明らかなように、そもそも当時の政府人事においてこれを取りまとめる「推薦」を行っていたのも李起鵬であった。崔仁圭の場合、彼の三回の公職への任命は、いずれも李起鵬からの突然の呼び出しと、彼による新たなる職務の通告、次いで景武台での李承晩の面会の後、直ちに正式な任命式が行われるという経過を経ている。[80] 見落とされてはならないのは、場合によっては、任命者である李承晩自身がその人物が誰にどのような理由により推薦されたのかを知らない場合さえあったということである。そのことは、李起鵬が総務処あるいは国務院事務局が人事を取りまとめる段階において、その人事案に「推薦者」として介入し、事実上これを操作する形で行政府内に影響力を行使していたことを意味している。「推薦者」としての李起鵬の地位は、自由党内においても同様であった。例えば一九五八年国会議員選挙後における自由党所属議員総会において李起鵬は、国会副議長と国会内各種委員会委員長職への党候補者を指名する全面的な権限を与えられている。[81] 重要なことは、このような李起鵬の権限が、自由党中央委員会議長あるいは、国会議長としての制度的な権限をはるかに越えたものであったということであろう。このような李起鵬の権力を支えたのが李承晩の絶対的信任であったことは、既に述べた通りである。当時の李起鵬と李承晩との関係は、李起鵬の夫人であった朴マリアもまた李承晩夫人・フランチェスカとの独自の信頼関係[82]を築きあげるなど、政治的あるいは個人的範囲をはるかに越え、家族ぐるみでの関係にまで至っていた。そしてそれは、一九五八年には李起鵬の長男・李康石が子女を有さなかった李承晩の養子として選ばれることにより、明確な形を取ることになる。彼らはもはや、一つの家族にさえなりつつあったのである。[83]

本節において重要なことは、李起鵬が李承晩の絶対的支持を基盤として、制度的裏づけを有さぬまま政府と自由党を統括し、両者を調整する役割を果たしていたということであろう。興味深いのは、それが制度的な裏づけを有さない、なかんずく国会による手続を経ないものであったことが、結果として李起鵬の権力行使に対し、野党や党内反主流派が抵抗することを困難なものとさせたということであろう。政府と自由党——その双方を支配し調整することが可能なのは、本来李承晩だけのはずであった。しかしながら、高齢の李承晩がこれを実際に行うことは当時の状況においては既に困難であり、また李承晩が直接にそれに乗り出して失敗すれば、李承晩の権威は重大な損傷をこうむることとなろう。自由党体制を支える者達にとって、李承晩の権威失墜が自らの政治活動へと甚大な影響を与えることは明らかであり、それは進んで大韓民国そのものの存亡をも脅かしかねないものと認識されていた。[84]李承晩の権威を温存するためには、現実の政治を李承晩からできるだけ遠ざけねばならず、それにはその権限を代行するものが必要となる。しかし問題は、もし李承晩以外の何者かが制度的な権限をもってこれを行使する事態となれば、事態は全く異なる破局を迎える可能性があるということであった。破局のシナリオの一つ目は、公的権限を与えられた何者かが李承晩へ反旗を翻す可能性であり、その危険性は、李範奭、張勉、張沢相の例によって明らかであった。二つ目のシナリオは権限を与えられた者が政治的に弱体に過ぎて政治全体が麻痺し、その機能を果たし得ない可能性であった。朝鮮戦争期に国務総理署理を務めた申性模[85]はその好例であったろう。

結局、李承晩と自由党にとって必要であったのは次の三つの条件が満たされた体制であった。第一は、李承晩自身が直接政治に手を煩わさず、これに代わる何らかの代行者が実質的に政治を動かしていることであり、第二は、その代行者が李承晩へと挑戦するほどの強大な存在になることがないことが保証されていることである。第三は、にもかかわらず、代行者が安定して政権の側の利益になるような政策を遂行できる体制であり、既に明白なようにその全てを満たすのが、李起鵬を頂点とした非公式組織により、自由党と国会、そして内閣の全てが統制される、当時の体制であった。制度的な権限を有する国務総理を廃止する一方で、制度的権限を持たない李起鵬に、自由党という「政府党」組織と政府を統括させる。李起鵬体制は、まさにそれまで李承晩が直面してきた難問への回答に他ならなかった[86]。

しかし、この体制はそれが最も完成に近づいた時、脆くも崩壊することとなる。次に、この体制の限界について見てみることとしよう。

「不正選挙」への道

一九五六年の正副統領選挙における副統領候補としての李起鵬の落選は、李承晩と自由党にとって衝撃であった[87]。自由党結党以後、「政府党」としての組織力と、公薦制度を用いた「李承晩の候補者」としての看板を活用して、順調な勝利を積み重ねてきた自由党にとって、李承晩の後継者の地位を争うことのできる副統領選挙において、その二つの要素、なかんずく「李承晩の候補者」としての看板が十分に機能しなかったことは、党の存亡にかかわるものと認識され、その影響は深刻なものがあった。

問題を深刻にしたのは副統領候補者としての李起鵬の選挙での極端なまでの弱さであった。同じ年の民主党の大統領候補者であった申翼熙と比べて、はるかに国民的人気の乏しい張勉にさえ彼が敗れたことは、李起鵬が李承晩後の自由党における事実上唯一の大統領候補者としての地位を固めていたがゆえにこそ、自由党の将来に大きな影を投げかけることとなる。四年後、一九六〇年の選挙では、八〇歳を越える年齢に差し掛かる李承晩の後継問題が最重要争点として浮上することは明らかであり、彼らがその選挙を李起鵬という弱体な候補者を押し立てて戦わねばならないことのディレンマは深刻であった。

李承晩のカリスマ性と「政府党」としての組織力。李承晩のカリスマ性が低減著しい状況にあって、自由党が用いた手段は、自らのもう一つの武器である組織力の強化であった(88)。既に述べたような、自由党組織の地方における浸透が極限的にまで強化されるのは、実はこの一九五六年副統領選挙における李起鵬落選以降のことである(89)。既に詳しく述べたように、この時期の自由党組織は、政府機関や主要団体はもちろん、在地社会有力者から一般の農民に至るまでを巻き込む形で、社会の奥深く浸透していくこととなったのである。

しかしながら、このような組織強化のみによる得票増加には限界があり、その限界は一九五八年国会議員選挙において明らかとなる。この選挙で明確となった「与村野都」現象、そしてそこにおける民主党の都市部における圧勝は、自由党をさらなる窮地に陥らせることとなる。その原因は恐らく次のようなものであった。表5-6に明らかなように、この時期における自由党組織の急速な拡大は、それが李承晩のカリスマ件の減退と平行したこととあいまって、結果として党の活動に大きな熱意を有さぬ人々を党内に大量に抱えこむこととなった。彼らの多くがその活動に従事した理由は、単純にそれが「自らの利益になるから」であり、それは即ち自由党が現在のところ与党であり、それゆえそこからの「利益」が期待されるからに過ぎなかった(90)。しかしながら、一九五六年副統領選挙における李起鵬の張勉に対する敗北は、少なくとも「李承晩以後」においては、自由党が続いて与党たり得るか否かが不透明であることを示しており、そのことは彼ら新たなる自由党党員達に、自由党を支持し続けることが果たして自らの「利益」となり得るかについて疑念を抱かせたに違いない。

一九五八年選挙における自由党の都市部での惨敗には、もう一つの理由があった。一九五六年、正副統領選挙の

表5－6　選挙運動員になった理由

	実　数	%
故郷のため	3	9.4
自分のため	16	50.0
国のため	4	12.5
断りきれなかったため	1	3.1
一家のため	1	3.1
その他	6	18.8
わからない	1	3.1
無回答		
合　計	32	100

註：李万甲『韓国 農村社会의 構造와 変化』（서울大学校出版部【韓国】，1973年）142頁。

後に行われた地方議会と地方自治体首長の選挙において自由党は、副統領選挙敗北の沈滞した状態のままこの選挙を戦い、郡部における圧倒的な勝利とは対照的に、未だ自党組織が不十分な状態にあった都市部において民主党に惨敗を喫することとなる(91)。自由党は市議会の多くにおいて過半数を制することができず、ソウルにおいてはわずか一議席を確保するのがやっとであった。即ち一九五八年の段階における自由党は既に都市部においては、「政府党」たる長所を活かして「選挙」を自らの有利に展開できるとは到底言うことのできない状態にあったのである。そもそも人口の流動性が高く、高学歴者(92)の多い都市部において、自由党が在地社会有力者と行政をはじめとする諸組織を中心にする組織により、人々を自らへの投票へと駆り立てることは、はじめから困難であったというべきであろう。

李承晩のカリスマ性の限界と組織による得票獲得の限界。ここから自由党が打った手立ては次の二つであった。

一つは、地方レベルにおける「選挙」そのものの縮小である。一九五二年以降、自らの「選挙」における有利を前提として、自らに有利なように操作しつつも基本的には地方議会から地方自治体首長のそれへと「選挙」の拡大を推し進めてきた自由党は、一九五九年の第四次地方自治法改正において、これまでとは逆に「選挙」の範囲を縮小する方向へと転じることとなる。即ち一九五六年の第二次地方自治法改正により導入された基礎自治体首長の住民による選挙制は、一九五六年の法改正により再び任命制へと戻された。自由党にとってのその意味は明確であった。自由党が「選挙」において優勢の頃、自由党はその「公薦制」を利用して、地方における議員や首長、さらにはこれへの潜在的な候補者を自らの下に統制することが可能であった。一九五六年の地方選挙が当初の予定を変更して正副統領選挙後に設定された理由は、まさにこのことを利用して地方有力者を正副統領選挙に協力させることにあった[93]。しかしながら、一九五六年地方選挙において白日の下に晒された都市部における自由党組織の限界は、むしろ「選挙」による公職の獲得を目的とするがゆえに、地方有力者をして「自らの利益」のため、自由党から離反させる可能性を現実のものとすることとなる。人々を統制できない状態において「選挙」を実施することは、一般の有権者のみならずその支持に依存する地方有力者達をも離反させる可能性が存在した。こうして、「選挙」での不利を認識した自由党は、「選挙」自体の範囲を縮小させていくこととなる。

「選挙」における自らの弱さの認識。それがより直接的に現れたのは、ここにおける二つ目の方策としての一連の「不正選挙」工作であった。重要なことは、この「不正選挙」工作の大前提として、当時の自由党において、一九六〇年正副統領選挙への勝利、なかんずくそこにおける李起鵬の副統領当選が、通常の方法においては極めて困難であるとする認識が存在していたことであろう。ディレンマは李承晩政権がその正統性の最大の基盤を「建国の父である李承晩に対する国民の絶対的な支持」においており、それゆえ正副統領の選出において「選挙」の形式を回避することができなかったということであろう。

その点を典型的に示したのが、やはり一九五六年正副統領選挙後の自由党一部からの「改憲論」を巡っての自由党内の動向であった。

表5－7　選挙時において誰の意見を最もよく参考にするか

	無学者	書　堂	有学歴	その他	実　数	%
村落有力者	20.5	9.5	11.9		56	16.7
一家の有力者	2.1		2.5		7	2.1
選挙運動員	4.6	9.5	2.5		14	4.2
所　聞	19.0	19.1	13.6		57	17.0
選挙演説	13.3	19.1	20.3		54	16.0
新　聞		19.1	20.3		28	8.3
その他	33.3	23.7	27.1	100	104	30.9
わからない	4.1		0.9		9	2.7
無回答	3.1		0.9		7	2.1
実　数	195	21	118	2	336	
%	58.0	6.3	35.1	0.6		100.0

註：李万甲『韓国 農村社会의 構造와 変化』（서울大学校出版部【韓国】，1973年）143頁。

張勉の副統領当選は、高齢の李承晩の死亡時には、野党・民主党所属の大統領が出現することを意味しており、自由党はこれに強い危機感を持つこととなる。この結果、自由党の一部では非常時におけるこのような可能性を排除するために、次のような制度改革が議論されることとなる。即ち副統領からの「大統領継承権」剥奪と、議院内閣制の導入である。言うまでもなく、この時点において自由党は国会の絶対多数を制しており、確かに、副統領から大統領継承権を奪うとともに、行政権を国会の側に引きつけておきさえすれば、政権が自由党の手から零れ落ちることはなかったであろう。しかしながら、李承晩と李起鵬はこのような一部議員の動きに明白な反対の意を示し、これを積極的に押さえ込むこととなる。(94) 理由は簡単であった。李承晩、そして李承晩の後継者が選挙に負けることはあってはならないのであり、それゆえそのような事態を考える必要はないのである。そもそも李承晩にとって、自らの行動に枠を嵌めるような議院内閣制など「自分の生のある限り、絶対に反対しなければならない(95)」ものであった。

自由党はこうして勝利の見込みのないまま、勝利の獲得が絶対義務として科せられた一九六〇年正副統領選挙へと突入することとなる。見込みのない勝利の確実な獲得。こうして自由党はその最後のカードである組織的、そして全国的な「不正選挙」へと雪崩れ込むこととなる。四月革命はもはや間近であった。

それでは、我々はこのような過程をどのように理解すれば良いのであろうか。最後にその点について述べることにより、本章の筆を置くこととしよう。

5　組織力の限界

ここまで述べてきたことをまとめてみよう。

一九五〇年代における自由党支配。それは行政組織と一体化した典型的な「政府党」の支配であった。与党は、自らが行政府を握ることの長所を最大限に生かし、在地社会を支配し、やがて農村を中心とした地域に強固な基盤を作りあげるに至る。李承晩政権はそれを基礎として国会の多数を制し、やがて国会、さらには行政府をも骨抜きにしていくこととなる。結果として成立したのは、李起鵬を頂点とした「政府党」と行政府が一体化した非公式な組織による支配であり、ここにその体制は完成することとなる。

以上のような自由党支配の形成過程、それは即ち李承晩を頂点とする勢力が、自らの支配にとって障害となった様々な要素、なかんずく大韓民国独立当初の憲法に予定されていた様々な大統領権力の拡大への阻害要因を形骸化させ、「政府党」と行政府の密着した非公式組織へと置き換えていく過程であった。一九五二年、いわゆる「抜粋改憲」により大統領選出の権限を国会から奪った李承晩は、一九五五年の憲法改正により自らの「終身執政」を可能とすると同時に行政府内における最大の障害であった国務総理を大韓民国の制度から消滅させる。残った国務会議もまた国務委員の中から非公式に選任される「重要政策委員会」にその立場を譲ることにより事実上解体し、ばらばらになった行政府は事実上、大統領に直結することとなる。その制度は在地社会奥深くまで浸透した自由党組織と、それを公然と支援する行政府の連携に支えられた。それは確かに李承晩による「独裁」であり、彼はそれを――もし彼が自身望みさえすれば――自らの意図により自由に操ることが出来た。

しかし、この一見完璧にも見えるシステムは、実はその完成の以前から着実に破綻へと歩みだしていた。重要であったのは、システムの完成期が李承晩その人の実際的な指導力が失われていく時期に相当したということであった。原因は恐らく二つ存在した。一つ目は李承晩自身の高齢化である。一八七五年生まれの李承晩はこの時期既に八〇歳を越える高齢に差し掛かりつつあり、その活動は顕著に低下する傾向にあった。李承晩は最早、この自らの「独裁」のために作られた制度を使いこなすことのできる状態にはなかったのである。二つ目は、独立から一〇年近くを経た韓国が、かつての解放の興奮を離れ、ありのままの現実へと向かいあうようになっていたということである。この意味において、一九六〇年の四月革命に至るまで各地で展開された反李承晩運動を主導したのが、解放時には国民学校に入学しているかいないかの「解放後世代」であったことは示唆的であろう。自らが望まぬ日本支配の下で人生の相当部分を過ごさざるを得なかった世代にとって、自らが貫徹できなかった独立運動を、その成果はともかくとしても日本統治期を通じて貫徹した李承晩の権威は絶大なものがあった。彼らにとって李承晩は、輝かしい大韓民国臨時政府初代大統領であり、「韓国のワシントン」[96]であった。しかし、「解放後世代」はこのような李承晩像を共有しなかった。彼らにとっての李承晩は、彼らの自由を抑圧する一老人に過ぎず、その統治の成果が決して望ましいとは言えないことは明らかであった。社会の上層部に立つ未来のエリートとしてこれから社会に出ようとする彼らにとって、李承晩とその体制は、彼らの将来を妨げる無用の障害物に過ぎず、彼らはその打倒に立ち上がることとなる[97]。

重要なことは、自由党が本来、李承晩のカリスマ性を最大の資産として成立した政党だったということであった。一九五二年における正副統領選挙と地方選挙、そして一九五四年の国会議員選挙。自由党はまさに自らが「李承晩の政党」であることを前面に出してそれを戦い圧勝し、その安定的支配を獲得した。しかし、一九五六年正副統領選挙における民主党候補・申翼熙の善戦と李起鵬の副統領落選は、わずか数年の間に李承晩のカリスマ性が急速に弛緩しつつあることを意味していた。朝鮮戦争が終わり、極端な危機状況を脱した韓国人は、この時期ようやく、自らの生活とそれを取り巻く政治状況を振り返る余裕を持つことができるようになったのである。申翼熙がそのキャンペーンで用いた「暮らせないから変えてみよう」というスローガンと、その演説会に集まった数十万の群集の存在はこのことを如実に示していた。

自由党にとっての最大の問題は、「李承晩なき自由党」が如何にして「政府党」としての地位を維持し、また維持するためのシステムを構築するかということであった。彼らにとって結果的に不幸であったのは、自由党がその形成過程において、李承晩の意のままにならない有力者を排除して成立した結果、李承晩自身を除き、その指導部に国民的声望を有する人物を有さなかったことにあった。李起鵬はまさにその典型であった。一九五四年国会議員選挙においては公の演説会を避けて「潜伏」し、一九五八年国会議員選挙においては自党議員の地盤を奪いとり無投票当選を果たすことを選択した彼は、副統領候補者としても目立った活動を行うことさえできなかった。しかしながら自由党にとっての真の問題は、このような李起鵬に代わる候補者さえ彼らが有することができなかったということであった。そして一九六〇年、自由党はこの李起鵬を副統領に当選させるべく広範な「不正選挙」を行い、その反発の中に自らの統治を終えることとなる。

自由党による「政府党」支配。それは結局、李承晩という、解放後韓国政治史における突出したカリスマが、公式の制度をも捻じ曲げてその支配を拡大させていった結果であった。そして、それは必然的に、李承晩のカリスマ性の消滅とともに時代的使命を終えることとなる。自由党支配の消滅は、その副産物として李承晩その人の韓国政治からの退出をもたらし、韓国政治は新たなる段階に入ることになる。この点については今後論じていくこととして、ひとまずここで本章の筆をおきたいと思う。

終章　李承晩以後
──四・一九から五・一六へ──

「盗人のようにやって来た[1]」解放の結果としての一部亡命政治家への支配の正統性の集中と、米軍政府支配下におけるその政治的淘汰。李承晩はその過程を生き残ることにより、「建国の父」としてのカリスマ性を朝鮮半島南半において独占し、大韓民国という新たなる主権国家において超越的存在として君臨した。やがて超越的カリスマの周囲には自由党という「政府党」が組織され、このカリスマと「政府党」が組み合わさることにより、韓国最初の「権威主義的」体制が成立する。しかし、過去に由来するカリスマ性はやがては磨耗し、さらには物理的に消滅することを運命づけられている。李承晩のカリスマ性が消滅した時、それは韓国最初の「権威主義的」体制が終焉を迎えるべき時であったのである。

しかしながら、多くの第二次世界大戦後の新興独立国同様、韓国においても「建国の父」の政治的退場は、彼自身の政権の終焉をもたらしこそすれ、「権威主義的」体制からの最終的解放を意味するものではなかった。それでは、李承晩の政治的退場は、韓国に何を残したのであろうか。最後にその点について触れ、本書の最終章とすることとしよう。

1 四月革命後の李承晩

［李承晩が］彼が大統領職を離れて下野した直後の四月二八日、即ち［大統領官邸である］景武台から［私邸である］梨花荘に移ったその日、意識水準の低い市民から夫妻は殴り殺されるどころか安易な同情を受けることとなった。その後、過渡政府は彼らを刑事犯として立件するどころか、彼らの生命と財産の安全を守ることに力を注いでいる。これらはいずれも四月革命の無計画性と不徹底性に起因しているのだ。(2)

一九六〇年四月一八日。前月一五日に行われた正副統領選挙における「不正」を巡って、慶尚南道馬山にて開始された反政府運動は、遂にこの日首都ソウルへと飛び火、これに対して物理的暴力でもって鎮圧を図った李承晩政権の行動は、翌一九日、大統領官邸である通称「景武台」前における流血事件へと発展した。(3) 流血の惨事は、それがさらなる人々の政府への抗議活動を呼び起こすことになり、遂には李承晩――一二年もの間にこの国に君臨してきた「建国の父」――を政権から引きずり降ろすこととなる。大韓民国最初の「権威主義的」体制は、こうして幕を下ろすこととなる。

一九六〇年四月二六日、大統領職を辞職した李承晩とその妻フランチェスカは大統領官邸を離れて、さほど遠くない自らの私邸「梨花荘」へと移ることとなる。(4) この時のソウル市民の対応は、今日の我々の目から見れば意外にも映るものであった。即ち彼らは「梨花荘」に移った李承晩を、同情と歓呼の声で迎えたのである。(5) 李承晩は確かにその政権を追われた。しかし、そのことは、彼が自らの「建国の父」としての威信さえ完全に失ったことを意味しはしなかったのである。ソウル市民は、大統領職から去った彼を、むしろ暖かい拍手をもって迎え、文字通り彼の心身と財産の安全を気遣った。[6]

国民の憤怒を巻き起こした「不正選挙」とそれに抗議するデモへの警察の発砲。人々は、わずか数日前まで彼の退陣を要求し、その退陣に歓呼の声をもって応えたはずであった。自らが追い落とした人物に対する同情と気遣い。状況は明らかに単純なものではなかった。

このような李承晩に対する「特別な」扱いは、例えば李承晩政権末期における李承晩に次ぐ実力者として、李承晩政権を実務的に支えた李起鵬に対する人々の扱いと比べれば明らかであろう。ソウル東部にある「梨花荘」から市中心部を挟んで西側、西大門にあった李起鵬の自宅はデモ隊の主たる標的の一つとなり、結果、彼の自宅は侵入され家財道具もろとも破壊されることとなる。行き場を失った彼は大統領官邸の一室に逃げ込み、やがて世論の強い反発の中、妻と二人の子供とともに一家心中することを余儀なくされる。李起鵬とその家族の凄惨な最後は、この時の政変、即ち「四月革命」を象徴する出来事であり、ここに李承晩を筆頭にし、李起鵬を要として成立した自由党体制は正式にその終焉を告げることとなる。比喩的な表現が許されるなら、四月革命は李承晩ではなく李起鵬を生贄にすることにより、その祭典を終えたのである。

「四月革命」後「梨花荘」より
市民の歓迎に応える李承晩

（出典）『大韓民国建国大統領　李承晩』（梨花荘【韓国】，1996年）36頁。

言うまでもなく背景にあったのは、当時の韓国人が有する李承晩に対する「特別な」意識であった。[7] 李承晩は彼らにとって、李起鵬や崔仁圭、張暻根らとは明らかに異なる、「特別な」意味を有する存在であった。しかし、それならば彼らにとり李承晩とは何者であり、それが失われることは韓国にとってどのような意味を有したのであろうか。そして、それはその後の韓国の歴史にどのような影響を与えたのであろうか。

本章はこのような観点から、いわゆる「四月革命」以後における韓国の状況を、「建国の父」であり、それゆえ「特別な」存在としての李承晩の喪失を手がかりに描いてゆこうとするものである。従って、本章において分析の対象となるのは、現実の李承晩がどのような存在であったかよりも、むしろ当時の韓国人が李承晩をどのような存在として捉えており、その喪失が如何なる意味を有したか、また「四月革命」以後、韓国人がその新たなる現実にどのように対処していったかである。資料としては、当時において書かれた様々な回顧録や世論調査、新聞資料等を中心に用いることとする。

以上で、準備は整った。早速、本文へと入っていくこととしよう。

2 「革命」と世論

世論調査から見た李承晩

今、わが国の大衆は李承晩の退陣という事実のみに興奮し、この先どのように行動していくのかよく考えていないように思える。しかしもし我々国民大衆がこのような初歩的な勝利に陶酔し、市民民主革命の様々な要求の実現のために努力しないならば、我々は再び幻滅の他ない社会環境の中で生きて行かねばならなくなるであろう。(8)

冒頭で掲げた『思想界』――当時の韓国において「進歩的」な世論を代表した総合雑誌――の苛立ちに満ちた論調にも明らかなように、当時の韓国には、「四月革命」を主導した学生を中心とする都市知識人層とは異なる理解と異なる認識を持って状況に対処する人々が存在した。少なくとも「革命」の観点からするならば、政治的に失脚したかつての権力者を「歓迎」する行動は、控えめに言っても望ましいものではなかった。注意されるべきはこの「革命」それ自身は人々の圧倒的な支持を受けていたことである。我々はこのような一見矛盾した人々の行動の背後に、権力を失ってもそれ自身失われることのない、人々の李承晩個人に対する一定の、かつ強固な感情を見ることができよう。

李承晩という個人に対する国民の「特別な」感情については、より明確な形で確認することができる。世論調査のデータ(9)がそれである。ここでこの世論調査そのものについての説明が必要であろう。「四月革命」の結果、李承晩を中心とする第一共和国は倒れ、七月二九日に行われた総選挙を経て第二共和国が成立する。成立した新たなる政権は、自らの政権運営のための資料入手の必要から、同年一一月、全国有権者から無作為抽出した三〇〇〇人に対する世論調査を実施する。この世論調査とその結果は、「四月革命」から、朴正煕らによる五・一六軍事クーデタに至るまでの激動期の韓国社会を垣間見る上で、それが最も政治的に中立的な時期に信頼できる公的機関によって実施されたものとして極めて貴重なものである。なかんずく本章において重要なことは、この調査が、「四月革命」により成立した第二共和国の政権による、自らを生み出した「四月革命」とその背景に存在した第一共和国末期における政治的事象についての、国民の認識を調査したものであることであろう。当然のことながら、もしそこに「革命」の方向性と一致しない結果が表れているならば、その信頼性は極めて高いと言わなければならない。そこで以下、この世論調査から幾つかの政治的に重要であると思われる項目を取り上げ、李承晩と彼を巡る様々な事象に対する当時の韓国人の認識を確認していくこととしよう。

まず、表終-1は、「四月革命」の直接の契機となった、三・一五不正選挙、即ち一九六〇年三月一五日に実施された正副統領選挙における、自由党の一連の「不正」に関わった者達の処罰について尋ねたものである。注目す

表終-1　三・一五不正選挙犯に対する処罰について（学歴別）　(単位：%)

	全体比率	厳罰に	寛大な処罰を	罰する必要なし	わからない	無回答
無学	32.3	19.5	13.6	8.9	57.5	0.5
ハングル解得	27.2	33.8	27.6	11.0	27.4	0.2
国民学校	25.6	37.7	35.1	11.6	15.0	0.6
中学校	7.7	53.3	33.2	5.4	7.6	0.5
高等学校	4.5	52.4	38.3	8.4	0.9	
それ以上	2.6	59.7	35.5	1.6	3.2	
未詳	0.1			50.0	50.0	
全体	100.0	33.1	26.1	9.7	30.7	0.4

註：国務院事務処編『第一回国民世論調査結果報告書』（国務院事務処【韓国】，1960年）より作成。

べきは、今日の一般的な印象、さらには今日残された四月革命当時のアピール文その他から我々が受ける印象とは異なり、当時の韓国人がこの「不正選挙」に対して、驚くほど寛容だったことである。即ち当時の韓国人のうち、彼らへの厳罰を求める者はわずか三三・一%に過ぎず、他方、罰を一切与えるべきでないとするものは九・七%にも達している。この表には現れていないが、処罰者の範囲については、国民の寛容度はいっそう顕著であり、関係者全てを処罰すべきと主張する者は、わずか一〇・三%に過ぎなかった。同様のことは、いわゆる「不正蓄財者」、即ち第一共和国期において、時の権力との癒着により不正に富を獲得した者達に対しても言うことができる（表終-2）。決して豊かとは言えない当時の韓国において、ある意味では最も反感を買うかにも見える⑽この「犯罪」を犯した者に対してさえ、厳罰を主張したのは三七・三%、四・三%は処罰の必要性さえ全く否定している。

しかしながら、この調査において今日の我々が有する「革命」直後の韓国社会に対する印象と最も乖離しているのは、当時の人々の李承晩に対する認識であろう。この世論調査では、李承晩のハワイ亡命についてもその是非を尋ねているが、そこにおいて最も多くの者が選んだのは、李承晩を「不罰国内居住（刑罰を課さずに国内に居住）」させるべきであったという解答であった。これに続くのは「亡命賛成」であり、「処罰」を選択した者はわずか八・八%に過ぎなかった（表終-3）。

表終－2　不正蓄財者処罰に対して（学歴別）　（単位：％）

	全体比率	厳罰に	寛大な処罰を	罰する必要なし	わからない	無回答
無学	32.3	21.4	6.1	2.3	69.9	0.3
ハングル解得	27.2	38.3	13.9	3.7	43.8	0.3
国民学校	25.6	42.9	21.5	6.3	29.0	0.3
中学校	7.7	61.4	21.8	4.9	11.4	0.5
高等学校	4.5	58.9	25.2	6.5	9.4	
それ以上	2.6	61.3	25.8	6.5	9.4	
未詳	0.1				50.0	50.0
全体	100.0	37.3	14.8	4.3	43.3	0.3

註：表終－1に同じ。

表終－3　李博士海外亡命に対して（学歴別）　（単位：％）

	全体比率	亡命賛成	処罰	不罰国内居住	わからない	無回答
無学	32.3	12.8	3.9	32.9	50.3	0.1
ハングル解得	27.2	19.9	6.6	45.9	27.4	0.2
国民学校	25.6	24.0	11.7	27.9	19.7	0.3
中学校	7.7	27.2	17.9	44.6	9.8	0.5
高等学校	4.5	29.0	16.8	43.9	10.3	
それ以上	2.6	32.3	22.6	37.1	8.0	
未詳	0.1				50.0	50.0
全体	100.0	19.9	8.8	40.9	30.2	0.2

註：表終－1に同じ。

これらが意味するのは一体何であろうか。明らかなことは、そもそも第一共和国末期の「悪政」に対して、全ての韓国人が、一九六〇年四月に各地で繰り広げられた学生デモにおいて表出されたほどの激しい怒りを覚えていたわけではなかったということであり、さらには一連の「悪政」の責を大統領であった李承晩その人に直接帰せしめる声は、いっそう小さかったということであろう。ここにおいてもう一つ注目すべきは、大多数の韓国人が、彼を単に処罰に付さないのみならず、彼に継続して国内に、即ち自分達とともに暮らして欲しかったと考えていたことである。事実、李承晩の亡命を聞いた多くの韓国人が感じたのは、一部知識人の怒りとは対照的な寂寞感であった。人々はこのかつての「亡命独立運動家」が再び亡命生活へと戻ることに対して、驚きとともに一種の喪失感を持って接したのである。[11] 多くの韓国人にとって、李承晩は退陣後も依然、何かしら「特別な」存在であり続けた。

それではそもそも何故彼らは李承晩が重要であると感じていたのであろうか。次にこの点について、異なる観点から見てみることとしよう。

責任を巡って

「四月革命」直後、その政権が最も激しく非難された時期において、李承晩その人について直接的に論じた文献は不思議なまでに少ない。それは例えば、マスメディアにおける報道においても同様であった。この点について、東亜日報と並ぶ第一共和国期の野党系新聞の一つであり、その李承晩政権末期においては、その激しい政府批判ゆえに廃刊にまで追い込まれていた京郷新聞について見てみるならば、「四月革命」から朴正熙らの軍事クーデタに至るまでの時期「自由党」について触れた記事が七二本であったの対し、「李承晩」について触れたものはわずか三一本、しかもそのほとんどは彼自身ではなく、「李承晩政権」や「不正選挙」についてのものであった。[12]

既に述べたように、このような「李承晩」に対する言及の少なさを、当時の人々が李承晩を忌み嫌い、彼について話題に乗せることさえを忌避したものであると考えることは不可能である。他方、当時の状況において、李承晩と彼の時代が急速に過去のものとり、それゆえ人々がこれに関心を示すことがなかったのだとすることも、「自由党」やその政権に対する当時の激しい非難や、旧政権要人の「不正選挙」や「不正蓄財」等を巡って行われた一連の裁判に関する人々の関心を考えるなら、同様に極めて困難であろう。

そこに見られるのは、むしろ反感を向けられた旧政権とは切り離して李承晩を理解しようとする人々の動きであり、また切り離された李承晩をどのように理解すべきかを巡る困惑であった。このような困惑は、「四月革命」直後の政局の中心部にいた人々も同様であった。このような「革命」直後における李承晩の「突然の」亡命に対し、当時の過渡政府はそれを押しとどめるどころか、積極的な支援と準備さえ行っている。この亡命劇において、機中にて最後に李承晩と会談を行ったのは「革命」後の政局を暫定的に担っていた、過渡政府首班・許政その人であり、この政権が李承晩亡命に関与したことは余りにも明らかであった。このような過渡政府と許政の姿勢に対し、国会とこの時期の政局を主導していた民主党もまた形式的な追及に従事したのみであり、彼らは許政の「この不幸な老人が自己の半生を過ごしたハワイに行き休養しようというのを、外務部長官として拒否する何等の理由もない」(13)という説明を事実上「容認」することとなる。政治家もまた一般の人々も、本当の意味で李承晩その人の大統領時代の「不正」について追及しようとはしなかった。

人々が李承晩とその責任について語ることを躊躇していた時期、李承晩について語ることを余儀なくされた人々がいた。言うまでもなく、それは「不正選挙」や「不正蓄財」さらには「発砲事件」について、旧政権の責任を負わされ、裁判にかけられていた人々であった。李承晩が亡命し、政権の自他ともに認める李承晩に次ぐ実力者であった李起鵬が自殺した後、旧政権の筆頭者格としてその責任を問われたのは、元内務部長官の崔仁圭であった。裁判におけるやりとりは次のようなものであった。

弁護人：李承晩が内務部長官発令を行った時、喜んでこれを受諾したか？
崔仁圭：李承晩博士を以前から尊敬（涙を流しながら）してきたので、その方がおっしゃることならどのようなことであろうと喜んで引き受けさせていただきました。(14)

崔仁圭はこの法廷で幾度か、李承晩との関係について訊かれている。(15)興味深いことは、一貫して自らが「不正選挙」の全てを演出したのだと主張する崔仁圭に対し、裁判所が彼よりも政治的に上位にあった者、即ち李承晩と李起鵬への責任をことさらには追求しようとしなかったということであろう。もちろん当時の状況において、一連の「不正」に対し、高齢に達し、活動量が極端に衰えていた李承晩が事細かに指示を行い、これを実施していたと考えることは不可能であろう。[16] しかしながら、少なくとも形式的には、大統領として内務部長官と、その一連の「不正」について「協助」を与えていた李起鵬の行動を統制すべき地位にあった李承晩の責任が法的に追及される可能性がなかったというなら、それもやはり言いすぎであろう。だが、より重要なのは、このような政府や裁判所の姿勢を、非難しようとする動きが大きな形で表れることがなかったということである。言い換えるなら、李承晩その人の責任については、裁く者と裁かれる者の間に暗黙の了解が存在していたこの裁判を、人々もまた暗黙の了解を意味する沈黙を持って見守ったのである。

それでは、李承晩という「過去」に対して「沈黙」をもってした韓国は、李承晩無き「現実」にはどのように対したのであろうか。次にその点について見てみることとしよう。

3　政治的空白の中で

方向性の喪失

四月革命とそれに伴う李承晩政権の崩壊は、必然的に政治的空白を作り出すこととなった。国会の多数を占める自由党は既に求心力を失い解体状態にあり、必然的にこの状況の収拾は最大野党であり、また「馬山三・一五義挙」等、「不正選挙」糾弾闘争において重要な役割を果たした民主党を中心に進められることとなる。その民主党が最初に着手したのは、彼ら「正統保守野党」の念願であった内閣責任制への改憲であった。李起鵬一家がその一角で自殺した景武台を李承晩が離れたのは四月二八日。民主党はそれから二週間も経たないうちに改憲案を作成、五月一〇日に上程されたこの改憲案は、六月一五日には国会を通過、早くも七月二九日には新憲法に基づく最初で最後の国会議員選挙が行われることとなる。民主党は、自由党はもちろん、この時世論の大きな関心を集めた革新系諸政党をも押さえてこの選挙で圧勝、政局の主導権を握ることに成功する[17]。

「正統保守野党」はこうして大韓民国成立直後から望み続けてきた自らによる政権獲得に成功する。しかしながら、この選挙において国民からの圧倒的支持を集めて成立したはずの政権に対する世論の声は厳しいものであった。直接の原因は明らかであった。民主党は、選挙、そして四月革命のはるか以前から、故趙炳玉を中心とする旧派と、張勉前副統領を中心とする新派の間で激しい党内抗争を繰り広げており、この闘争は、「四月革命」の当然の結果として民主党政権の成立が予想されたことにより、将来の政権の主導権を巡って激化する一方であった[18]。一九六〇年国会議員選挙[19]により、民主党が、民議院[20]二三三議席中、一七五議席を占めるという、政権獲得のためだけにであれば明らかに過大な勢力を獲得したことは、これら勢力をして世論を無視して党内抗争に集中する余裕を与えることとなった。結果、選挙直後から民主党は事実上の分裂状態に直面する。世論はこのような民主党の「国民を省みない」行動を激しく非難し、人々はこれに大きく失望した[21]。与党への失望は、どうにかできあがった新政権への失望へと発展し、やがて政治そのものへの無関心[22]さえ呼び起こすこととなる。

しかしながら、今日の観点から振り返って当時の状況を考えるなら、ここで我々は当時の人々が下したのとは異なる評価をすることも可能であろう。一九六〇年国会議員選挙において民主党が獲得した議席は、明らかに過大であり、その意味だけにおいてなら、民主党の分裂は必ずしも問題があるとは言えない。そもそも、この政党はその結党の当初から新旧両派の激しい派閥抗争を抱えていた。四月革命以前においてさえ両派は、李承晩政権と自由党という共通の敵を有することによってのみ、辛うじてその統合を維持できるに過ぎない状況にあった。このことを考えるなら、革命により共通の敵が消滅したこの段階においては、むしろ両派が分裂し各々が別々の政党となることの方がはるかに自然であったということさえできる。

いずれにせよ、一九六〇年国会議員選挙の時点では、今やこの二つの党派が、事実上、別の政党としてこの選挙を戦っていることは周知の事実であったのである。民主化そのものを考えても、巨大与党が党内の団結を強固に維持した状態で政権を握ることが、巨大与党が適切な規模を有する二大政党に分裂し、相互に政権を巡って競い合う状態よりも健全な状態であるということは困難であろう。事実、新派が主導する張勉政権に対して、事実上の野党として対峙した旧派の存在は、やがて旧派による新派政権の政治的スキャンダル追及へと発展し、これにより一部閣僚が更迭されるに至っている。(23) このような野党の追及による政権内部の綱紀刷新は、以前の巨大与党、自由党支配下の韓国国会においては容易ではなく、それだけでも民主党の分裂は成果を挙げたといっても過言ではない。

しかし、世論はそのように考えはしなかった。韓国の世論が望んだのは、むしろ民主党がその巨大な勢力を維持した状態で一致団結して、強力に「革命」へと取り組むことであった。言い換えるなら世論が期待したのは、民主主義的な複数政党間で繰り広げられる政党間の激しい競争とそれによる活発な国会での議論ではなく、皮肉にも自由党体制にも似た強大な与党による「強力な」体制であったのである。(24)

もちろん、民主党とその分裂が非難されたのは他にも理由が存在した。世論がこれを否定的にみなしたもう一つの原因は、この時の両派の政治的対立が政策論争を伴わないものであったからである。もちろん、それは当時において大きな政治的争点が存在しなかったことを意味しない。(25) 課題はむしろ山積しており、なかんずく経済状態の悪化は緊要な問題であると認識されていた。

当時は、朝鮮戦争終結から五年以上を経て、アメリカの朝鮮半島に対する関心が急速に後退し、その結果韓国に対する軍事的・経済的援助が激減する時期に当たっていた。当然のことながらこのような状況は、当時の韓国をして経済的にはもちろん、政治的にも大きな窮地に立たしめることとなる。経済援助減少による国際収支赤字の拡大は、何らかの方法により埋め合わせることが必要であり、それには大きく分けて二つの方法があったろう。即ち自力での外貨獲得方策の模索と、新たなる援助あるいはそれに代わるものの獲得である。また軍事援助の減少も重要な問題を提起していた。もし、韓国の防衛を全面的にアメリカに依存することができないならば、自ら自身の防衛力を強化するか、あるいは何らかの外部への働きかけにより、軍事的脅威そのものを減らすべく努力する他はない。

このような当時の状況は、韓国をして次の点を再検討することを余儀なくさせた。一つは言うまでもなく、アメリカとの関係見直しである。第一共和国期に経済・軍事両面において全面的な依存を続けていたアメリカとの関係を如何に再構築するかである。第二には、日本との関係の修復である。第一共和国期の日韓交渉は、第三次会談における久保田発言(26)に象徴されるような植民地支配に対して自らの責を否認するかのような日本側の姿勢と、何よりも日本との国交正常化の必要を特段に認めていなかった李承晩の対日姿勢(27)により、停滞した状態にあった。しかしながら、韓国がアメリカから距離を置き、自らの力で経済状況を立て直そうとするのであれば、輸出産品と資本双方の市場としての日本を活用する必要があることは明らかであり、この時期、韓国マスコミではいっせいにその必要性が論じられることとなる。

北朝鮮政策も重要であった。アメリカの軍事的支援が減少する状況において、仮に北朝鮮の脅威が同じレベルであり続けると仮定するならば、韓国はアメリカが減少させた分に等しい部分を自らの力で補う必要があった。しかし、当時の韓国政府にそのような余力がないことは明らかであり、むしろ状況は減軍の方向へと向かっていた。このような状況において安全保障を維持するためには、北朝鮮との関係を改善、少なくとも悪化させないことが重要であることは明らかであり、事実、この時出現した革新政党の一部はこの点を明確に主張していた。経済政策そのものも見直されねばならなかった。「革命」という非日常の興奮が去り、日常へと復帰した韓国人が直面したのは

表終−4 「わからない」の比率

道（市）民証に対して	10.9
通行禁止時間に対して	13.8
肥料問題に対して	21.5
漢文使用について	22.1
道知事選任方法に対して	23.2
公務員の親切性に対して	26.5
李博士海外亡命に対して	30.2
三・一五不正選挙犯に対して	30.7
減軍問題に対して	33.2
北韓との書信往来	33.2
三・一五不正選挙犯処罰範囲に対して	33.4
民主党内閣	33.4
臨時土地所得税に対して	34.9
年代表示に対して	37.2
日本との国交問題に対して	38.9
四・一九前公務員に対して	39.0
不正蓄財者処罰に対して	43.3
最近のデモに対して	44.2
最近の学生の動きに対して	44.7
農業協同組合に対して	47.0
副知事制度に対して	47.6
新聞報道	50.8
米穀担保融資に対して	54.7
支持政党	55.1
政府形態	55.9
単院制か両院制か	57.7
統一法案に対して	61.1
美国余剰農産物に対して	61.8
公務員の財産登録制に対して	64.9
経済体制に対して	73.7
教員組合に対して	73.8
公務員整理要綱に対して	76.3
漁業組合に対して	78.6

註：国務院事務処編『第一回国民世論調査結果報告書』（国務院事務処【韓国】，1960年）より作成。

依然として大きく改善されない自らの経済状況であり、世論はこれに一斉に着目した。経済政策の見直しは「不正蓄財」の問題とも結びついており、来るべき民主主義体制の確立のためにもその見直しは急務であると考えられていた。

対米関係、対日関係、対北政策、そして経済政策の見直し。それは即ち李承晩政権の骨子となった政策を全て見直すということに他ならなかった。それは「革命」が前政権を否定して初めて「革命」たりうるものである以上、当然の結果であったのかも知れない。しかしながら、民主党新旧両派と張勉政権はこれらに対して明確な政策はおろか、一定の方向性さえ満足に打ち出すことができなかった。政策がなければそれを巡っての論争が存在するはずもなく、両派が自らの党内抗争を政策論争として展開できなかったのは、その当然の帰結であったということができる。世論はこのような両派の抗争を、国民生活を無視するものとして激しく非難した。

もっとも、同時にここにおいて忘れてならないことは、方向性を打ち出すことができなかったのは民主党両派や張勉政権ばかりではなかったということであろう。表終-4を見れば明らかなように、当時の韓国人は自ら自身も、時の懸案に対して有効な答えを見出すことができなかった。答えは誰にも「わからな」かったのである。「革命」は韓国をして、その進むべき方向性を見失わせつつあった。

それでは、このような状況は何故到来したのであろうか。次にこの点について見てみることとしよう。

失われたもの

韓国は進むべき方向性を見失いつつあるかに見えた。しかし、「見失う」ことの前提には、同じものをかつては「見失っていなかった」ことがなければならない。それでは、「四月革命」以前の韓国は同じ問題についてどのように対処していたのであろうか。

「四月革命」以前の韓国、それを政治的にリードするべき立場にあったのは、言うまでもなく、李承晩であった。確かに、李承晩が個人として目指したものは明確であった。[28] その第一は、強固な反共意識に基づく「北進統一」政策であった。李承晩によるならば、北朝鮮とは「北傀」、即ちソ連や中国による傀儡政権であり、それゆえその政権に対して、「正統」な大韓民国が何らかの「融和」的政策を行うことなど想像することさえできなかった。第二に、李承晩にとって日本が「敵」であることもまた明らかであった。北朝鮮に対して同様日本に対しても、李承晩自身がそれとの交渉を真剣に考えた形跡はなく、アメリカによる強い圧力の下で行われた日韓国交正常化交渉もそれゆえ、進展らしい進展さえ見せることができなかった。北朝鮮と日本とを妥協不可能な「敵」とみなしたことの、直接的結果として導かれるのが、同盟国としてのアメリカとの密接な協力であった。李承晩とアメリカとの間の複雑な関係についてはここでは重要ではなかろう。重要なのは、李承晩がこのようなアメリカとの密接な関係を前提に、国内外全ての問題を考えていたということであり、それゆえアメリカの韓国への援助と関与の減少は李承晩政権の政策全般にわたる見直しを要求した。全てが連動している以上、一部の、あるいは国内の改革のみをもってこれに応えることはできなかった。

しかしながら、ここで同時に見落とされてはならないのは、このようなアメリカの姿勢変化とそれによる政策基盤の喪失は、何も李承晩政権の崩壊によりはじまったわけではなかったことであった。言い換えるなら、韓国を巡る困難な状況は、それが国際状況によって規定される以上当然のこととして、韓国国内の政局とは無関係に存在していたのである。第二共和国が直面した問題は、政権末期に差し掛かっていた李承晩政権もまた直面していたものであり、少なくとも理論的には彼らも何らかの対処を行わねばならなかったはずであった。

それでは「四月革命」直前の李承晩政権はこれらに対して如何なる対処を行っていたのであろうか。結論から言うなら、これらに対して李承晩政権は如何なる有効な施策をも持たず、また持とうともしなかった。悪化する経済状況・国際状況は放置されたままの状態にあったのである。その背景には、李承晩の独特の政治指導と、李承晩政権末期の特殊状況が存在していた。

李承晩の政治指導のその最大の特徴は、それが具体的な目標を提示して人々をそこに実際に導くものであったというよりは、むしろ現状を巧みに分析し、人々がそこにしか到達できないであろう将来の結果を予め予測して、本来やむを得ざる結果であったものに対して何らかの意味づけを行おうとするものであったことである。彼の「外勢依存型」の独立運動と、自らが「小国」であることを逆手にとったナショナリズムはその典型であり、同じことは解放後において彼が繰り広げた「独立促成」運動や南朝鮮単独選挙路線についても言うことができよう。日本の「単独講和」がそうであったように、当時の国際条件を考えるならば、韓国が自らの主権国家を獲得して独立するためには、事実上これら以外の路線は考えられず、李承晩はこの当然進むべき路線に積極的な意味づけを行ったに過ぎなかった。朝鮮戦争休戦時における休戦反対運動もまた、極めて李承晩らしい行動であった。当時の状況においては、アメリカが休戦を結んだ後に韓国が北朝鮮・中国と単独で戦うことが不可能であることは余りにも明らかであり、李承晩の行動はこれを見込んだ上での、巧みな意味づけの戦略であったということである。問題は、韓国と自らがこれに反対したことを記録して残すことであり、それゆえ抵抗はあくまで過激に行われなければならなかった。結果はどのみち「外勢」によって決まるものであり、重要なのはそれを如何に意味づけしていくかに他ならなかった。

重要なのは、李承晩が、現実に積極的に働きかけこれを変えようとするのではなく、現実を一旦受け入れた上でその現実と如何に向き合うかを示そうとする指導者であったということである。言うまでもなくこのような政治指導によっては、経済状況の破綻という現実に対して、それを経済問題として対処して解決をもたらすことは不可能であろう。加えて、政権末期における李承晩は八〇歳を超える高齢に対しており、彼が積極的な指導力を発揮できる状態は既に存在していなかった。現実の政治は、およそ大物とは言えない政治家達が率いる内閣と官僚により、現状維持を最大の目的として行われていた。李承晩が指導者としての機能を事実上喪失した後これに代わる位置にあった李起鵬は、与えられた目標に対しては優秀な「能吏」ではあっても、自ら目標を設定する意志も能力も持たない人物であった。

このような政権末期における李承晩政権の性格を端的に示すのが、他ならぬ正副統領選挙への対応であった。先述のように、当時の政権をして一九六〇年正副統領選挙における大規模な「不正」を行わしめるに至った最大の要因、それは一九五六年正副統領選挙における民主党候補の躍進であった。当初は民主党幹部自身も大敗を覚悟していたこの選挙において民主党候補の躍進をもたらしたもの、それは即ち「暮らせないから変えてみよう」というスローガンに象徴される争点の入れ替えの成功であった。言い換えるなら、民主党が票を集めることができた最大の

表終－5　主要都市における一戸当たり収入と候補者別得票率の相関関係（56年大統領選挙）

	収入	有権者数	曺奉岩	李承晩	無効
収入	1				
有権者数	0.686	1			
曺奉岩	0.219	−0.208	1		
李承晩	−0.258	−0.042	−0.834	1	
無効	0.038	0.441	−0.402	−0.171	1

註：韓国銀行調査部編『四二九〇年版　経済年鑑』（韓国銀行調査部【韓国】，1957年）294頁以下の，ソウル・釜山・大邱・木浦・光州・全州・大田・清州・仁川・春川，各都市の1956年８月時点における一戸当たりの総収入と，各候補者の各都市における得票率との相関関係を示したものである。

表終－6　主要都市における一戸当たりの収入と候補者別得票率の相関関係（56年副統領選挙）

	収入	有権者数	無効	張勉	李起鵬	尹致暎	李允栄	白性郁	李範奭
収入	1								
有権者数	0.686	1							
無効	0.028	−0.312	1						
張勉	0.553	0.289	0.358	1					
李起鵬	−0.427	−0.141	−0.566	−0.949	1				
尹致暎	−0.069	−0.085	0.193	−0.382	0.201	1			
李允栄	0.170	−0.024	0.230	−0.123	−0.057	0.745	1		
白性郁	−0.638	−0.579	0.470	−0.278	0.088	−0.062	−0.223	1	
李範奭	−0.539	−0.388	0.088	−0.543	0.292	0.549	0.593	0.373	1

註：表終－5に同じ。

要因は、それまで独立運動における経歴、即ち候補者本人の「過去」に対する評価を基準に争われてきた正副統領選挙を、「生活」という「現在」の問題を基準に争うものへと転換したことであり、「政府党」による組織化が進展していなかった都市部、しかも比較的裕福な地域において、その効果は大きなものがあった（表終－5、表終－6）。重要なことは、にもかかわらず、それ以後李承晩政権そして自由党が何らかの経済的施策、特に都市住民をターゲットとした経済的施策をも積極的に行おうとしなかったことであった。言うまでもなく、彼らがその代わりに行ったのは、より直接的な選挙そのものへの介入であり、また「不正」であった。

李承晩政権は経済問題について何もしなかった。興味深いのは、にもかかわらず、このような李承晩政権と自由党に対して人々は、その経済的失政ゆえにこれをことさらに非難することはなかったということであろう。事実、その最末期においてさえ、人々が李承晩政権を非難する理由として取り上げたのは、一九六〇年正副統領選挙における直接的な「不正」やその背後にある政権の「独裁」的な性格についてであり、その経済政策についてはほとんど問題にさえならなかった[29]。事実、李承晩政権を倒した大規模デモにおいても、この問題は政権を非難する要因としては取り上げられず、またこれらの運動を率いた人々の主たる関心事ともされていなかった。そもそも李承晩政権末期における、人々の政権の経済政策に対する関心は決して高いとは言えず、それが新聞等で取り上げられる機会は驚くまでに少なかった。

それでは、「独裁的」な李承晩政権においては大きな問題とならなかった経済政策の内容は、何故「四月革命」以後、民主的なプロセスにより選ばれた民主党政権下において大きな問題となったのであろうか。次にその点について見てみることとしよう。

4　空白の原因

「基本原則」の喪失

李承晩政権では、問題とならなかった事柄が何故、民主党政権においては問題となったのか。これに対する回答としてまず考えられるのは、李承晩政権下においてはその「不正」と「独裁」の問題が余りに顕著であったため、他の問題はそれに隠れる形で見過ごされてきたということであろう。なかんずく「四月革命」において中核的な役割を担った都市知識人層においては、一連の李承晩政権の「不正」に対する怒りは大きく、我々がその点を考慮する必要があることは明らかである。しかしながら、「不正」が都市知識人層以外においても同様の重要性を有したかと言えば、その答えは自ら異なるものとなるであろう。事実先述のように、自由党体制を支えた農村部においては、李承晩政権の一連の「不正」に対する反感は必ずしも大きなものではなく、それに対する関心も、例えば農村部人口の大部分を占める農民達にとって緊要な問題である肥料配給問題に比べるなら、極めて低いレベルに留まっていた。いずれにせよ「四月革命」以前と以後の変化を、前政権の「不正」や「独裁」のみから説明することは困難である。

次に考えられるのは、「革命」に対する期待が大きすぎたということである。この点について当時のある論説は、「韓国人は奇跡を望んでいる」と表現した。即ち「革命の嵐の中で韓国人が何となく感じていたのは、相当な確率で、経済生活が改善されるであろう」ということであった。しかしながら、現実の経済状態は「経済援助と外換比率」によって左右される状態で、韓国政府が単独で解決できるようなものではない。このような状況を放置したまま、革命とそれによる政府が経済状態を簡単に打開できるかのように思うのは、事実上「奇跡を望んでいる」に等しい行いである。「韓国人はこのような思考方法を改めなければならない。」論説はこのようにこの議論を締めくくっている。

問題は何故にこのような「期待の爆発」が起こったかであろう。ここにおいて、李承晩政権の崩壊が、憲法とそれに基づく制度が予見する方法によってではなく、物理的な暴力の行使をも伴った「革命」の形態によって実現されたことに、より重要な意味があった。当時の新聞報道その他を見れば明らかなように、「革命」はそれまで人々が当然のものとみなし、あるいは逆に禁忌としていた多くのことに対し疑念を表明し議論することを可能とさせた。典型的であったのは、対北朝鮮政策と対日政策であった。両者はともに、李承晩政権下においてはその政策の変更について語られることのなかったものであった。アメリカの支援を受けて、朝鮮半島南半における国連監視下の総選挙により成立し、自らが朝鮮半島全土において主権を行使することを当然視する大韓民国にとって、休戦ラインの北側に存在する国家は「北傀」であり、それゆえこれと交渉することなど許されるはずもないことであった。日本との交渉も同様であった。李承晩政権下の大韓民国にとって、日本が不倶戴天の敵であることは自明のことであり、たとえ経済問題解決のために重要ではあっても、それとの関係正常化が軽々しく急がれることなどあってはならなかった。これらはいずれも、大韓民国が大韓民国として成立するに至った、国家の「基本原則」と言って良いものであり、これらを軽々しく放棄することは大韓民国が大韓民国であることを放棄するに等しかった。

ここで誤解されてはならないことが一つ存在する。それは即ちこのような李承晩政権下の韓国において存在していた「基本原則」は、必ずしも国家によって上から一方的に押しつけられたものではなく、またその見直しについて語られなかったことの原因を、単に国家が人々にそれを語ることを許さなかったからのみに帰せることは不可能だったということである。このことは、建国から四月革命直前までの新聞等のメディアの記事を見直せば明らかであろう。少なくとも朝鮮戦争以後においては朝鮮半島南半の人々が、北朝鮮とその政権を大韓民国のそれと対等の交渉相手とみなしていなかったことは明らかであった。同様に日本との国交正常化交渉においてメディアが繰り返し報道したのは、あいも変わらぬ日本の傲慢な姿勢であり、人々はそのような日本に対する李承晩政権の「断固たる姿勢」をむしろ喝采をもって見守っていた。同様のことは、対米政策についても言えよう。北朝鮮との敵対関係と、これに対して朝鮮半島における唯一正統な主権国家である大韓民国が「北進統一」することを主張する李承晩政権においては、韓国がアメリカとの同盟関係にあることは当然のことであった。このような状況において世論は、むしろ李承晩とともに、アメリカの韓国に対する支援の不十分さを非難し、その無関心を糾弾した。李承晩政権の「基本原則」は、大韓民国の「基本原則」であり、その濃淡こそあれ人々は基本的にそれを受け入れていたのである。

重要なのは、大韓民国という国家が、その発足の以前から事実上、李承晩を元首とする国家として設計され、また彼の存在を前提として運営されてきたということであった。李承晩を中心として設計された大韓民国。四月革命による李承晩の政権からの追放と亡命は、それゆえこの国家にとって重大な結果をもたらすこととなる。大統領中心制から内閣責任制への改憲はその第一歩であった。そもそもこの国の大統領中心制は、李承晩がそれを欲したからこそ作られたものであり、その権限は李承晩が希望することにより拡大されてきた。前提にあったのは、少なくとも建国から暫くの間は、この国家の元首として李承晩以外の人物を想定することが事実上不可能であったということであり、人々は李承晩の望むままに譲歩を繰り返すことを余儀なくされた。「革命」により、突如、李承晩がその中心部から消え去ったことは、それゆえ、大韓民国とそこに暮らす人々の心理に重大な影響をもたらした。李承晩が存在しないならば、強力な大統領中心制は必要がなく、人々はその廃止に大きな疑義を挟むことさえなかった。

政策についても同様であった。建国当初、この国家の「基本原則」を国際的・国内的状況を巧みに読み取りながら、そしてそれと矛盾しない形で設定したのは李承晩であった。李承晩がいなくなった以上、「基本原則」は一から見直される必要がある。否、見直しはその次元でさえ留まることはなかった。ある論者はこう主張した。革命とは旧政権の全面的な見直しである。年号や国旗はもちろん見直さなければならない。そして、「我々は『大韓民国』という国号さえ変える必要がある」。

「基本原則」の喪失は、人々をしてあらゆる問題を議論の俎上に上げることを可能とすると同時に、全ての問題に対する方向性を失わせることとなった。このような状況において、人々が自らにとって最も身近で深刻な問題である経済について着目したのは当然であった。人々はこれについて、何らの解決策をも持たぬままその問題点を一つ一つ数え上げることとなる。李承晩政権の経済運営が限界に来ていることは明らかであり、確かにその見直しは必要であった。しかしながら厄介であったのは、李承晩の政治指導の特性から導かれる当然の結果として、その経済政策は韓国を取り巻く国際状況と大韓民国を作りあげるに至るまでの国内状況を踏まえた、一定の合理性を有するものであったということであった。人々の生活を真に改善するためには、政策は現実に適ったものでなければならず、現実の中で韓国政府が実際に、そして直ちに行えることは限られていたのである。「基本原則」が失われ、人々が「方向性」を見失う中、新たに誕生した民主党政権は、成果という名の答えを出さなければならなかった。成果を出すことの出来なかった民主党政権は、急速に求心力を失うこととなる。

それではこのような状況は、韓国を如何なる方向へと誘っていったのであろうか。次にその点について見てみることとしよう。

「指導力」への渇望

混乱と希望と、そしてその結果としての失望に彩られた一九六〇年が、終わりに差し掛かりつつあった頃、韓国の世論には一つの新しい議論が現れつつあった。即ち「指導者の貧困」がそれである。[30] その議論は極めて明確であった。韓国が「革命」を経た後においても、否、「革命」を経た後においてはいっそう混乱しているかに見えるのは、韓国の各分野、なかんずく政治の領域においてそれを指導する人々の指導力が貧困だからである。言い換えるなら、今日の指導者はこの難局を打開する能力を有しておらず、韓国の混乱の原因はそこにこそ存在する。新たな指導者が必要であり、国民はそれを待望している、と。

筆者は、ここで朴正熙の登場について語ろうとしているのでは、まだない。そもそも、後に詳しく述べるように、少なくとも彼が登場した時点においてさえ、人々は朴正熙について何らの予備知識を有しておらず、また、彼を自らと自国の困難を打開する能力を有する有能な指導者であると考え、それを彼に期待するべき理由は何も存在しなかった。重要なのは、未だ人々が知る由もなかった将来の指導者ではなく、目の前にいる政治家達について、「革命」から一年も経たないうちに人々が否定的な判断を下していたということである。

もちろんその背景にあったのは、当時の民主党とその指導者達が、韓国の進むべき方向性を明確に打ち出すことができなかった、という厳然たる事実であった。しかし、それはある意味では当然のことであった。混迷する民主党政権の政策運営は、当時のそれ以上に混乱した世論の動向を直接的に反映したものであり、それは民主党政権が民主的手続により選ばれたものである以上、ある程度、避けることのできないものであった。加えて、「革命」により成立した第二共和国が、大統領中心制に代わって内閣責任制を採用し、その結果として国会に多くの権限を持たせたことは、国会における論議をこれまでとは比べ物にならないほど活性化させることとなった。そして、従来の「権威主義的」ではあったものの、大統領とその側近が全てを迅速に決定できるトップダウン的な方法に代わって登場した新たなる意思決定の方法――それも自らが選んだこの方法――に、人々は自身うんざりさせられることとなる。この状況についてある論説は、批判的に次のように述べている。

我々の内閣責任制政治の経験は、百年でも、十年でもなく、わずか四カ月に過ぎない。にもかかわらず「張勉内閣をこのままにしておくわけにはいかない」、あるいは「倒さなければならない」という言葉をこれまで何度耳にしたかわからない。そのように言う人々は、内閣責任制政治というものを、ことある度に内閣を倒して作り直すような政治だと考えているのではないか。[31]

人々が望んでいたのは、民主的であると同時に、強力な正統性と強力な指導力を有する指導者により、彼らが直面する様々な困難が劇的に解決されることであった。しかしながら彼らの望む強力な指導者は、少なくとも国会には存在しなかった。理由は明らかであった。選挙の結果として当然に与党たるべき民主党は、前述のように新旧両派に分裂し激しい党内抗争の最中にあった。ここで重要なのは分裂そのものではない。重要なのは、民主党が彼らの団結の中心たるべき指導者、それも彼らが選挙を戦う上において個々の候補者の得票数をその名のみによって増加させることができるような指導者を見つけ出すことができなかったことであった。旧派の指導者は、趙炳玉の死後、その財政力ゆえに指導者として迎えられた尹潽善とこれと対立する金度演であったが、彼らは李承晩政権以前においては、世論で注目されたことのない人物であり、その知名度は極めて低かった。新派は辛うじて前副統領・張勉の周囲に団結しているかに見えたが、この党派は、日本統治期からの人的交流を核に形成された旧派と比べても、寄せ集め的な性格しか有しておらず、張勉の国務総理としての指導力も決して強力とは言いがたかった。

当時の政治家が個人的求心力を有さないことには理由があった。第一に、旧派の中心的地位を占めた指導者達のほとんどは、日本統治期において、「湖南財閥」等を介して何らかの実業に従事した人々であり、それゆえ彼らは過去に何らかの関係を日本との間に有していた。新派の日本との関係はより直接的であり、彼らの中には多くの元総督府官僚や関係者が含まれていた。第二に、彼らの政治家としての経歴も、彼らの政治的威信を損なう傾きを有していた。尹潽善や金度演を含む旧派の指導者の多くは、李承晩政権初期における公職経験者であり、また、李承晩政権末期においても、様々な形で政権との関わりを維持していた。新派の指導者は、旧派に属する人々が自由党との敵対関係に入った後、与党や内閣において重要な役割を果たした人物であり、ともに新たなる「革命」後の指導者として決して相応しいとは言えなかった。第三に、彼らはいずれも「四月革命」の決定的段階、なかんずくソウルにおける反政府活動が頂点に達した段階において、運動の主導権をとることに失敗し、その中で頭角を表し新たなる「革命の指導者」としての正統性を獲得することができなかった。このような当時の政治家についてある論説は次のように述べている。

今日の韓国政治人達の思想性、行為様式、能力等を評価してみるならば、少々遺憾な表現であるが、それは無思想、無節操、無能力という三つの言葉に要約することができるであろう。韓国政治人達の思想や政見が貧困であることは言うまでもないが、その上中身のない英雄主義に取りつかれ、極端な分派行動にばかり専念しているように見える。加えて、指導力不足と政治活動の鈍化により、彼らと大衆からの距離は常に大きなものとなっており、彼らは国民が欲し求めるものが何であるかを把握できないでいる。ここに若い世代が不信の声を挙げる理由がある。果たして彼らに心を許し、この国を任して良いものか心配である。(32)

この論説は四月革命前に書かれたものでも、また四月革命以前の政治家について述べたものでもない。第二共和国の「政治人」、彼らもまた李承晩を中心にして成立した「大韓民国」の有力者にすぎなかった。重要なことは、この国家即ち「大韓民国」が、解放後の現実と抗うよりも、むしろそれをそのまま認めつつ成立した「現実主義的」な国家であったということであった。即ちそれは植民地支配の清算という問題については、公的には「反日」を中核とする民族主義を掲げつつも、その実際としてはかつての総督府官僚を含むいわゆる「親日派」を抱え込んだまま出発した。同じことは南北分断についても言うことができる。この国家は南北分断という現実に対して、実現困難な統一の理想を掲げることよりも、むしろ朝鮮半島南半のみにおける「単独選挙」を通して「独立促成」を目指すことにより成立した。民主党有力者達はいずれも、このような「大韓民国」の枠組みを承認することにより生き残り、またその中で自らの地位を確立してきた人々であった。民族主義的な理想よりも現実への適合性を優先して作られた「大韓民国」において、重要なのは理念よりもむしろ日本統治から分断占領、そして独立、戦争、復興、革命と激変する現実への適合であった。変化する現状に適合するためには、一貫した理想や政治信念、イデオロギーは、彼らの政治的生き残りの妨げとなることの方が多かった。

言い換えるなら、仮にある者がこの国家において政治的に生き残ろうとすれば、彼らが解放から一五年、独立からでも一二年以上を経た当時までの間、自らの何らかの一貫した理想を貫くことは困難であった。事実、彼らの多くの経歴はいずれもどこかの段階で、「四月革命」の中で主張された様々な理念や理想――もっともそれら自身が時に相互に大きく矛盾していたが――に照らして、革命後の指導者として何らかの好ましくない部分を有していた。「四月革命」の結果、彼らが依拠してきた「大韓民国」の枠組みそのものが議論の対象となったことの結果、彼らの指導者としての革命後の正統性は大きく揺らぐこととなる。しかしながらより重要なことは、そのような彼らにとって代わる有力人物さえ当時の韓国には存在しなかったということであろう。そのことは、一九六〇年国会議員選挙におけるいわゆる革新政党の惨敗にも典型的に現れている。選挙に臨むに当たって彼らが党の顔として掲げた人物達もまた、いずれも李承晩政権期から見慣れた代わり映えのない者達であった[33]。その中のかなりの者達は、あろうことか民主党指導者以上に、「反共」運動に従事した経歴の持ち主でさえあった[34]。

見落とされてならないのは、解放から一五年、「大韓民国」成立からも一二年以上を経過したこの時点において は、「大韓民国」の成立と朝鮮戦争、さらには自由党支配の「権威主義的」体制の最中において、この国家の「成り立ち」にも等しい現実に正面から異を唱えたものは、政治的、あるいは物理的にこの国家から退場を命じられ、既にその姿を消していたということであろう。もっとも李承晩が存在する間は、それは大きな問題とはならなかった。李承晩が独立運動の中で重要な役割をしたことは明らかであり、その彼が政府の中央にいる限り「彼の政府」の「民族主義的」正統性が韓国内の他の者によって脅かされる可能性は少なかった。このような李承晩の下で実質的に与党と政府を率いた者達は、李承晩の正統性に隠れる形で彼ら自身の「過去」を問われることはなかった。李承晩の正統性の「傘」は与党と政権の外部にもさしかけられていた。「大韓民国」そのものもまた、李承晩の正統性に多くを依存していた。その元首として李承晩を擁する限り、「大韓民国」は一定の範囲ながら確かにその正統性を有していた。個々人もまた同じであった。李承晩によりその国家において存在を認められていること、それは即ち彼らが処罰されるべき「親日派」や「共産主義者」ではないことを意味していた。「東亜日報グループ」をはじめとする人々が、自らの過去の経歴を棚上げして、反政府運動を行うことが可能であったのも、彼らが「李承晩とともに」この国家を作りあげたからに他ならなかった。彼らはいずれも、李承晩の巨大な正統性の「傘」の下にいたのである。

しかし李承晩が政治的舞台から退場した結果、彼らの指導者としての資質は直接問われることとなり、それはやがて、彼ら旧世代に対する新世代の失望という形で表れることとなる。[35] 彼らは言う。旧世代は過酷な現実の前で、疲れ果て、理想を失ってしまっている。彼らによるこの社会の「革命」は不可能であり、その使命は我々新世代によってのみ可能である、と。

それでは、人々はこの混乱した状態に、どのような解決を与えていったのであろうか。最後にこの点について触れることにより、本章を終えることとしよう。

5 「日常」への回帰

「革命」という名の「革命」の終わり

一九六一年五月一六日。朴正熙ら約三〇〇〇名の軍人等によるクーデタで、第二共和国は「四月革命」から数えてわずか一年一カ月たらずでその幕を下ろした。その後の韓国の行方に甚大な影響を与えたこのクーデタとそれにより成立した政権について論じることは、ここでの目的ではない。重要なことは、この典型的な軍事「クーデタ」に、軍事「革命」という名称が冠せられ、また実際に少なくともその主導者達においては、それが「革命」として認識されていたということであろう。この点について、『民主韓国革命青史』はその「発刊辞」で次のように述べている。

民主韓国に輝かしい歴史を残した、一九六〇年四月一九日の学生義挙による自由党独裁政権の打倒と、一九六一年五月一六日の軍部決起による民主党無能政権の追放。この二次にわたる民族革命は、韓民族の歴史がそれまでの貧困と腐敗のくびきから脱し、祖国を繁栄と躍進に導くこととなる、一大転機であった。(36)

注目すべきは、今日においては、一方が「権威主義的」政権を打倒したもの、他方が「権威主義的」政権をそれによって打ち立てたものとして、正反対の性格を有するものとして理解されがちな二つの政変、即ち学生達によって指導された「四月革命」と、軍人達によって指導された五・一六軍事クーデタとが、この主張においては同じベクトル上にあるものとしてみなされていることであろう。事実、このような認識をもって『革命青史』は、その「革命」の歴史を「四月革命」、さらにはその引鉄となった「馬山三・一五義挙」から書き起こしている。ここに五・一六軍事クーデタを「四月革命」に引き続く、「第二革命」として位置づけようという意識が強く働いていることは明らかであろう。

しかし、それならば、一見全く異なるものに見える「四月革命」と五・一六軍事クーデタの連続性を、彼らはどのように説明しようとしたのであろうか。『革命青史』は言う。

一九六一年五月一六日早朝、数発の銃声とともに開始された軍事革命は、長い暴政による圧制と名前のみの民主主義、そして無能無為な政商輩の跳梁により慢性状態にあった腐敗・不正・不法・無能のくびきの下、貧困と疾病と懶惰と絶望の中に沈んでいたこの国の現実とその全国民を、明るい未来の幸福へと導く民族史の一大転換点である[37]。

注目すべきは、ここで『革命青史』が、自由党政権期を意味する「長い暴政による圧制」の時代と続く第二共和国期の「名前のみの民主主義」の時代を、均しく「腐敗・不正・不法・無能」が支配した時代としてひとまとめにしてしまっていることであろう。それは他の箇所では次のような表現となる。「自由党時代については言うまでもないことであるが、四・一九以後にも腐敗は従前と変わることなく、むしろ少しずつ悪化していた[38]」。ここに見られるのは、自由党政権期の支配層と民主党政権期のそれを同一視する見方である。彼らは結局、一部富裕層の利益のために政治をしているという点において同じ穴の貉《むじな》であり、それゆえ「無能という他ない議員を、一時的であるかはどうか別にして一旦追放することによって、現行議会制度に対する批判的姿勢を見せ[39]」なければならない。「少なくともそれを再編する機会を準備[40]」しなければならないのである。

ここに見られるのは解放以後の韓国を主導してきた旧支配層全体に対する批判である。彼らの理解によれば、自由党政権を率いた者達も民主党政権を率いた者達も、基本的には同じ階層――『革命青史』の言う「富裕層」――に属する人々であり、それゆえそのような同じ社会階層の間での政権交代は、韓国社会を大きく変える効果を持ち得ない。彼らはすべからく腐敗しているのであり、それゆえ彼らには何も期待することは出来ない。

重要なのは、このような彼らによる説明が、明らかに五・一六軍事クーデタ以前の韓国世論に見られた議論の延長線上にあることであろう。一言でいうなら、彼らは「議員」に代表される旧来の支配層に失望しており、失望していたからこそ旧来の支配層を一旦追放しそれに自らをも含む何者かがとって代わることを期待した。そして、その意味において五・一六軍事クーデタにおける「革新勢力」の主張は、確かに「四月革命」において見られたものと同一であった。異なっていたのは、「四月革命」において見られた「失望」の範囲が自由党政権とその周囲にのみ限定されていたのに対し、五・一六軍事クーデタにおけるそれが「四月革命」以後の社会状況をそのまま反映した形で旧支配層全体へと向けられていたことであった。「失望」の拡大――それこそが軍事クーデタを容易化したものであり、その主導者達はそれにより自らの企てを正当化することに努めることとなる。

それでは、このような特殊な社会状況において成立した軍事クーデタは、同じ社会状況の中でどのような運命を辿ることとなったのであろうか。

民政移管への道

「四月革命」に引き続く、「第二革命」としての五・一六軍事クーデタ。その外形の相違を離れてそれが「第二革命」として位置づけられたことは、その後の政局に大きな影響をもたらすこととなる。なかんずく重要であったのは、当時のクーデタ指導者による自らの企てに対する既述のような説明そのものが、その後の彼らの行動を大きく規定していったということであろう。「四月革命」が時の「権威主義的」政権に対する「民主化」革命である以上、新たなる体制もこの「民主化」の桎梏から解き放たれることは出来なかった。その最も典型的な表れは、このおよそ民主主義的とは言いがたい方法により作りあげられたこの政権が、その極めて早い段階から「民政移管」について語らねばならなかったことであろう。クーデタが成立した直後に交付された「革命公約」第六条は次のように述べている。

　このような我々の課業が成就された暁には、我々はいつでも誠信で良心的政治人に政権を移譲し、本来の任務に復帰する準備を有している。(41)

このような動きは、八月一二日には朴正熙国家再建最高会議議長によるいわゆる「八・一二宣言」へと結実されることとなる。この宣言によって、民政移管の時期は一九六三年と明確に定められ、同年の三月に新憲法が制定され、五月には総選挙が実施、そしてその後新憲法の規定に従い民政移管されるというスケジュールが明示される。なかんずく重要であったのは、一九六三年のはじめには、政党活動が許容されることが明言されたことであり、この宣言直後から、様々な政治勢力による水面下での駆け引きが開始されることとなる。

その後の韓国の政局は基本的にこのスケジュールに沿って展開された。一九六二年一二月二六日には、新たな大統領中心制を根幹とする憲法改正案が国民投票における七八％以上の支持を得て承認されることとなる。この新憲法は一二月二六日に公布された。政党活動は予定通り、一九六二年一二月三一日に成立した新政党法の下で解禁され、様々な政党が作られることとなる。選挙管理委員会法と国会議員選挙法は翌年一月一五日に制定・公布、二月二七日には民政移管を目前にして朝野政客によって新体制への協力を誓う「宣誓式」が行われる。このような中、三月一六日には、朴正熙議長がいわゆる「三・一六声明」を発表、一旦は四年間の軍政延長と政治活動の即時中止が打ち出されることとなるが、結局朴正熙は内外の圧力によりこれを撤回することを余儀なくされ、一〇月一五日に大統領選挙、一一月二六日に総選挙が行われる。勝利したのは朴正熙と彼が総裁を務める民主共和党であった。ここに韓国は、再び、「選挙により成立する『権威主義的』体制」へと復帰することとなったのである。(42)

しかしながら、出発時点における二つの体制を見た時、明らかな違いが一つ存在した。それは第一共和国における李承晩政権が、少なくともその当初においては大統領としての李承晩の、他に対する圧倒的な政治的優越と相対的に大きな国民からの支持の獲得をもって開始されたのに対し、第三共和国における朴正熙とその政権はその開始時点から野党の深刻な脅威に晒された状態から出発しなければならなかったということであった。与党・民主共和党はそれでもまだ健闘していた。同党は、「正統保守野党」の流れを引く二つの野党、民政党と民主党がそれぞれ二〇・一%と一三・六%の得票率と四一人と一三人の当選者を獲得することしか出来なかったのに対し、三三・五%の得票率と一一〇人の当選者を出すことに成功、国会における絶対多数を占めることとなる。これに対して、大統領候補者としての朴正熙は、四五・一%の得票を獲得した尹潽善に対して、得票数において一五万余票、得票率にしてわずか一・五%多いだけの四六・六%を獲得して辛うじてその選挙に勝利する状態であった[43]。

重要なのは、朴正熙がこれほどまでに苦戦を強いられた相手が五・一六軍事クーデタの直前、あれほどまでに世論に批判された旧「政治人」の一人、尹潽善[44]であったということであり、その尹潽善に対してさえ朴正熙が、自らが政権を握る立場からの選挙でありながら、敗北の直前まで追い込まれたということであった。明らかなことは、この政権が「選挙」での勝利を自由に獲得できるというにはほど遠い状態から、自らの支配を開始しなければならなかったということである。「選挙により成立する『権威主義的』体制」。まさにその意味において朴正熙政権は、李承晩政権よりも明らかに弱体な政権であった。勢い、朴正熙政権はその施政の中で追加的な正統性の獲得を迫られることとなり、彼らはそれを「国民生活の向上」へと求めることとなる。周知のように、やがて朴正熙政権はこの点において多大な「成功」を収めることとなる。にもかかわらず経済的成功は、この政権をして「選挙」において安定的に勝利させるまでに至ることはなく、やがて朴正熙政権は「維新政権」という名の袋小路へと迷い込むこととなる。

朴正熙政権そのものについて論じることは、ここでの目的ではない。しかしながら、ここにおいて明らかなことは、朴正熙もまた、第二共和国の「無為無能な政商」が直面したのと同様の問題に直面せざるを得なかったということである。問題とは即ち李承晩以後の韓国においては、国民皆が認める支配の正統性を有する指導者がいなかったということであり、にもかかわらずこの国家が強い指導者を欲していたということであった。第二共和国期に見られたもの。それは即ち人々が既成のあらゆる指導者に対して不信の目を向けると同時に、彼らに対して強い指導力を期待するという矛盾した状況であった。

　見落とされてならないのは、当時の状況下において朴正煕はその答えではなく、人々は他の人物の中にも答えを見つけることができなかったということである。その原因は明らかであった。日本の敗戦という他人の失策により「解放を与えられた」韓国においては、そもそも他のアジア・アフリカ諸国において見られたような、独立運動の中で衆目一致する支配の正統性を獲得した数多くの「建国後の指導者予備群」やその組織は存在しなかった。なかんずく日本統治期を朝鮮半島において過ごした人々がそのような権威を獲得することは困難であり、彼ら「国内派」はいずれも「独立運動に由来する正統性」を十分に享受することができなかった。来るべき国家の正統性は、それゆえ一旦は彼ら以外の少数の元亡命政治家達によって担われざるを得なかった。しかし彼らもまた、韓国の建国に至るまでの状況を複雑なものとしたもう一つの状況、即ち連合国による朝鮮半島分割占領に直面し、その多くがこの現実の中で一人、また一人消え去ることとなる。結局、残ったのは二人の元亡命運動家、即ち金日成と李承晩であった。

　それゆえ金日成と李承晩がそれぞれの国家で果たした役割は重大であった。それは何も両者がともに当時の現実に見合った国家建設の方向性を提示し、南北をそれぞれの形で「独立国家」へと導いていったからということに留まらない。より重要であったのは、両国においてともに金日成と李承晩という二人の人物が有する過去の経歴とそれにまつわる様々な「伝説」が、彼らの国家の正統性と成り立ちを直接的に説明する役割を果たしていたということであろう。金日成「将軍」が、朝鮮民主主義人民共和国において提供したのは彼が日本統治期に「武装闘争」を行ったということであり、それゆえそこでは新たなる国家の独立はその正統性の延長線上に「想定」された。他方、大韓民国臨時政府「大統領」李承晩が提供したのは、新たなる国家が臨時政府を通じて大韓帝国からその「法統」を継承したということであり、大韓民国とその正統性はこの延長線上に「想定」された。金日成と李承晩。彼らなくして、朝鮮民主主義人民共和国と大韓民国という二つの国家を「考える」ことは文字通りできないのである。

大韓民国は李承晩の経歴によって「説明」され、その正統性を与えられた。重要なことは、この国家が同時に他の指導者の経歴に由来する「説明」を排除して成立したということであった。金九の存在が「説明」したであろう、列強の力に依存しない自力での「武装闘争」の結果としての独立という「説明」は、まさに金九のアメリカへの挑戦の失敗と暗殺により、この国家から永遠に排除されることとなる。呂運亨や朴憲永が提供したかも知れぬ、「国内派」による「自力解放」という「説明」は、「建国準備委員会」と「朝鮮人民共和国」が挫折する段階でそれよりも早く排除された。有力な競争者の排除は、当然のことながら李承晩の政治的突出をもたらすこととなる。政治・経済・社会、全ては李承晩を中心に回転した。

大韓民国の成立後、李承晩が日常の政治においてその指導力を発揮したことは実はまれであり、特にその晩年においては、政治の大まかな方針に対してさえ彼の政治指導が存在していたかどうか疑わしい状態にあった[45]。しかし、それは本当の意味で重要ではなかった。重要なのは彼がそこに存在すること、そしてその存在により大韓民国を「説明」していることにあった。その実際の政治指導がどうあれ、人々にとって李承晩はただそこに存在するだけで重要な存在であったのである。ゆえにある者は、彼がいなくなれば大韓民国はその「全て」を失うと信じ、彼を永遠に元首に留まらせるべく、あらゆる手段を模索した。またある者は、彼とその政権を打倒することこそが「全て」を変えることであると信じ、その政権打倒に全力を注ぐこととなる。またある人々は、政権から追放された後も彼と同じ国家で彼とともに生きることを希望し、官邸を追われた彼を暖かく迎えることとなる。実際に彼が何をしているかは重要ではなかった。重要なのはその存在であったのである。

しかし彼は突然そこから消え去ることとなった。現状の「全て」を説明したものの突然の消滅は、人々を深い困惑へと誘うこととなる。人々はその中で懸命に新たなる「方向性」と新たなる指導者を捜し求めるが、結局、そこに存在したのは両者がともに存在しないという「現実」であった。韓国が直面したのは結局、「現に存在する指導者」をもって「そこにある現実」に対峙しなければならないということであった。言い換えるならそれは結局こういうことであった。人々は誰も「今の」指導者に本当には満足していなかった。しかし、それに代わる人物がいないことが明らかならば、彼らは「とりあえず」彼をもって満足したことにする他はなかった。もはや「指導者が誰か」、そして彼が「何を語るか」は重要ではなかった。重要なのは「指導者が何をしてくれるか」であり、「何を残すか」だったのである。カリスマのいた時代が終わり、カリスマを追い求めた時代さえ終わろうとしていた。カリスマはそこには存在せず、人々はそれなくして全てを──「権威主義的」体制さえ──作りあげなければならなかった。

いつの間にか、民族の「夢」と「神話」を語る興奮の時代は去り、「日常」と「現実」へと向き合う時が到来していた。時代は既に、建国から一五年を経ようとしていたのである。

むすびにかえて

現代は本質的に分別の時代、反省の時代、情熱のない時代であり、束の間の感激に沸き立っても、やがて抜け目なく無感動の状態におさまってしまう時代である。[1]

「盗人のようにやって来た解放[2]」から、分断占領、そして様々な議論の末、どうにか成し遂げられた独立。それは「短かった安定期[3]」を経て、朝鮮戦争という真の悲劇へと帰着する。解放の年一九四五年から朝鮮戦争が終わる一九五三年までの韓国はまさに激動期に当たっていた。この激動期の韓国を主導した、あるいは人々が主導したと思っていたのは、一人の「建国の父」であり、社会は彼を中心に回ることとなる。しかし、激動はそれがまさに激動であるがゆえに、いつかは終わることを運命づけられている。貧困と不安と閉塞感の中にありながらも、「日常」はいつしか彼らの生活に忍び込み、やがて彼らを支配するようになっていく。「日常」が人々を支配する時代、最初に人々の耳に飛び込んできたのは、「暮らせないから変えてみよう」という声であった。それを叫ぶ人の人となりを反映してか、どこかしら楽観的な響きを持つその声は、それでも「変えてみればなんとかなるかもしれない」という、「非日常」的な期待を人々に与えていた。しかしその声も、やがては現実の中にかき消され、人々は最後に残った「非日常的」な期待を「革命」という手段により実現することを選択する。
しかし、やってきたのは、やはりかつてのそれと代わり映えのしない退屈な「日常」が支配する時代であった。人々はそれを当初憤り、しかしやがて諦念していくこととなる。ここに「日常」の時代がついに本格的に開始される。感動も、情熱も、そして希望もないその時代、人々は黙々と日々の「日常」と格闘し、一日を終える他に選択の余地を持たなかった。

本書が対象とする時代とは、韓国とその社会において、植民地支配という名のかつての「日常」が突然終了した後、解放という名の「非日常」的な興奮が到来し、様々な激動を経てようやく再び「日常」が支配する時代へと移り変わるまでの時期に当たっていた。重要なことは、間に挟まれた「非日常」の時代が先立つ「日常」の何を変え、新しい「日常」へと何を残したかということであろう。「非日常」が支配する時代において進行したのは、「非日常」的な指導者である李承晩と彼を中心に形成された「国家」による、「上からの」制度の再構築への動きであった。その最も典型的な表れが、建国当初の憲法が予定したのとは全く異なる、大統領それも国民による直接選挙により選出される大統領を中心とした政治体制であり、またこれを有効に機能せしめるための「政府党」の組織であった。「非日常」の時代に構築されたこの「日常の形」は、そのまま後の時代へと受け継がれ――少なくとも新たなる「非日常」と興奮の時代が到来するその時までは――韓国の政治を規定していくこととなる。韓国の「権威主義的」体制とは、まさにその二つの「非日常」の時代の間において成立したものだったのである。そしてその背景には、韓国がその解放を自力で獲得できず、また解放後米軍政府支配というもう一つの占領を経験せねばならなかった、という特殊な脱植民地化のあり方が存在していた。

韓国における「選挙により成立する『権威主義的』体制」は何故生まれたか。この本書における最大の問題の答えはもはや明らかであろう。そこに朝鮮半島の南北分断と冷戦、さらには朝鮮戦争下の極限状況が影響を与えていることは事実であり、筆者とてその重要性を否定はしない。しかしながらより重要なことは、たとえそれらの条件がなかったとしても、韓国のような特殊な脱植民地化の経緯を辿らざるを得なかった国家においては、独立運動に伴う卓越した権威を有する指導者を中心に、「選挙により成立する『権威主義的』体制」が成立する可能性は大きかったということであり、また、少なくともその点を抜きにして韓国における「選挙により成立する『権威主義的』体制」を理解することはできないということである。実際、アメリカは李承晩政権と必ずしも円滑な関係にあったわけではなく、[4]李承晩による体制がアメリカの支援によってのみ支えられていたという主張は、事実と大きく矛盾するものである。このような観点から考える時見落とされてならないのは、「米軍政府の正統性を認定し、それを引き継ぐ形で朝鮮半島南半のみに成立した大韓民国」においては、アメリカでさえどんなに彼との間に複雑な問題を抱えていても——例えばフィリピンにおいてのように——彼に代わる指導者や勢力を容易には見出すことが出来なかったと言うことであり、またそのような指導者や勢力が新たに成長してくることもなかったということであった。第二共和国において端的に現れたように、「正統保守野党」はその器として不十分であり、これ以外の勢力は事実上問題にさえならなかった。

このようなおよそ半世紀前の韓国を振り返って見て興味深いのは、今日の韓国もまた同様に「非日常」から「日常」への転換期、より正確にはその最終段階に差し掛かっているということであろう。言うまでもなく、現代韓国史における次なる「非日常」の時代は、経済成長と民主化闘争という二つの変化と期待により華やかに彩られた一九八〇年代であり、その頂点には一九八七年の民主化宣言と一九八八年のソウル五輪が存在した。重要なのは今日に至るまでの韓国を規定してきたのが、この一九八〇年代という時代のあり方であり、その典型的な現れが金泳三と金大中という民主化闘争の「非日常」から浮上してきた二人のカリスマ的指導者を軸に展開されてきた韓国政治のあり方であったということである。彼らが「非日常」から浮上してきたことの当然の帰結として、今後の韓国政治において彼らのような圧倒的な存在感と影響力を有するカリスマ的指導者が現れることは、もはや期待することさえ不可能であろう。

民族の解放を求めた時代は歴史となり、民主化と経済発展へ向けて人々が「夢」を追った時代もはや過去のものとなりつつある。今日の韓国が迎えつつあるもの、それは我々が今ここで体験しつつある、退屈で刺激のない、将来への「理想」を欠いた「日常」の支配する時代である。人々はそれに対し、漠然とした不安感を抱きつつ、一つ一つ対処する他、道はない。韓国における「情熱のない時代」は、本当は今こそ、はじまろうとしているのかもしれない。

註

まえがき

（1）咸錫憲『苦難の韓国民衆史』金学鉉訳（新教出版社、一九八〇年）三〇三頁。

（2）李承晩が八〇歳になったのを記念して建てられた。一九五六年八月五日竣工、同月一五日除幕式。この八一尺（約二五メートル）もの巨大な銅像は「四月革命」後の一九六〇年七月二三日、時の政府によって撤去される。この他にパゴダ公園にも一九五六年三月三一日に竣工した李承晩の銅像があり、こちらは革命の最中に人々によって引き倒されている。박미화「一九五〇—六〇년대 한국조각의 전개와 특성」、http://www.moca.go.kr/Modern/modern1/publication/study09/study9-03.html、成斗慶編『国会写真年鑑』（国会写真年鑑社【韓国】、一九五八年）七八頁、http://www.khistory.or.kr/kyear/List.asp?kyear=56、http://library.419revolution.org/cbody01-1.htm（アドレスは二〇〇二年八月二九日現在）。

（3）兪鎮午『養虎記』（高大出版部【韓国】、一九七七年）三一頁以下。

（4）咸錫憲『苦難の韓国民衆史』三〇二頁。また、三枝寿勝「韓国文学を味わう」第八章、http://www.han-lab.gr.jp/-cham/ajiwau/chap8/chap8.html（アドレスは二〇〇二年七月一七日現在）。

（5）三枝寿勝「韓国文学を味わう」第八章。

序章　脱植民地化と「政府党」——第二次世界大戦後新興独立国の民主化への一試論——

（1）本節については、Samuel P. Huntington, *Political Order in Changing Societies*, New Haven, CT: Yale University Press, 1968, をも参照のこと。

（2）この問題については、拙稿「権威主義体制」古田博司・小倉紀藏編『韓国学のすべて』（新書館、二〇〇二年）。

（3）森本達雄『インド独立史』（中央公論社、一九七二年）三頁。

（4）このような極めて多様な各国に関する情報について、本章は以下の著作や論文に依拠している。中東調査会編『アジア・アフリカ民族運動の実態』（至文堂、一九六〇年）、民主主義研究会編『アジアの政治社会構造と変動過程』（民主主義研究会、一九六八年）、村嶋英治・萩原宜之・岩崎育夫編著『ＡＳＥＡＮ諸国の政党政治』）（アジア経済出版会、一九九三年）、Ｗ・シェパード『アフリカ民族主義の政治的構造』小田英郎訳（慶応通信、一九六六年）、小田英郎『アフリカ現代政治』（東京大学出版会、一九八九年）、Haruhiko Fukui ed. *Political Parties of Asia and the Pacific*, Westport, CT: Greenwood Press, 1985, Walter H. Mallory ed. *Political Handbook of the World—Parliaments, Parties and Press as of January 1, 1960*, New York, NY: Happer & Brothers, 1960、等。

（5） この分野における代表的研究として、例えば、Ｊ・リンスの一連の研究が存在する。しかし、リンスが自身述べているように、彼の権威主義体制研究は「近代的権威主義体制」を対象としたものであり、「多数の脱植民地政」を「組み入れていない」。リンスは権威主義体制を、「いまだに伝統的正当性に基づく体制」、即ち彼の言う「スルタン支配型体制」と別個に議論しているが、本章のような主として発展途上国を念頭においた研究においては、「スルタン支配型体制」を、他の権威主義体制と区分して議論することは、控えめにいって困難であろうし、また、有益でもなかろう。本章において、独自の定義を用いる所以である。Ｊ・リンス『全体主義体制と権威主義体制』睦月規子・村上智章・黒川敬吾・木原滋哉訳（みすず書房、一九九五年）、同『民主体制の崩壊』内山秀夫訳（岩波現代選書、一九八二年）等。

（6） 藤原帰一「政府党と在野党——東南アジアにおける政府党体制」萩原宜之編著『民主化と経済発展』講座現代アジア三（東京大学出版会、一九九四年）。

（7） もちろん、「権威主義的」体制と「民主主義的」体制の境界線を、現実的な権力交代の可能性に求めるのは、藤原の独創ではない。例えば、「実在民主主義」について、ケルゼン『デモクラシー論』上原行雄・長尾龍一・森田寛二・布田勉訳（木鐸社、一九七七年）一二一頁以下。また、Giovanni Sartori, *Democracy Theory*, Detroit: Wayne State University Press, 1962, p. 150 以下。

（8） もっとも、各々の国が具体的にどちらの類型に属するかを決定することは決して容易ではない。しかし、この点について、本章では議論しない。

（9） 本章においては、ｘ類型の体制をもたらすまでに至る過程をＸ、ｘに類似するが異なる過程を経て成立する体制をｘ'と表記する。

（10） 小串敏郎『王国のサバイバル』（日本国際問題研究所、一九九六年）参照。

（11）実際、これら王制あるいは首長制の形式で独立した諸国のうち、その王制や首長制の直接の起源を植民地期以前に遡ることができるものはほとんど存在しない。例えば、ヨルダンの王制は、イラクのそれと同様、メッカ大公家の子弟を王とする形で、イギリスにより作り出されたものであったし、リビアのモハメッド・イドリスは、脱植民地化過程の「ヒーロー」であることを理由に、キレナイカのアミールから連合王国の国王へと昇格した。同様のことは、モロッコについてもいうことができる。小串敏郎『東アラブの歴史と政治』（勁草書房、一九八五年）、同『王国のサバイバル』、宮治一雄『アフリカ現代史』V（山川出版社、一九八一年）、および、中東調査会編『アジア・アフリカ民族運動の実態』三五五頁以下。

（12）北朝鮮については、Dae-Sook, Suh *Kim Il Sung : the North Korean leader*, New York : Columbia University Press, 1988 等を参照のこと。

（13）宮治一雄『アフリカ現代史』V。

（14）和田春樹『朝鮮戦争』（岩波書店、一九九五年）。

（15）例えば、岡義武『近代ヨーロッパ政治史』（創文社、一九六七年）一七六頁以下。

（16）ハンス・コーン『アジア民族運動』阿倍十郎訳（同人社、一九三二年）等。

（17）その典型として、スカルノ、蒋介石、等。スカルノについては、ベネディクト・アンダーソン『言葉と権力』（日本エディタースクール出版部、一九九五年）第二章、参照。

（18）このようなイデオロギー的傾向の典型的な現れが、いわゆる「アフリカ的民主主義」である。宍戸寛編著『アフリカの指導者』（アジア経済研究所、一九六三年）第四章等。

（19）例えば、リビアのカダフィ政権。また、第二次世界大戦以前の独立国であるが、イラクのカセム政権や、バラクザイ王朝崩壊後のアフガニスタン等。

（20）民主主義の最初の制度的崩壊に注目するのは、それがクーデタや「革命」等への心理的参入障壁を低下させ、甚だしくは、一部諸国に実際に存在するように、クーデタや「革命」による政権交代を事実上「制度化」するまでに至るからである。

（21）インドネシアにおける民主主義の制度的崩壊については、白石隆『スカルノとスハルト』（岩波書店、一九九七年）、アジア経済研究所編『インドネシアの政治社会構造』（アジア経済研究所、一九六一年）等。

(22) 差し当たり、K・エンクルマ『わが祖国への自伝』野間寛二郎訳（理論社、一九六一年）、宍戸寛編著『アフリカの指導者』、W・シェパード『アフリカ民族主義の政治的構造』等。
(23) 類似の事例として、第二代国王であるハッサン二世により、制度的民主主義が停止されたモロッコ。
(24) 独立と「革命」により生まれるカリスマについては、ベネディクト・アンダーソン『言葉と権力』に多くを依拠している。
(25) アンダーソン『言葉と権力』、白石隆『スカルノとスハルト』、首藤もと子『インドネシア――ナショナリズム変容の政治過程』（勁草書房、一九九三年）、アジア経済研究所編『インドネシアの政治社会構造』等。
(26) まれな事例として、独立運動に伴うカリスマ性が独立運動の中で単一人物に集中せず、複数の人物や勢力、それも対立関係にある複数の人物や勢力によってわかち持たれた場合には、この二人の指導者により権力交代の可能性が出現する。例えば、「権威主義的」体制の中での権力交代の事例として、アルジェリアにおけるベン・ヘッダとベン・ベラ。淡徳三郎『アルジェリア革命』（刀江書院、一九七二年）。
(27) このような姿勢をとった例は枚挙に暇がない。韓国における自由党結成以前の李承晩、ビルマのウ・ヌー等。この最も極端な例は、各国の国王達であったかも知れない。例えば、自身も独立運動の重要な担い手であった、モロッコのハッサン二世。また、実質的な一党制を採用した諸国においても、多くの「建国の父」達は自らをこれらの政党をも超越するものと位置づけた。
(28) M・ヴェーバー『権力と支配』浜島朗訳（有斐閣、一九六七年）四二頁。
(29) 差し当たり、アジア経済研究所編『インドネシアの政治社会構造』、二二一頁以下。
(30) このようなカリスマの捉え方として、Charles Lindholm, *Charisma*, Cambridge, MA : B. Blackwell, 1990。
(31) 典型的な事例として、ジンナーとアリ・カーン死後のパキスタン、アウン・サン死後のビルマ。また支配末期における、エンクルマ、李承晩。
(32) 例えば、インドネシアのスハルト政権である。もちろん、アフリカ諸国にもその例は多い。
(33) フィリピンについては、谷川英彦・木村宏恒『現代フィリピンの政治構造』（アジア経済研究所、一九七七年）、Jose Veloso Abueba, Raul P. de Guzman ed. *Foundations and Dynamics of Filipino Government and Politics*, Quezon : Book Mark Inc, 1973, Jean Grossholtz, *Politics in the Philippines*, Toronto : Little, Brown and Company, 1964 等を参考にした。

（34）セイロンについては、G. C. Mendis, *Ceylon Today and Yesterday*, Colombo：Associated Newspaper in Ceylon, 1957、Denzil Peiris, *1956 and After*, Colombo：Associated Newspaper in Ceylon, 1958、アジア協会編『アジア・ナショナリズム』（日刊工業新聞社、一九五七年）、民主主義研究会編『アジアの政治社会構造と変動過程』等。

（35）この点については、藤原帰一「フィリピンの政党政治」『ＡＳＥＡＮ諸国の政党政治』に印象的に描き出されている。

（36）中東調査会編『アジア・アフリカ民族運動の実態』二二五頁以下、および、アジア協会編『アジア・ナショナリズム』。また、インド社会党の母体となった会議派社会党の詳細については、Ｊ・Ｐ・ヘイスコック『インドの共産主義と民族主義』中村平治・内藤雅雄訳（岩波書店、一九八六年）二〇九頁以下。実際、ナラヤンは後に、一九七七年のジャナタ党の政権獲得に重要な役割を果たすこととなる。

（37）岩崎育夫『リー・クアンユー』（岩波書店、一九九六年）。

（38）萩原宜之『ラーマンとマハティール』（岩波書店、一九九七年）。

（39）尹景徹『分断後の韓国政治』（木鐸社、一九八六年）等。

（40）ハーバート・パッシン編『インドを救う道』伊藤雄次訳（サイマル出版会、一九七九年）。また、斎藤吉史『第三の世界』（東洋経済新報社、一九五九年）一五一頁。

（41）岩崎育夫『リー・クアンユー』。また、五百旗頭真編著『「アジア型リーダーシップ」と国家形成』（ＴＢＳブリタニカ、一九九八年）。

（42）萩原宜之『ラーマンとマハティール』。もっとも、ダト・オンの息子であるフセイン・オンは後に首相に就任する。

（43）例えば、張炳恵『常緑의 自由魂』（嶺南大学校博物館【韓国】、一九七三年）二九三頁以下。

（44）例えば、Ｍ・ブリッチャー『インド現代史』張明雄訳（世界思想社、一九六八年）二一七頁以下。

（45）本書第二章、参照。

（46）この点については、拙著『朝鮮／韓国ナショナリズムと「小国」意識』（ミネルヴァ書房、二〇〇〇年）。

（47）もっともこれらの諸国の中ではマレーシアにおいて比較的、旧名望家勢力の力が温存されたことは事実である。この点についてはさらに検討する必要があろう。しかしながら、例えば、ダト・オン、フセイン・オン父子に典型的に現れているように、旧支配層有力者がその政治力を発揮するためには、政府党に所属することは不可欠であったことは見落とされてならない。この点において、建国後においても、有力者の与党からの離脱と自立が繰り返し見られたフィリピンやセイロンと、マレーシアの事例は異なる。伊賀司氏の示唆によった。感謝したい。

(48) ヴェーバーが述べたように、カリスマは時に、その周囲にいる人物に「世襲」され、温存される場合がある。北朝鮮の金日成と金正日や、本章で取り上げたインドのネルーとインディラ・ガンディーは、その典型的な例であろう。また、M・ヴェーバー『権力と支配』四五頁以下。

(49) もちろん、実際にはこのような脱植民地化過程での旧在地支配層政治権力の失墜が容易に実現するか否かは、当該社会の構造にも大きく左右される。即ちそもそもが流動的な人口を抱え、それゆえ、在地支配勢力の権力が元来強力でなかった社会においては、このような脱植民地化過程での影響は、甚大なものとなろうし、逆に、それが元来強固な、経済的・イデオロギー的基盤を有する場合には、同じ影響は最小限に留められよう。この点についての詳細は、拙稿「韓国における民主化と『政府党』」西村成雄・片山裕編著『二〇世紀東アジア史像の新構築』（青木書店、二〇〇二年）。

(50) J・リンス『民主体制の崩壊』一〇頁。

(51) 「反対党」については、G・ヨネスク、I・デ・マダリアーガ編著『反対党の研究』宮沢健訳（未来社、一九八三年）、の各所を参照のこと。

(52) このような状況については、例えば、『反対党の研究』一五八頁以下。

(53) 韓国における「政府党」と民主化の問題についてより詳しくは、拙稿「韓国における民主化と『政府党』」参照。

(54) 「列柱化」の概念については、Peter Flora, Stein Kuhnle and Derek Urwin, *State Formation, Nation Building, and Mass Politics in Europe—The Theory of Stein Rokkan*, Oxford : Oxford University Press, 1999。本節の理論的部分は同書に大きく依拠している。

(55) このような李承晩の姿勢は、彼の一民主義に典型的に表れている。梁又正『李大統領建国政治理念』（連合新聞社【韓国】、一九四九年）等。

(56) 韓国の「地域主義」は、それが選挙区レベルを超えたものであり、個々の政治家が選挙区単位においては、むしろ脆弱な支持基盤しか有していないという点において、例えば、日本の「利益誘導」に基づく政治とは全く異なる。この点については差し当たり、홍기훈編『지역주의와 한국정치』（白山書堂【韓国】、一九九六年）、조기숙『지역주의 선거와 합리적 유권자』（나남【韓国】、二〇〇〇年）、최영진『한국지역주의와 정체성의 정치』（도서출판 오름【韓国】、一九九九年）等。また、拙稿「韓国における民主化と『政府党』」。

（57）九〇年代のインドの状況については、木村雅昭「台頭するヒンドゥー原理主義」木村雅昭・廣岡正久編著『国家と民族を問いなおす』（ミネルヴァ書房、一九九八年）。
（58）Ernest Gellner, *Plough, Sword and Book*, Chicago, Il: University of Chicago Press, 1988
（59）ハンナラ党はその人脈面において、全斗煥・盧泰愚の民主正義党と金泳三の新韓国党という、二つの「政府党」の流れを引いている。この政党において興味深いのは、それが今日、いっそうの「慶尚道党」としての性格を強めつつあること、そして、にもかかわらずこの政党が二〇〇二年大統領選挙候補者としたのが、慶尚道ならぬ忠清道出身の李会昌であったということである。ここにおいて進行しているのは、「地域主義」の脱人格化であり、抽象化である。今日の状況は、一九八六年から九二年頃まで顕著に見られた、金泳三・金大中・金鍾泌に、全斗煥あるいは盧泰愚を加えた、人格化した地域主義とでもいうべき様相と異なるものとなっている。

第Ⅰ部　日本統治から与村野都へ――「正統保守野党」の興亡――

第一章　「東亜日報グループ」の登場――日本統治とその構造――

（1）このグループに属する人々については、これらの人々の多くが関わった「普成専門学校（今日の高麗大学の前身）」に因み、「普成グループ」と呼ぶこともある。この点については、沈之淵教授からの示唆を頂いた。感謝したい。但し、本書においては、彼らの政治活動の中心が、東亜日報であったことを重視し、また、東亜日報こそが後の「正統保守野党」へと組織を提供したということ等に鑑み、「東亜日報グループ」という名称を用いることとする。
（2）金相万『東亜日報社史』一（東亜日報社【韓国】、一九七五年）六頁。
（3）今日までにおける、最も優れた東亜日報グループに関する研究は、伝記や社史を除けば、Carter J. Eckert, *Offspring of Empire: the Koch'ang Kims and the colonial origins of Korean capitalism, 1876-1945*, Seattle, WA: University of Washington Press, 1991、であろう。筆者も本章を執筆するに当たっては、同書を参考にした部分が大きい。
（4）この点については、枚挙に暇がないが、例えば、古下宋鎮禹先生伝記編纂委員会編『古下　宋鎮禹評伝』（同委員会【韓国】、一九九〇年）九七頁以下。
（5）例えば、一九四五年における、朝鮮半島内における原綿消費量の六六・三六％が、京城紡織によるものであった。解放直後の混乱があったことを差し引いたとしても、日本人資本を除外した部分における、京城紡織の圧倒的地位を知ることができよう。京紡七〇年史編纂委員会編『京紡七〇年』(同委員会【韓国】、一九八九年)六三四頁。

(6) 東亜日報グループに対する親日派批判としては、例えば、위기봉『다시 쓰는 東亜日報史』(녹진【韓国】、一九九一年)等。

(7) 金黄中編『蔚山金氏族譜』甲・乙・丙(回想社【韓国】、一九七七年)。

(8) 片弘基『韓国科挙史』(明義会【韓国】、一九八七年)二二五頁。

(9) 金容燮「韓末日帝下의 地主制」『韓国史研究』【韓国】一九、七〇頁。

(10) 『韓国科挙史』二二五頁。

(11) 『다시 쓰는 東亜日報史』二九頁以下。

(12) 金泳模『韓国支配層研究』(一潮閣【韓国】、一九八二年)一〇七頁以下。

(13) 金容燮「韓末日帝下의 地主制」に詳しい。

(14) 同論文、七九頁。

(15) 박찬승「한말 호남학회 연구」『国史館論叢』【韓国】五三、各所。

(16) 大韓協会については、李鉉淙「大韓協会의 組織과 活動에 관한 性格」趙恒來編『一九九〇年代의 愛国啓蒙運動研究』(亜細亜文化社【韓国】、一九九三年)等。

(17) 湖南学会については、金煕泰「湖南学会의 組織과 活動」趙恒來編『一九九〇年代의 愛国啓蒙運動研究』、また、先述、박찬승「한말 호남학회 연구」、柳東善「開化期 湖南学会의 教育活動에 関한 研究」(中央大学校【韓国】碩士学位論文、一九九〇年)等。なお、金性洙の妻の父、高鼎柱はこの学会の初代会長である。

(18) 박찬승「한말 호남학회 연구」一六三頁。彼は一〇〇円の納付を約束したがこれを履行していない。このようなことは、当時の地主会員に一般的に見られたこと(박찬승によれば地主会員のうち、会費を納入したのは二名、計二七〇円に過ぎない)であって、同論文一五一頁によれば、初代会長高鼎柱さえも約束した三〇〇円を結局は、学会に納付しなかった。金暻中等を取り巻く人々が早期に学会活動に興味を失っていたことを知ることができよう。

(19) この段階では彼らは有力な地主の一人ではあったが、その地位は他から隔絶したものではなかった。例えば、박찬승「한말 호남학회 연구」一六三頁、湖南地主学会員の資産表を参照のこと。また、彼らはたとえ大地主ではあっても、ソ

ウルでの発言権は小さかった。そのことは、大韓協会における金祺中の位置からも知ることができる。
(20) 一九一一年の『時事新報』には、半島における、十大資産家の一人として金暻中の名前が挙げられている。他の九名は、민영휘・송병준・박영효・김잔섭・최현식・장길상・이윤용・민병석・정재학であった。彼らはかつての王朝高官、もしくは併合に関係ある者である。金暻中と蔚山金氏の特異な地位を知ることができるであろう。これについては、『다시 쓰는 東亜日報史』三二頁によった。
(21) この点については、趙恒來編『一九九〇年代의 愛国啓蒙運動研究』の各所。
(22) 仁村紀念会編『仁村 金性洙伝』（同紀念会【韓国】、一九七六年）一〇二頁。
(23) 典型的な例は、繰り返し強調される、金尭筴の妻、鄭氏の逸話である。先述『仁村 金性洙伝』四四頁、権五琦編『仁村 金性洙』（東亜日報社【韓国】、一九八五年）三四頁。これらによれば、「鄭夫人のこの勤勉・節約の気風は今日までの金氏門中に深く根を下ろしており、それが金氏門中の原動力となっている」。同様の逸話はもちろん、金性洙自身についてもある。幼年時代のものについては、『仁村 金性洙伝』四七頁、一九二〇年代のものについては、金昌煥編『韓国政界七人伝』（韓国文化社【韓国】、一九六九年）六四〜六五頁。
(24) 『仁村 金性洙伝』四五頁。
(25) 金暻中のこのような姿勢については、金相夏編『秀堂 金季洙』（三養社【韓国】、一九九五年）二五頁。「優れた性品の所有者である芝山は、自己の財産を運用するに際して他人に損害を与えたことはなかった。あちこちから金を借りても、無理に金を使おうとする、人となりではなかった。」
(26) 『仁村 金性洙伝』一〇一頁。
(27) 金性洙の幼年時代については、先述他の金性洙の伝記参照。
(28) この英学塾については、金性洙の各種伝記、また、박찬승「한말 호남학회 연구」一五〇頁。
(29) 洪淳権『韓末 湖南地域 義兵運動史研究』（서울大学校出版部【韓国】、一九九四年）二一〇頁。また、この時代の湖南地域の地主と義兵運動の一般的な関係については、同書の各所、および、박찬승「한말 호남학회 연구」一四六頁。
(30) 『仁村 金性洙伝』四九頁。
(31) 『仁村 金性洙伝』五九頁。
(32) 『秀堂 金季洙』三七〜四一頁。金性洙は、宋鎮禹が推奨するソウルへの留学と、白寛洙が主張した日本への留学の両者の中から、自らの強い意志で、日本への留学を選択している。彼は宋鎮禹に対して、こう述べたという。「いや、ソウルに行くのではなく、我々は日本に行くのだ!!」。

(33) 『仁村　金性洙伝』七五頁。

(34) 『仁村　金性洙伝』七八頁。

(35) 『仁村　金性洙伝』七八頁。

(36) この当時の金性洙等の交流については、金性洙・宋鎮禹・張徳秀等の伝記の各所、また、박태균「解放　直後　韓国民主党　構成員의　性格과　組織改編」『国史館論叢』【韓国】五八、九四頁以下。

(37) 金性洙「大学時代의　学友들」『三千里』(一九三五年)。『仁村　金性洙伝』八七頁、よりの再引用。

(38) こうした「私学熱」については、呉天錫『韓国近代教育史』(高麗書林、一九七九年) 一八一頁以下。

(39) このような経緯については、『仁村　金性洙伝』九一頁以下。

(40) 『仁村　金性洙伝』九八〜九九頁。

(41) 『仁村　金性洙伝』一〇〇頁。

(42) 『仁村　金性洙伝』一一九頁。なお、今日、同名の碑が、中央学校敷地内に建てられている。

(43) 『仁村　金性洙伝』三四二頁。

(44) 『仁村　金性洙伝』三八七頁。

(45) 普成専門学校の成り立ちとその金性洙による入手については、高麗大学校六〇年史編纂委員会編『六〇年誌』(高麗大学校【韓国】、一九六五年) が詳しい。

(46) 京城織紐入手と京城紡織設立における、李康賢の役割については、『京紡七〇年』六二頁、また、権五琦編『仁村　金性洙』一三五頁以下。

(47) 東亜日報設立初期における、李相協の主導的な役割とその経緯については、金相万『東亜日報社史』一、六八頁以下。但し、後に述べるように、その後李相協は、宋鎮禹と対立し、東亜日報を離れることとなるため、この記述でもその役割はあるいは過小評価されているのかも知れない。大韓言論人会編『韓国言論人物史話』八・一五前編(上)(大韓言論人会【韓国】、一九九二年) 四三六頁以下。

(48) 各々、『京紡七〇年』、『東亜日報社史』一、参照。中央学校と普成専門学校においては入手当初から金性洙や彼の側近が要職に就いていたことを想起されたい。

(49) 『京紡七〇年』七一頁。

(50) 『東亜日報社史』一、一二三頁。

(51) 『韓国言論人物史話』八・一五前編（上）、四四三頁。

(52) もっとも、李相協が東亜日報を離れた後にも、東亜日報においては、彼に匹敵する編修・文章能力を有する人材が、新聞運営のために必要であった。代って抜擢されるのが、臨時政府と対立し、その機関紙『独立新聞』【韓国】を離れて、朝鮮半島に戻っていた、李光洙と朱耀翰であった。しかし、やがて彼らも、金性洙からの自立を目指し、東亜日報を離れることとなる。『韓国言論人物史話』八・一五前編（上）四〇一頁以下（李光洙）、および『韓国言論人物史話』八・一五前編（下）（大韓言論人会【韓国】、一九九二年）一七九頁以下（朱耀翰）。また、「나의 이력서」二二『韓国日報』【韓国】一九七五年一〇月七日。後日の朱耀翰の述懐である。また、同じ「나의 이력서」一九『韓国日報』【韓国】一九七五年一〇月三日には、宋鎮禹の酒癖と、金性洙の「編修には干渉しなかったが、経費削減には気を使っていた」という経営方針についての指摘がある。

(53) この点については、박태균「解放　直後　韓国民主党　構成員의　性格과　組織改編」九〇〜九九頁をも参照のこと。

(54) この点については、彼らの、東亜日報グループの諸企業・団体における出資等の額を見ても知ることができる。京城紡織の初期の大株主であり、財団法人中央学院の主たる資金提供者の一人であった朴容喜を例外とするなら、彼らの中に、これらの諸企業・団体に大株主等の位置にいたものはいない。その意味で彼らと、金性洙の関係を対等な関係ということは難しい。

(55) これら東亜日報グループの傘下に収まった人々の思想的傾向については、これまで様々な形で論じられてきたが、筆者はこれを簡単に論じることは難しいと考える。何故なら、日本統治期の東亜日報に関わった人物の中には、李光洙・朱耀翰のように総督府と密接な関係を有した人々もいれば、呂運亨のような「進歩的知識人」や、さらには後に朝鮮共産党の指導者となる朴憲永のような人々さえいたからである。この点については、「歴代社員名録」『東亜日報史』一、四一八〜四三三頁。

(56) 三養社編『三養六〇年』（三養社【韓国】、一九八五年）七二頁（一九二四年の数値）、および、一二六頁（同一九四八年）。また、金性洙一族の土地資産の内容については、金容燮「韓末日帝下의　地主制」八七頁の表、および、『다시 쓰

는　東亜日報史』三七頁の表、参照のこと。
(57)　表1－2参照のこと。また、『京紡七〇年』五七九頁。
(58)　表1－2参照。
(59)　この株式募集に当たって、金性洙等は日本人株主の存在を排除しなかった。*Offspring of Empire*, p. 78。
(60)　例えば、『京紡七〇年』一〇一頁。第二回新規株主募集の際、一般公募の占める割合は、一〇%（四万株中四千株）でしかなかった。
(61)　朝鮮殖産銀行とその役割については、金玉根『日帝下朝鮮財政史論攷』（一潮閣【韓国】、一九九四年）二〇～二二頁。また、藤戸計太『朝鮮金融経済研究叢書』（大東学会、一九二二年）四九二号、五〇九～五二一頁。
(62)　表1－3にも記したように、一九四〇年の段階で、京城紡織の朝鮮殖産銀行と、満州における同様の機関であった満州興業銀行からの融資は、合計四二〇〇万円にも達している。「朝鮮人はもちろん、日本人達の間でも、このような巨額の融資を受けることの出来るものは、誰一人いなかった」。『秀堂　金季洙』一五三頁。日本政府系金融機関と東亜日報グループとの密接な関係を知ることができるであろう。
(63)　東亜日報グループは、一時期、海東銀行を入手し、これを経営しようとした時期があった。しかし、総督府の勧誘と経営難からこの経営は一九三八年には断念され、海東銀行は漢城銀行に合併され、蔚山金氏一族はその経営から手を引くこととなる。彼らによる数少ない経営失敗の例である。『三養六〇年』一一三頁、また、*Offspring of Empire*, p. 90。ここでは次のような、金容完（京城紡織第五代社長）の発言が記録されている。「海東は小さな銀行だった。それは多くの顧客も持たず、預金額も多くはなかった。だから、京紡が海東にのみ頼ることは不可能だった。それは小さ過ぎたため、我々は殖産銀行と仕事をしなければならなかった」。
(64)　朴泳孝の略歴については、例えば、大垣丈夫編『朝鮮紳士大同譜』（朝鮮紳士大同譜発行事務所、一九一三年）一四頁。
(65)　例えば、『京紡七〇年』六七頁、『東亜日報史』一、一〇七～一〇八頁。
(66)　同様の見解を示すものとして、*Offspring of Empire*, pp. 98-99。エッカルトも述べているように、朴泳孝の役割は単なる名目的なものを越えた「それ以上」のものであった。また、同箇所でエッカルトは、朝鮮殖産銀行において、朴泳孝をはじめとする朝鮮人理事達の役割は大きかった、と主張している。なお、本節の内容については、*Offspring of Empire*, p. 651 以下とほぼ一致している。

(67) 中富は、朝鮮殖産銀行の審査課長であった。東京興信所編『銀行会社要録』（東京興信所、一九三三年）、「朝鮮」一頁。

(68) 玄相允「三一運動의 回想」『新天地』【韓国】一九四六年三月号、『古下 宋鎮禹評伝』一〇九頁よりの再引用。三・一運動において朴泳孝との折衝役は宋鎮禹であった。また、この経緯については、市川正明編『三・一独立運動』三（原書房、一九八四年）二四頁。

(69) 朴泳孝を親日派として批判する代表的な文献としては、例えば、林鍾国『親日派』（御茶の水書房、一九九二年）八六〜八七頁。

(70) 表１－１参照のこと。

(71) 東亜日報社編『雪山 張徳秀』（東亜日報社【韓国】、一九八一年）三二八頁。

(72) 堀和生『朝鮮工業化の史的分析』（有斐閣、一九九五年）等。

(73) このような「文化統治」期における、朝鮮社会の変化については、金玉根『日帝下朝鮮財政史論攷』六八頁以下。また、慎鏞廈『韓国近代社会史研究』（一志社【韓国】、一九八七年）二五八頁以下。

(74) *Offspring of Empire*、タイトルより。

(75) これについては、表２－３および、*Offspring of Empire*, pp. 79-84。

(76) 解放後の東亜日報グループについては、本書第二章、第三章、参照。

第二章 「正統保守野党」の誕生――米軍政府期の「東亜日報グループ」――

(1) この点については、拙稿「韓国大統領のリーダーシップとその政治的基盤」五百旗頭真編『「アジア型リーダーシップ」と国家形成』（ＴＢＳブリタニカ、一九九八年）。

(2) 例えば、『韓国日報』【韓国】一九九七年一二月一九日。

(3) 李承晩の同走者であった李起鵬は第三代副統領選挙に敗れ、朴正煕は第五代・七代の両大統領選挙で敗北の瀬戸際まで追い込まれている。尹景徹『分断後の韓国政治』（木鐸社、一九八六年）の各所。

(4) 例えば、崔寅泳『民権党（小史）』（民権党【韓国】、一九八三年）。

(5) 尹景徹『分断後の韓国政治』四四頁、崔寅泳『民権党（小史）』の各所、他。

(6) 本研究を遂行するための資料収集に当たっては、韓国国際交流財団からの資金援助を受けた。同財団に感謝したい。
(7) 古下先生伝記編集委員会編『古下宋鎮禹評伝』(東亜日報社【韓国】、一九九二年)二九〇頁。
(8) 本書第一章、参照。
(9) 例えば、民族政経文化研究所版『親日派群像(上)』(三省文化社【韓国】、一九四八年)。ここには、金季洙、張徳秀、金東元等の名前が挙げられている。また、東亜日報グループの親日業績については、위기봉『다시 쓰는 東亜日報史』(녹진【韓国】、一九九一年)九二頁以下に詳しい。
(10) この時期の南満紡績については、京紡七〇年史編纂委員会編『京紡七〇年』(同委員会【韓国】、一九八九年)一〇四頁以下。
(11) 解放直前直後の政治状況については、例えば、森田芳夫『朝鮮終戦の記録』(巌南堂書店、一九六三年)、また、森田芳夫・長田かな子編『朝鮮終戦の記録　資料編』一(巌南堂書店、一九七九年)等の各所。
(12) 総督府の対応については、森田『朝鮮終戦の記録』、および、『同　資料編』一。
(13) 森田『朝鮮終戦の記録』六八頁。
(14) 宋鎮禹・東亜日報(一九二七～三六年)、呂運亨・中央日報(一九三三～三六年)、安在鴻・朝鮮日報(一九三一～三二年)。大韓言論人会編『韓国言論人物史話』八・一五前編(上)(大韓言論人会【韓国】、一九九二年)三四二頁以下、三〇三頁以下、三九四頁以下。もちろん、彼らがここで候補に挙がった背景には、彼らの他の経歴ゆえもあろうが、三人が全て朝鮮語新聞の社長経験者であったことは偶然ではなかろう。
(15) 宋鎮禹への総督府との折衝については、基本的に『古下宋鎮禹評伝』によった。同書二八一頁以下では、この点に関する先行研究の詳しい検討が行われている。
(16) 『古下宋鎮禹評伝』二八六～二八七頁。
(17) ヴィシー政権下のペタンについては、差し当たり、アンリ・ミシェル著・長谷川公昭編『ヴィシー政権』(白水社、一九七九年)。
(18) 皮肉なことに、彼への判決が下されたのは、朝鮮半島解放の日、八月一五日、判決は死刑であった。この判決はドゴールにより直ちに終身刑に格下げされる。
(19) 例えば、森田『朝鮮終戦の記録』六九頁。

(20)「建国準備委員会」については、Bruce Cumings, *The Origins of the Korean War*, Princeton, NJ : Princeton University Press, 1981, p. 71 以下。
(21)朝鮮半島北半にやがて成立する「朝鮮民主主義人民共和国」とは全くの別組織である。
(22)森田『朝鮮終戦の記録』七一頁。
(23)『古下宋鎮禹評伝』二八六～二八七頁。
(24)汪兆銘については、古厩忠夫「『漢奸』の諸相」大江志乃夫他編『地域と屈従』近代日本と植民地　六（岩波書店、一九九三年）等を参照のこと。
(25)ラウレルについては、中野聡『フィリピン独立問題史』（龍渓書舎、一九九七年）の各所。
(26)「建国準備委員会」や「朝鮮人民共和国」の勢力拡大過程については、Bruce Cumings, *The Origins of the Korean War*, p. 71 以下。
(27)『古下宋鎮禹評伝』三〇五頁。
(28)両者の間には元来密接な関係があった。東亜日報社編『雪山　張徳秀』（東亜日報社【韓国】、一九八一年）一一八～一四一頁、仁村紀念会編『仁村　金性洙伝』（同紀念会【韓国】、一九七六年）四七一～四七四頁。
(29)『古下宋鎮禹評伝』三〇五頁。
(30)宋南憲『韓国現代政治史』一（成文閣【韓国】、一九八〇年）七九～八〇頁。
(31)宋鎮禹は朝鮮民族党への参加勧誘をも受けたが、これもまた拒否している。張徳秀もまた、宋鎮禹、金性洙らに早期政治活動再開の必要性を主張している。宋南憲『韓国現代政治史』一、八五頁、『雪山　張徳秀』二九八～二九九頁。
(32)宋南憲『韓国現代政治史』一、八五～八六頁、沈之淵編『韓国民主党研究』一（풀빛【韓国】、一九八三年）一六九頁以下。
(33)安在鴻は呂運亨や共産党系勢力との対立により、九月四日に「建国準備委員会」と袂を別ち、九月二四日には国民党を結成するに至っている。宋南憲『韓国現代政治史』一、七三～七四頁。
(34)同党の参加については、宋南憲『韓国現代政治史』一、八六頁、等。
(35)『古下宋鎮禹評伝』三一五～三一六頁。
(36)アメリカ軍の朝鮮半島南半への進駐については、森田『朝鮮終戦の記録』二六六頁。

(37) 宋南憲『韓国現代政治史』一、八七頁。
(38)『雪山 張徳秀』二九六頁以下、および、許政『내일을 위한 証言』(샘터사【韓国】、一九七九年)九五頁以下。
(39)『古下宋鎮禹評伝』二九九〜三〇〇頁。また、宋南憲『韓国現代政治史』一、一二四頁。
(40) 宋南憲『韓国現代政治史』一、一二三頁。
(41) 両党の政策については、宋南憲『韓国現代政治史』一、一二三頁以下。
(42) 当初の韓国民主党の首脳部については、沈之淵『韓国現代政党論』韓国民主党研究二(創作과 批評社【韓国】、一九八四年)二〇七頁以下。沈之淵の二冊の韓国民主党に関する編著の中には、韓国民主党に関する一次資料が数多く収録されており、極めて有益である。本章もこれに大きく依拠している。
(43) 白寛洙は一九三七〜四〇年に東亜日報社長、同じ頃、徐相日は東亜日報大邱支局長であった。
(44) 沈之淵編『韓国現代政党論』九九頁。
(45) 박태균「解放 直後 韓国民主党 構成員의 性格과 組織改編」『国史館論叢』【韓国】五八、一九九四年、九四頁以下。
(46) 박태균「解放 直後 韓国民主党 構成員의 性格과 組織改編」九四頁。
(47) 박태균「解放 直後 韓国民主党 構成員의 性格과 組織改編」九五頁。
(48) 박태균「解放 直後 韓国民主党 構成員의 性格과 組織改編」九六頁。
(49) 박태균「解放 直後 韓国民主党 構成員의 性格과 組織改編」九六頁。また、『雪山 張徳秀』二四〇頁、許政『내일을 위한 証言』六二頁、金度演『나의 人生白書』(常山回顧録出版同志会【韓国】、一九六七年)一一〇頁。
(50) 박태균「解放 直後 韓国民主党 構成員의 性格과 組織改編」九七〜九九頁。
(51) 沈之淵編『韓国現代政党論』一〇〇〜一〇二頁。
(52) 興士団系勢力については差し当たり、興士団編『興士団運動七〇年史』(興士団出版部【韓国】、一九八三年)の各所。
(53) 박태균はここで後の「左右合作運動」における対立で脱党した勢力を非主流派としているが、この分類がどの程度有効か否かは検討の必要があろう。박태균「解放 直後 韓国民主党 構成員의 性格과 組織改編」一〇四頁以下。
(54) 主流派・非主流派構成員同士の韓国民主党結党以前の交流については、本章で使用した様々な伝記、回顧録、社史等を参照されたい。

(55) 沈之淵編『韓国現代政党論』一〇二頁。
(56) 白南薫『나의 一生』（解慍白南薫先生紀念事業会【韓国】、一九六八年）二二九頁。
(57) 沈之淵編『韓国現代政党論』二一三頁。
(58) 『雪山 張徳秀』三二五頁。
(59) 『雪山 張徳秀』三二六～三二八頁所収の記事による。
(60) 『雪山 張徳秀』三二九頁。
(61) 『雪山 張徳秀』三三二頁。
(62) 例えば、著者・出版社等未詳『韓国民主党의 生成과 그 分裂』【韓国】。
(63) 『大東新聞』【韓国】一九四六年一〇月三一日。
(64) 『東亜日報』【韓国】一九四六年一一月九日。もっとも、この説明について、韓国民主党側は納得していなかった。『雪山 張徳秀』三六〇～三六二頁。
(65) 『大東新聞』【韓国】一九四六年一〇月三日。
(66) 『大東新聞』【韓国】一九四六年一〇月三一日。
(67) 『東亜日報』【韓国】一九四六年一一月二日。「金承洙」の略歴については、朝鮮総督府官報三〇二一号参照のこと。
(68) 沈之淵編『韓国現代政党論』八四頁。
(69) 尹景徹『分断後の韓国政治』五〇頁以下。
(70) 『古下宋鎮禹評伝』三五七頁。
(71) 東亜日報グループ関係者の伝記や、必ずしもそれと同じ立場に立つものではないが박태균も同様の見解を有している。
(72) 『東亜日報』【韓国】一二月二九日。
(73) 米軍政府の機構等については、金雲泰『美軍政의 韓国統治』（博英社【韓国】、一九九二年）。
(74) 以下の趙炳玉警務局長就任の経緯については、趙炳玉『나의 回顧録』（民教社【韓国】、一九五九年）一四九頁以下によった。
(75) 趙炳玉『나의 回顧録』一五一頁。
(76) 趙炳玉『나의 回顧録』一五二頁。

(77) 趙炳玉『나의 回顧録』一五四頁。
(78) 趙炳玉『나의 回顧録』一五四頁。
(79) 趙炳玉『나의 回顧録』一五五頁。
(80) 趙炳玉『나의 回顧録』一五六～一五七頁。
(81) 趙炳玉『나의 回顧録』一五八頁。
(82) 宋南憲『韓国現代政治史』一、二八一～二九二頁。
(83) 趙炳玉『나의 回顧録』一六八頁。
(84) 趙炳玉『나의 回顧録』一六八～一六九頁。
(85) 趙炳玉『나의 回顧録』一九〇頁。
(86) この点について、韓国民主党は「『臨時政府』に近い者の仕業」と判断していた。『古下宋鎮禹評伝』三五七頁。
(87) 沈之淵編『韓国現代政党論』五〇頁。
(88) 金雲泰『美軍政의 韓国統治』一八八頁。
(89) 同右。
(90) Richard E. Lauterback『韓国美軍政史』国際新聞社訳（国際新聞社出版部【韓国】、一九四七年）四五頁。
(91) 沈之淵編『韓国民主党研究』一、一三八頁。
(92) 金雲泰『美軍政의 韓国統治』一八九頁。呂運亨はこの人選を意図的であるとして会議に参加しなかった。
(93) 沈之淵編『韓国現代政党論』五六頁。もっとも金雲泰は、この顧問会議は「日帝時代の中枢院のような韓国民にとってはほとんど有名無実な御用機関」であったとして重視していない。金雲泰『美軍政의 韓国統治』一九〇頁。
(94) 金雲泰『美軍政의 韓国統治』一九二～一九三頁。
(95) 例えば、沈之淵編『韓国現代政党論』二二六頁。
(96) 趙炳玉『나의 回顧録』一九〇頁。
(97) 第一回米ソ共同委員会とその決裂については、宋南憲『韓国現代政治史』一、二六六頁以下。
(98) 先に張徳秀らによって結成された韓国国民党とは別の政党である。
(99) 四党合同問題については、差し当たり、宋南憲『韓国現代政治史』一、一六六頁以下。また、この問題を巡る韓国民主党の一連の声明については、沈之淵編『韓国民主党研究』一、一八七頁や、『大東新聞』一九四六年四月一一日、一九日等。

(100) 「左右合作運動」については、宋南憲『韓国現代政治史』一、二九三頁以下等。この運動には、米軍政府からの強い支持があった。また、これを巡る韓国民主党の一連の声明については、沈之淵編『韓国民主党研究』一、一九一頁以下、および、『大東新聞』一九四六年一〇月八日、一〇日等。また、박태균「解放 直後 韓国民主党 構成員의 性格과 組織改編」一一二頁以下。しかし、結局この運動は、李承晩・韓国民主党の反対や、主要人物の一人であった呂運亨の暗殺等により空中分解することとなる。

(101) 宋南憲『韓国現代政治史』一、三〇七頁。

(102) 『雪山 張徳秀』三五五～三五六頁。

(103) 元世勲らの脱党については、박태균「解放 直後 韓国民主党 構成員의 性格과 組織改編」一一二～一一七頁に詳しい。『大東新聞』一九四六年一〇月一〇日、一三日。また、離党時の元世勲の声明については、沈之淵編『韓国民主党研究』一、一九七頁。

(104) 『雪山 張徳秀』三五七～三五八頁。

(105) ビルラ財閥とガンディーの関係については、Bhikhu Parekh, *Gandhi's Political Philosophy*, London: Macmillan Press, 1989, pp. 140-141。

第三章 「正統保守野党」の変質と「東亜日報グループ」の政治的解体——「権威主義的」体制成立の前提条件として——

(1) 「総理任准否決後大統領談話」李承晩博士紀念事業会雩南実録編修会編『雩南実録』（悦話堂【韓国】、一九七一年）五五九頁。

(2) 「権威主義的」体制については、本書序章を参照のこと。

(3) このような解放政局の理解については、拙稿「韓国における民主化と『政府党』」西村成雄・片山裕編著『二〇世紀東アジア史像の新構築』（青木書店、二〇〇二年）を参照のこと。

(4) 本書第一章、第二章、および、Carter J. Eckert, *Offspring of Empire : the Koch'ang Kims and the colonial origins of Korean capitalism, 1876-1945*, Seattle, WA : University of Washington Press, 1991。

（5）本書第二章、参照。
（6）全一九六票中、李承晩一八〇票、金九一三票、安在鴻二票、徐載弼一票であった。
（7）李承晩もこのことを良く承知していた。『制憲議会速記録』一（先人文化社【韓国】、一九九九年）六四五頁以下。彼はこの他の国務総理候補者として、独立促成国民会系勢力が推す申翼熙と、一部無所属が推した趙素昂を挙げている。
（8）曺晩植を党首とし、朝鮮半島北半に拠点を有する同党は元来、韓国民主党と姉妹党的な関係を有する政党であった。例えば、李允栄は越南後、金性洙からソウルの選挙区を譲られている。白南薫『나의 一生』（解慍白南薫先生紀念事業会【韓国】、一九六八年）二六九頁以下。
（9）李承晩の李允栄任命の背景には、朝鮮半島北半に主たる基盤を持つ朝鮮民主党を朝鮮半島南半において代表する彼を、韓国民主党との密接な関係から解き放つ目的もあった。
（10）「総理任准否決後大統領談話」。また、同様の発言として、『制憲議会速記録』一、六六二頁。
（11）『雩南実録』二九九頁以下。
（12）建国当時の憲法においては、大統領は国会による間接選挙で選出されることが定められていた。
（13）解放以後、行われた調査において、李承晩はその個人としての人気において、金九、金奎植、呂運亨、朴憲永らを押さえて一位の地位を占めている。例えば、『東亜日報』【韓国】一九四六年七月二三日。また、全鎮浩『李承晩의 単政路線에 関한 研究』（서울大学校【韓国】碩士学位論文、一九八七年）の各所。
（14）拙稿「韓国における民主化と『政府党』」。
（15）以下、選挙にかかわるデータについては、基本的に、中央選挙管理委員会編『大韓民国選挙史』（中央選挙管理委員会【韓国】、一九六八年）による。なお、制憲議会選挙直後の各党派分布は以下の通り。

大韓独立促成国民会	韓国民主党	韓国独立党	大同青年団	民族青年団	無所属	諸派
五三	二九	一	一四	六	八五	一〇

（16）『大東新聞』【韓国】一九四八年六月一〇日。制憲議会開催当時、韓国民主党の他には、李青天率いる大韓青年団系と申翼熙を中心とする独立促成国民会の一部が合流して作られた三一倶楽部、曺奉岩・金若水らを中心とする六一倶楽部、慶

尚北道選出議員達による民有倶楽部、少壮派議員による青年倶楽部等があったが、いずれも政党としての求心力は低かった。

(17) 普成専門学校については、差し当たり、高麗大学校六〇年史編纂委員会編『六〇年誌』（高麗大学校出版部【韓国】、一九六五年）。

(18) 憲法制定にいたる過程や当初の草案については、兪鎮午『憲法起草回顧録』（一潮閣【韓国】、一九八〇年）に詳しい。また、『現代日報』【韓国】一九四八年六月二〇日、『自由新聞』【韓国】一九四八年六月一五日、同二一日、兪鎮午『養虎記』（高大出版部【韓国】、一九七七年）二一七頁以下。

(19) 『雩南実録』二八四頁以下。

(20) 兪鎮午『憲法起草回顧録』。

(21) 当時の韓国においては、財務部長官のポストは、後述する内務部長官のそれと比べて、重要なものとはみなされていなかった。

(22) 大韓民国文教部国史編纂委員会編『資料　大韓民国史』七（国史編纂委員会【韓国】、一九七四年）六九〇頁以下。

(23) 「韓国民主党은 어데《マ》로 가나《マ》?」『新天地』【韓国】一九四八年八月号。

(24) 本書第二章、参照。

(25) 例えば、首都管区警察庁『解放以後　首都警察発達史』（首都管区警察庁【韓国】、一九四七年）等。

(26) 例えば、洪性讃『韓国近代農村社会의　構造変動과　地主層』（知識産業社【韓国】、一九九二年）二七一頁以下。

(27) 趙炳玉が推薦された理由は、彼にコロンビア大学留学経験があり、英語に堪能である、ということであった。趙炳玉『나의　回顧録』（民教社【韓国】、一九五九年）一四九頁。

(28) 同書、二八五頁以下の図表から、当時の有力者がどのような組織に献金していたかを知ることができる。

(29) 趙炳玉は青年団とも密接な関係を有していた。例えば、柳世烈・金泰浩『玉渓　柳珍山』上（史草【韓国】、一九八四年）二四三頁以下。また、金斗漢『피로물들인　建国前夜』（延友出版社【韓国】、一九六三年）九七頁以下。

(30) 当時、青年団は左翼勢力等弾圧のために、警察と密接な関係を有するとともに、これを補完する役割を果たしていた。例えば、翰林大学校아시아文化研究所編『駐韓美軍情報日誌』七（翰林大学校아시아文化研究所【韓国】、一九八九年）一頁、等。

(31) 解放直後においては、韓国民主党の重要人物の一人であった張沢相は、米軍政期、同じ警察を管轄した趙炳玉との対抗関係もあり、この頃までに韓国民主党との関係を疎遠なものとしていた。このことを端的に表しているのは、金性洙が張沢相の内務部長官就任に強く反対していたという事実であろう。『雩南実録』三〇一頁。張沢相はその後、李承晩政権下で国務総理の地位にまで登り詰めることとなる。
(32) 『雩南実録』三〇一頁以下。
(33) 兪鎮午『養虎記』。
(34) この時期は、朝鮮戦争後の「失意と閉塞感」に満ちた時代とは異なる、独特の時代であった。例えば、文学の観点から、三枝寿勝「三枝寿勝の『韓国文学を味わう』」、http://www.han-lab.gr.jp/-cham/ajiwau/(アドレスは二〇〇二年七月一七日現在)、李炯基編著『韓国文学概説』(語文閣【韓国】、一九八六年)。その意味で、朝鮮戦争が韓国の社会的雰囲気に与えた影響は甚大であった。
(35) 『制憲議会速記録』一~一〇の各所。
(36) 当時の青年団はその成立の経緯、そして実際の活動内容においても、解放直後の警察組織解体状況において、治安維持を担った「治安隊」の流れを引くものであった。これらの組織は、中央において、左右対立が激化すると同時に、左右に引き裂かれ、共産党系の青年団と、それ以外のものに分化することとなる。この点については、鮮于基聖『韓国青年運動史』(錦文社【韓国】、一九七三年)の各所。また、선우기성・김판석編『청년운동의 어제와 내일』(횃불사【韓国】、一九六九年)。
(37) 後の国会議員である。
(38) 大韓民国文教部国史編纂委員会編『資料 大韓民国史』九(国史編纂委員会【韓国】、一九七四年)五〇頁。
(39) 同書、五五一頁以下。
(40) 『制憲議会速記録』三、三一頁以下。
(41) 『資料 大韓民国史』九の各所。
(42) 中性模のそれ以前の経歴については、同書三八頁、等。
(43) 李青天は大韓青年団形成の以前における韓国最大の青年団、大同青年団の団長を務めていたが、柳珍山同様、大韓青年団形成の中で青年団運動における主導権を喪失するに至っていた。元来、李承晩と微妙な対抗関係にあった申翼熙に加えて、彼が民主国民党へと合流した背景には、このような青年団の主導権を巡る角逐が存在した。同書、五五一頁以下参照のこと。

(44) 大韓国民党形成への経緯については、『独立新聞』【韓国】一九四八年一一月一六日、また、金雲泰『韓国現代政治史』二　第一共和国（成文閣【韓国】、一九七六年）四七頁以下。

(45) 国会副議長金若水を中心とする「少壮派」議員一三名が、南朝鮮労働党組織と関連を持ち、外国軍撤退大韓民国転覆を図ったとされた事件。解放二〇年史編纂委員会編『解放二〇年史』（希望出版社【韓国】、一九六五年）三二〇頁以下他。

(46) 李承晩は、自らを支持する勢力がこの選挙に勝利する自信がなく、一時は治安上の問題を理由に、五月三〇日に決定していた総選挙の日程を一一月に延期することさえ主張するが、結局撤回を余儀なくされている。

(47) 一九四九年三月二一日、内務部次官より昇格。李範奭国務総理が兼任していた国防部長官の職に、内務部長官であった申性模が異動したことによる。『自由新聞』【韓国】一九四九年三月二二日。

(48) この経緯については、崔興朝『民主国民党의 内幕』（新聞의 新聞社【韓国】、一九五七年）八〇頁以下。

(49) 『解放二〇年史』三三四頁以下。また、이임하「一九五〇年第二代国会議員選挙에 관한 研究」『成大史林』【韓国】一〇、一九九四年、八〇頁以下、『資料　大韓民国史』一七（国史編纂委員会【韓国】、二〇〇一年）一一〇頁、等。

(50) 『自由新聞』【韓国】一九五〇年五月一二日。また、이임하「一九五〇年第二代国会議員選挙에 관한 研究」。

(51) この経緯については、尹致暎『尹致暎의 二〇世紀』（三星出版社【韓国】、一九九一年）二三一頁以下。また、崔漢秀『民主党의 成立과 変遷過程에 관한 研究』（建国大学校【韓国】博士学位論文、一九七一年）三八頁。

(52) 『大韓民国選挙史』三〇七頁。制憲議会末期の各党派の分布は以下の通り。

大韓国民党	民主国民党	一民倶楽部	無所属
七一	六九	三〇	二八

(53) 大韓国民党と比べても民主国民党、特に旧韓国民主党系勢力の惨敗は顕著であった。制憲議会選挙において韓国民主党から当選し、この選挙において民主国民党から立候補した候補者は一八名存在したが、そのうち当選を果たしたのはわずか一名であった。この点については、拙稿「韓国における民主化と『政府党』」表3-2等を参照のこと。

(54) この選挙における党派分布は次の通り。

大韓国民党	民主国民党	大韓独立促成国民会	大韓青年団	無所属	諸派
二四	二四	一二	一〇	一二六	一四

(55) 朝鮮戦争において警察は、国防軍を補完する、実質的な補助的軍隊として行動している。韓国警察史編纂委員会編『韓国警察史』Ⅱ、一九七三年の各所。

(56) 例えば、洪性讃『韓国近代農村社会의　構造変動과　地主層』三〇〇頁以下。

(57) 今日とは異なり、第一共和国においては「副統領」が設けられており、大統領が事故により職務を遂行できない場合には、この「副統領」が職務を代行することが定められていた。大統領の李承晩が八〇歳前後の高齢であった第一共和国においては、この副統領を誰が、そしてどの党派が占めるかは、特別な意味を有していた。

(58) 「記念辞」公報処編『李承晩博士談話集』(公報処【韓国】、一九五二年)五八頁以下。同書には、同様の趣旨の八月四日における李承晩の発言も掲載されている。「新党組織에　関하여」同書六一頁以下。

(59) 韓太寿『韓国政党史』(新太陽社出版局【韓国】、一九五五年)一八九頁。

(60) 一民主義については、安浩相編述『일민주의의　본바탕』(一民主義研究院【韓国】、一九五〇年)他。

(61) もっとも自由党は少なくともその建前としては、自らを全国民を包含する政党であると位置づけていた。

(62) このような自由党結党時における、院外諸団体の役割については、韓太寿『韓国政党史』、李起夏『韓国政党発達史』(議会政治社【韓国】、一九六一年)二一八頁以下、李明熙『自由党의　形成과　組織에　관한　研究』(慶南大学校【韓国】碩士学位論文、一九八二年)等。

(63) 金雲泰『韓国現代政治史』二、八三頁。

(64) 金雲泰『韓国現代政治史』二、三六九頁、等。

(65) この経緯については、趙炳玉『나의　回顧録』等。

(66) 辞職した申性模は、駐日代表に任じられる。この任命については、彼への政治的追求を避けようとする、李承晩の意志が働いていたといわれている。後に国会は彼の召還決議を行い、彼は帰国することを余儀なくされる。

(67) 金雲泰『韓国現代政治史』二、八四頁。

(68) この点については、金夕影『政界의惑星　張沢相』（鐘音社【韓国】、一九五二年）等。
(69) 『解放二〇年史』六一〇頁以下。また、趙炳玉『나의　回顧録』。
(70) 「釜山政治波動」については、当時の新聞各紙、および、『解放二〇年史』五九八頁以下。
(71) 金季洙については、差し当たり、金相厦編『秀堂　金季洙』（三養社【韓国】、一九九五年）。
(72) 京紡七〇年編纂委員会編『京紡七〇年』（同委員会【韓国】、一九八九年）一三八頁以下。
(73) この点は、当時、金季洙の下で京城紡織の社長を務めていた、金容完の述懐に典型的に現れている。金容完・洪在善『財界回顧』三　元老企業人篇Ⅲ（韓国日報社出版局【韓国】、一九八一年）一二三頁以下、東隠紀念事業会編『東隠　金容完』（東隠紀念事業会【韓国】、一九七九年）一一二頁以下。
(74) 東隠紀念事業会編『東隠　金容完』一〇二頁以下。
(75) 京紡七〇年編纂委員会編『京紡七〇年』一四六頁。
(76) 京紡七〇年編纂委員会編『京紡七〇年』一五〇頁以下。東隠紀念事業会編『東隠　金容完』一二三頁以下。
(77) 当時の金融構造については、林苗民『韓国의　銀行史』（韓国経済問題研究所【韓国】、九六三年）等。
(78) 金容完・洪在善『財界回顧』一二三頁。
(79) 背景には彼の病もあった。
(80) 全用淳については、東隠紀念事業会編『東隠　金容完』一五四頁以下、李鍾宰『財閥　이력서』（韓国日報【韓国】、一九九三年）七一頁以下、『資料　大韓民国史』一〜九（国史編纂委員会【韓国】、一九九八年）の各所。彼および彼が中核を占める財界は、李承晩にも資金を供給していた。雩南李承晩文書編集委員会編『雩南李承晩文書』一三（中央日報社【韓国】、一九九八年）の各所。
(81) 『資料　大韓民国史』五（国史編纂委員会【韓国】、一九九八年）五二八頁以下。また、金晒晳『人物銀行史』上（銀行界社【韓国】、一九七八年）一四六頁以下、高承済『韓国金融史研究』（一潮閣【韓国】、九七〇年）二一〇頁以下等。また、김학민・정운현編『親日派罪状記』（学民社【韓国】、一九九三年）の各所。
(82) 『解放直後　政治・社会史　資料集』（도서출판 다락방【韓国】、一九九四年）八一二頁以下。また、김학민・정운현編『親日派罪状記』の各所。
(83) 彼らの資産は元来莫大なものがあり、農地改革により土地が安価に買い上げられ、加えて、資産全体がインフレーショ

ンによって減価されてもなお、彼らが相対的な富裕者であることには変わりはなかった。このことを示すのが、一九五四年、朝鮮戦争以後の時点においても、鄭雲用がかつて自ら頭取を務めた朝興銀行の政府保有株払い下げにおいて、三五〇〇部を応札できる資金力を有していたことであろう。林苗民『韓国의 銀行史』一四三頁以下。

(84)「大邱一〇月抗争」については、沈之淵『大邱一〇月抗争 研究』(청계연구서【韓国】、一九九一年)に詳しい。

(85)趙炳玉の政治資金供給源のもう一つは、恐らく、時の政府や自由党から流れ出る野党工作のための政治資金であった。この手法は後に柳珍山に引き継がれることとなる。「[인터뷰] 前 공화당 의장 前 민정당 대표 前 국회의장 朴浚圭(2/9)」、http://monthly.chosun.com/html/200201/200201260004_2.html(アドレスは二〇〇二年八月二九日現在)。

(86)この点については、拙稿「大韓民国の成立」伊藤之雄・川田稔編著『環太平洋の国際秩序の模索と日本』(山川出版社、一九九九年)をも参照のこと。

(87)一八八六年大邱生まれ。日本統治期において東亜日報大邱支局長等を歴任した後、韓国民主党結党に参加。以後、韓国民主党・民主国民党における、議会内指導者として活躍。憲法起草委員長等歴任。進歩党参加の後、民主革新党結党を主導。「徐相日論」『人物界』【韓国】一九五九年七月号、金雲泰『韓国現代政治史』二 第一共和国、一一六頁以下、等。

(88)一八九五年全羅南道霊岩生まれ。日本統治期、東亜日報編集長等歴任。解放後、韓国民主党「骨髄分子」として活躍。民主党離党後、統一党委員長、等。「金俊淵論」『人物界』【韓国】一九五九年一二月号、等。

(89)この経緯については、서중석『조봉암과 一九五〇년대』상(歴史批評社【韓国】、一九九九年)の各所。

(90)五五年以降の民主党内「旧派」と「新派」については、李錫寅「波乱万丈한 民主党의 運命」『自由公論』【韓国】一九五九年一二月号、崔漢秀『民主党의 成立과 変遷過程에 관한 研究』、李忠根『民主党 新・旧派의 派閥에 관한 研究』(延世大学校【韓国】碩士学位論文、一九九三年)、朴在一『韓国野党派閥에 関한 研究』(韓国外国語大学校【韓国】碩士学位論文、一九八六年)等。

(91)直前の趙炳玉の病死により、最終的にこの選挙は、李承晩後を睨んだ、副統領選挙を中心とするものとなり、この副統領選挙に対する与党の過剰介入が世論の激しい反発を買った結果、「四月革命」がもたらされることとなる。この点については本書第五章、参照のこと。

(92)これを典型的に示すのが、「国務総理署理」の制度であろう。李承晩以後金大中に至るまでの韓国歴代の大統領は、自らの任命した人物が国務総理としての国会における承認を受けることに失敗した場合、同じ、あるいはこれに代わる人物を、国会の承認を必要としない「国務総理署理」として登用し、実質的に国務総理の職務を遂行させてきた。

(93) この点については、差し当たり、拙稿「韓国における民主化と『政府党』」。

第Ⅱ部　独立運動のカリスマと「政府党」

第四章　「建国の父」とその時代――李承晩再論――

(1) 李承晩については、拙著『朝鮮／韓国ナショナリズムと「小国」意識』（ミネルヴァ書房、二〇〇〇年）第八章をも参照のこと。

(2) この点については、拙稿「大韓民国の成立」伊藤之雄・川田稔編著『環太平洋の国際秩序の模索と日本』（山川出版社、一九九九年）をも参照のこと。

(3) 拙著『朝鮮／韓国ナショナリズムと「小国」意識』第八章。

(4) 李承晩に関する代表的な研究としては、次のようなものを挙げることができよう。李達淳『李承晩政治研究』（水原大学校出版部【韓国】、二〇〇〇年）、李承晩博士紀念事業会雩南実録編修会編『雩南実録』（悦話堂【韓国】、一九七一年）、이한우『李承晩九〇年』上下（朝鮮日報社【韓国】、一九九六年）、유영익編『李承晩研究』（延世大学校出版部【韓国】、二〇〇〇年）、李元淳『人間李承晩』（新太陽社【韓国】、一九六五年）。また、資料集として、雩南李承晩文書編集委員会編『雩南李承晩文書』東文篇一～一八（中央日報社【韓国】、一九九八年）The Institute for Modern Korean Studies, *The Syngman Rhee telegrams*, no. 1-4, Seoul : Kukhak Charyowon, 2000、等がある。

(5) 例えば、渡部昇一・呉善花『日本の驕慢、韓国の傲慢』（徳間書店、一九九三年）。

(6) 例えば、金一勉『韓国の運命と原点』（三一書房、一九八二年）。

(7) 例えば、金三洙『韓国資本主義国家の成立過程　一九四五～五三年』（東京大学出版会、一九九三年）、金一勉『李承晩・朴正煕と「韓国」人』（たいまつ社、一九七七年）等。

(8) このような見解は経済学者に多い。例えば、渡辺利夫編『韓国経済』（有斐閣、一九九〇年）。

(9) 近年この傾向を有する研究は増加している。例えば、柳永益『李承晩의 삶과 꿈』（中央日報社【韓国】、一九九六年）、유영식『젊은 날의 이승만』（延世大学校出版部【韓国】、二〇〇二年）、Chong-Sik Lee, *Syngman Rhee*, Seoul :

Yonsei University Press, 2001、等。

(10) 李承晩自身もそのような意識を有していた。例えば、ゴ・ディンジェムとの対比において、'Korea and Vietnam,' *Korea Flaming High Vol. III*, Seoul: Office of Public Information, Republic of Korea, 1960。

(11) 李万烈『韓国史年表』(역민사【韓国】、一九八五年)四〇八頁以下。

(12) 拙稿「備辺司謄録『座目』に見る朝鮮王朝末期官僚制の一研究」『国際協力論集』七―二、一九九九年一二月を参照のこと。

(13) 拙著『朝鮮/韓国ナショナリズムと「小国」意識』第八章。

(14) にもかかわらず、李承晩にとって徐載弼は、解放後の自らの存在を脅かす者として考えられていた。宋建鎬『徐載弼과李承晩』(正宇社【韓国】、一九八〇年)。

(15) 本書第一章、参照。

(16) 拙著『朝鮮/韓国ナショナリズムと「小国」意識』第七章。

(17) 彼の経歴等については、ロバート・T・オリバ『米大学教授が見た人間李承晩』(日本観光株式会社出版部、一九五八年)等によった。

(18) 百五人事件については、『百五人事件資料集』一～四(不二出版、一九八六年)等。

(19) ロバート・T・オリバ『米大学教授が見た人間李承晩』。

(20) 拙著『朝鮮/韓国ナショナリズムと「小国」意識』第七章。

(21) 拙著『朝鮮/韓国ナショナリズムと「小国」意識』第三章。

(22) 拙著『朝鮮/韓国ナショナリズムと「小国」意識』第八章。

(23) 方善柱『在美韓人의 独立運動』(翰林大学校出版部【韓国】、一九八九年)一八九頁以下。

(24) 拙著『朝鮮/韓国ナショナリズムと「小国」意識』第八章。

(25) 呂運弘『夢陽呂運亨』、青厦閣【韓国】、一九六四年等。

(26) 本書第二章、参照。

(27) 趙炳玉『나의 回顧録』(民教社【韓国】、一九五九年)一六八～一六九頁。

(28) 例えば、『東亜日報』【韓国】一九四六年七月二三日。

(29) 投票率は実に九五・五％であった。たとえ一部で強制に近い行為があったとしても、国連監視下において行われた選挙でのこのような高い投票率を軽視することはできないであろう。中央選挙管理委員会編『大韓民国選挙史』（中央選挙管理委員会【韓国】、一九六八年）七三七頁。

(30) 例えば、一九五六年大統領選挙においてさえ、民主党が候補者を出すのか否かが興味の対象となるほどであった。金起八『政界夜話』四（노벨文化社【韓国】、一九七三年）一七六頁以下。それゆえ、李承晩も当初はこの選挙を楽観視し、それに大きな関心も有していなかったようである。しかし、この状況は、この選挙戦における申翼熙の予想外の大善戦により一変することとなる。大きな役割を果たしたのは、この時民主党が用いた、「暮らせないから変えてみよう」というスローガンであった。同書二八四頁以下。

(31) 渡辺利夫編『韓国経済』五〇頁以下。

(32) 本書第三章、参照。

第五章　自由党体制の成立と崩壊——韓国における最初の「権威主義的」体制——

(1) 咸錫憲『苦難の韓国民衆史』金学鉉訳（新教出版社、一九八〇年）三〇二頁。

(2) この点については、拙稿「韓国大統領のリーダーシップとその政治的基盤」五百旗頭真編著『「アジア型リーダーシップ」と国家形成』（TBSブリタニカ、一九九八年）をも参照のこと。

(3) 本章における「権威主義的」体制についての考え方は、本書序章の基準によっている。

(4) 本書第三章、をも参照のこと。

(5) 正統保守野党については、本書第一章、第二章、および第三章、参照。

(6) 自由党に関する既存研究としては、尹天柱『韓国政治体系』（高麗大学校出版部【韓国】、一九六一年）、李達淳『李承晩政治研究』（水原大学校出版部【韓国】、二〇〇〇年）、崔漢秀『韓国政党政治変動』（世明書館【韓国】、一九九九年）、李起夏『韓国政党発達史』（議会政治社【韓国】、一九六一年）。

(7) 自由党成立以前の与党の状況については、尹天柱『韓国政治体系』一一四頁以下。また、尹致暎『尹致暎의 二〇世紀』（三星出版社【韓国】、一九九一年）二三二頁以下、本書第三章、等。

(8) 「政府党」概念については、藤原帰一「政府党と在野党——東南アジアにおける政府党体制」萩原宜之編著『民主化と経済発展』講座現代アジア　三（東京大学出版会、一九九四年）。

(9) 筆者はこのために二〇〇一年七月から一〇月にかけて、高麗大学亜細亜問題研究所客員研究員として滞在した。同研究所の好意に感謝したい。

(10) 金起八『政界夜話』四（노벨文化社【韓国】、一九七三年）一七六頁以下。

(11) 周知のように、二・八大邱義挙に引き続くこの事件は、やがて、「四月革命」へと繋ぐ流れを作り出すこととなる。例えば、朴殖源編著『되찾자! 잃어버린 三・一五』（詩園出版社【韓国】、一九九〇年）、『馬山市史』http://masan.go.kr/main/book_masan_history/4/4_9_1.htm（アドレスは二〇〇二年七月一七日現在）。また、『三・一五義挙』첫번째（三・一五義挙紀念事業会【韓国】、一九九五年）。

(12) 自由党馬山市党部『馬山騒擾事件綜合報告書』檀紀四二九三年三月二三日。また『馬山市史』。

(13) 自由党馬山市党部『馬山騒擾事件綜合報告書』。

(14) 自由党馬山市党部『馬山騒擾事件綜合報告書』。

(15) 許潤秀は、六〇年正副統領選挙のわずか二カ月前に民主党から鞍替えしたばかりであった。『馬山市史』/4/4_9_1.htm、および /6/6_1_1.htm。彼の政治的変節への反感が大規模なデモが勃発した理由の一つであった。

(16) 道議会議員が含まれていないのは、この地域から選出された自由党議員がいなかったためである。

(17) 馬山商工会議所長・韓泰日はその後民主共和党から国会議員に立候補し当選を果たすこととなる。中央選挙管理委員会『歴代国会議員選挙状況』（中央選挙管理委員会【韓国】、一九六八年）五八三頁、七一六頁。また、『馬山市史』。

(18) 『馬山市史』。

(19) 表5－1のように、前職のまま名を連ねていたのは、前市党部委員長金鍾信のみである。その背景には、選挙直前に許潤秀が民主党から移ったことにより、そのポストを明け渡したということがあったろう。自由党馬山市党部『馬山騒擾事件綜合報告書』。

(20) 例えば、馬山市議会議長・李万煕は、党所属の議員でさえなかった。

(21) 同様のことは、例えば、当時ソウル市長を務めた許政の回顧録からも知ることが出来る。許政『내일을 위한 証言』（샘터사【韓国】、一九七九年）一七九頁以下。

(22) 自由党馬山市党部『馬山騒擾事件綜合報告書』の各所。

(23) また、拙稿「韓国における民主化と『政府党』」西村成雄・片山裕編著『二〇世紀東アジア史像の新構築』（青木書店、二〇〇二年）参照のこと。

(24) 金起八『政界夜話』一（노벨文化社【韓国】、一九七三年）一五頁以下に詳しい。同書およびその一連のシリーズは、一九七一年東亜放送により放送された一九五三年から一九五七年までの韓国政治史を扱ったドキュメンタリー番組を基礎として書かれたものであり、一九七一年当時生存中であった関係者の証言を交えて形成された史料価値の高いものである。

(25) この選挙における党派分布は以下の通り。

自由党	民主国民党	国民会	大韓国民党	無所属	諸派
一一四	一五	三	三	六七	一

(26) この選挙における党派分布は以下の通り。

自由党	民主党	統一党	無所属	諸派
一二六	七九	一	二七	〇

(27) 両者の熾烈な争いについては、例えば、『京郷新聞』【韓国】一九五四年五月二〇日。

(28) 崔仁圭『崔仁圭獄中自叙伝』（中央日報社【韓国】、一九八四年）。周知のように崔仁圭は、後に触れる六〇年正副統領選挙時の内務部長官となり、その責任を負って処刑されることとなる。

(29) 崔仁圭『崔仁圭獄中自叙伝』二〇七頁以下。

(30) この地域は、五〇年国会議員選挙まで民主国民党系勢力が議席を押さえていたが、自由党結党以後、自由党が議席を獲得するようになった地域である。『歴代国会議員選挙状況』。

(31) この地域と地域在住名望家については、洪性讃『韓国近代農村社会의　変動과　地主層』（知識産業社【韓国】、一九九二年）が詳しい。また、『地方議会議員名鑑』（中央通信社【韓国】、一九五六年）。

(32) 例えば、尹天柱『韓国政治体系』一三二頁。また、それは実際、ある程度現実を反映もしていた。
(33) 崔仁圭『崔仁圭獄中自叙伝』一四三頁以下。
(34) 李万甲『韓国 農村社会의 構造와 変化』(서울大学校出版部【韓国】、一九七三年)一四六頁以下。また、洪性讃『韓国近代農村社会의 変動와 地主層』。
(35) 解放直後の在地社会名望家については、洪性讃『韓国近代農村社会의 変動과 地主層』二七一頁以下。
(36) この点については、申性模の国務総理署理としての登用に際しての、国会での議論を参照のこと。『制憲議会速記録』一〇(先人文化社【韓国】、一九九九年)二九六頁以下。
(37) 張勉の国務総理就任の経緯については、雲石先生紀念出版会編『한알의 밀이 죽지 않고는』(가톨릭出版社【韓国】、一九六七年)三二頁。
(38) 張沢相の国務総理就任の経緯については、張炳恵・張炳初編『大韓民国 建国과 나』(滄浪張沢相記念事業会【韓国】、一九九二年)一〇七頁以下。
(39) 憲法制定に至る過程については、兪鎮午『憲法起草回顧録』(一潮閣【韓国】、一九八〇年)に詳しい。
(40) この点については、李在遠『韓国의 国務総理 研究』(나남出版【韓国】、一九九八年)三三頁以下。
(41) 李承晩の国政全般に対する姿勢については、宋元英「景武台의 人의 帳幕」『思想界』【韓国】一九六〇年六月号。
(42) この状態は、後述の国務総理廃止以後も変わることなく、大統領不在の場合には、筆頭国務大臣が議長となって閣議を行った。崔仁圭『崔仁圭獄中自叙伝』二二七頁。
(43) 金起八『政界夜話』一、八五頁。
(44) 張沢相は自らの国務総理就任に対して、「人事問題とドル」について李承晩が介入しないことを条件とした。張炳恵・張炳初編『大韓民国 建国과 나』一一〇頁。
(45) 例えば、金起八『政界夜話』一、二六頁以下、等を参照のこと。
(46) この工作については、張炳恵・張炳初編『大韓民国 建国과 나』一〇〇頁以下。
(47) このような張沢相を李承晩は、「[大統領に対して責任を負おうとしない]国会国務総理」と呼んだ。張炳恵・張炳初編『大韓民国 建国과 나』一一〇頁。
(48) この点については、拙稿「大韓民国の成立」伊藤之雄・川田稔編著『環太平洋の国際秩序の模索と日本』(山川出版社、一九九九年）をも参照のこと。

(49) 金起八『政界夜話』一、二六頁以下、等。

(50) この点について、最も典型的であったのは、旧与党・大韓国民党の中心人物であった裴恩希が指導部から排除されたのみならず、自由党からの公薦さえ受けることができなかった例であろう。朴容万『景武台秘話』（韓国政経社【韓国】、一九六五年）一九九頁以下、金起八『政界夜話』一、一三二頁、また、徐丙王且『主権者의 証言』（母音出版社【韓国】、一九六三年）一六五頁以下。

(51) 中央選挙管理委員会編『大韓民国政党史』（中央選挙管理委員会【韓国】、一九六四年）一七五頁以下。

(52) それゆえ彼は、当初、野党から軽視されていた。金起八『政界夜話』一、二四〇頁。

(53) 李起鵬の経歴については、전홍건『晩松李起鵬先生』（国際時報社【韓国】、一九六〇年、自由春秋社編『人間晩松』（自由春秋社【韓国】、一九五九年）等。

(54) 李起鵬はアメリカ留学期に李承晩との関係を既に取り結んでいた。전홍건『晩松李起鵬先生』等。

(55) 差し当たり、『大韓民国政党史』一七五頁以下。

(56) この任命の経緯については、金起八『政界夜話』一、三一頁以下に詳しい。

(57) 金起八『政界夜話』一、二〇一頁以下。

(58) 自由春秋社編『人間晩松』、二二九頁以下。

(59) 中央選挙管理委員会編『大韓民国選挙史』（中央選挙管理委員会【韓国】、一九六八年）。

(60) 対照的であったのは、李起鵬に次ぐ自由党内の実力者李在鶴であった。出身地江原道栄州の名士として、総選挙毎に全国最多得票を窺える支持基盤を有する彼は、この時期、反主流である自由党内「穏健派」の中心的存在として影響力を発揮した。

(61) この呼称については、朴容万『景武台秘録』一八九頁。

(62) 一九五〇年代末になると、李承晩の集中力は大きく低下し、長時間継続しての執務に耐えることが難しい状態となっていた。宋元英「景武台의　人의　帳幕」。

(63) 金起八『政界夜話』二（노벨文化社【韓国】、一九七三年）一七二頁以下。

(64) 金起八『政界夜話』二、一七二頁以下。

(65) 李承晩自身の見解。『京郷新聞』【韓国】一九五四年六月一九日。国務総理廃止後の大統領欠席時の国務会議は、外務部長官が筆頭大臣として議長代行を務める形で行われた。
(66) 金起八『政界夜話』一、五〇七頁以下。
(67) 自由党『改憲案』(自由党【韓国】、一九五六年)。
(68) 国務総理廃止後の国務院や国務委員の「浮動」的状態については、「大統領職과 大統領」『思想界』【韓国】一九六〇年三月号、三三三頁。
(69) 学民社編集部編『四月革命資料集 革命裁判』(学民社【韓国】、一九八五年)二八頁。
(70) 崔仁圭はこの他に地方において「公務員地域別親睦会」を結成し、「不正選挙」に備えた。『四月革命資料集 革命裁判』二八〜二九頁。
(71) 『四月革命資料集 革命裁判』八六頁。また、郭尚勲他『事実의 全部를 記述한다』(希望出版社【韓国】、一九六七年)一六〇頁。李在鶴の回顧である。
(72) 『四月革命資料集 革命裁判』四〇頁。
(73) 崔仁圭『崔仁圭獄中自叙伝』一九一頁。
(74) 『四月革命資料集 革命裁判』三九頁。
(75) 郭尚勲他『事実의 全部를 記述한다』一六三頁。
(76) この点については、崔仁圭『崔仁圭獄中自叙伝』の各所。
(77) 『四月革命資料集 革命裁判』三六頁。
(78) 『四月革命資料集 革命裁判』七四頁。
(79) 『四月革命資料集 革命裁判』七四頁。
(80) 崔仁圭『崔仁圭獄中自叙伝』一六五頁、一六六頁、二二六頁、二四八頁。この経過は、他の国務大臣においても同様であったようである。
(81) 自由春秋社編『人間晩松』二三七頁。
(82) 李起鵬が李承晩の信任を得るに至ったもう一つの重要な理由は、李承晩夫人・フランチェスカと李起鵬夫人・朴マリアとの間の密接な関係であった。李承晩から遅れて韓国に入国したフランチェスカは当時、李承晩の身辺処理を担当していた嘗ての李承晩の愛人・任永信（後に商工部長官）に対して深い疑念を抱き、彼女を排除するために梨花女子大学英文科教授であった朴マリアを抜擢、事実上の自らの秘書として登用した。http://bluecabin.com ne.kr/split99/pmaria.htm（アドレスは二〇〇二年八月二九日現在）。

(83) 当時の李承晩・李起鵬両家族の関係については、金起八『政界夜話』二、二〇三頁以下。

(84) 崔仁圭『崔仁圭獄中自叙伝』、および、『四月革命資料集　革命裁判』の各所。

(85) 申性模については、差し当たり、本書第三章を参照のこと。

(86) 当時の人々はこのような李承晩を取り巻く非公式な組織を、「人の帳幕」と呼んだ。金起八『政界夜話』六（노벨文化社【韓国】、一九七三年）、朴容万『景武台秘録』、許政『내일을 위한　証言』等。

(87) 崔仁圭『崔仁圭獄中自叙伝』一八五頁以下。

(88) 同右。

(89) 崔仁圭によれば、五六年正副統領選挙時点において、都市部の自由党組織は解体状態にあった。崔仁圭『崔仁圭獄中自叙伝』一九六頁以下。

(90) 李万甲『韓国　農村社会의　構造와　変化』一四二頁、等。

(91) この点については、拙稿「韓国における民主化と『政府党』」を参照のこと。

(92) 表5－7の示すように、当時の韓国においては、高学歴者になればなるほど、自らの投票に際して、在地社会や一家の有力者からの影響を受けることが少ない傾向にあった。このことは、高学歴者の比率が高い都市部においては、在地社会有力者に依存する自由党組織の、選挙時の集票効果が低下することを意味している。

(93) 孫禎睦『韓国地方制度・自治史研究』下（一志社【韓国】、一九九二年）二四四頁以下。

(94) 金起八『政界夜話』六、三六頁以下。

(95) 金起八『政界夜話』六、一〇六頁。

(96) 張徳秀の言葉。

(97) このような当時の認識の表れとして、「大統領職과　大統領」『思想界』【韓国】　一九六〇年三月号、三五頁。

(1)　咸錫憲『苦難の韓国民衆史』金学鉉訳（新教出版社、一九八〇年）三〇二頁。
(2)「李承晩夫妻의　脱出」『思想界』【韓国】一九六〇年七月号、一二八頁。
(3)　本書第五章、参照。
(4)『京郷新聞』【韓国】一九六〇年四月二七日。
(5)「李承晩夫妻의　脱出」『思想界』【韓国】一九六〇年七月号、一二八頁。
(6)　それゆえ後に李承晩がハワイに亡命したことは、人々の間に大きな失望を呼ぶこととなる。例えば、「第二輯　革命史」民主韓国革命青史編纂委員会編『民主韓国革命青史』（民主韓国革命青史編纂委員会【韓国】、一九六二年）一〇頁。
(7)　元内務部長官。厳罰を予想した彼は後に日本に逃亡することとなる。
(8)「李承晩暴政의　終焉」『思想界』【韓国】一九六〇年六月号、八二頁。
(9)　国務院事務処編『第一回国民世論調査結果報告書』（国務院事務処【韓国】、一九六〇年）。
(10)　興味深いのは、むしろ、韓国が経済発展を遂げた後においての方が、同様の者達に対する処罰を求める声が大きかったということであろう。例えば、金泳三政権期における、盧泰愚前大統領の「不正蓄財」に対する世論。
(11)　例えば、「책머리」李元淳『人間李承晩』（新太陽社【韓国】、一九六五年）。また、京郷新聞【韓国】一九六〇年五月二九日。
(12)　http://www.khan.co.kr/news/（アドレスは二〇〇二年七月一七日現在）よりの検索による。
(13)『国会史　第四代国会・第五代国会・第六代国会』（大韓民国国会事務処委員局史料編纂課【韓国】、一九七一年）三〇五頁。また、京郷新聞【韓国】一九六〇年五月三〇日。
(14)　京郷新聞【韓国】一九六〇年七月九日。
(15)　학민사編集室編『四月革命資料集　革命裁判』（学民社【韓国】、一九八五年）二四〜四一頁。また、韓国革命裁判史編纂委員会編『韓国革命裁判史』一（革命裁判史編纂委員会【韓国】、一九六二年）八一七〜八六五頁。
(16)　宋元英「景武台의　人의　帳幕」『思想界』【韓国】一九六〇年六月号。
(17)　中央選挙管理委員会編『大韓民国選挙史』（中央選挙管理委員会【韓国】、一九六八年）三四三頁以下。
(18)　新旧両派の抗争については、差し当たり、李英石『野党三〇年』（図書出版　人間【韓国】、一九八一年）。

(19) この時の選挙結果は以下の通り。

	民議院	参議院
民主党	一七五	三一
自由党	二	四
無所属	四九	二〇
社会大衆党	四	一
韓国社会党	一	一
統一党	一	〇
諸派	一	一

(20) 当時の国会は一九五二年の憲法改正により民議院と参議院の二院から構成されることとなっていたが、関連法律の未整備のため一九五四年国会議員選挙および一九五八年国会議員選挙においては民議員選挙のみが行われていた。初代参議院選挙は民議員選挙と同日に行われ、選挙区毎の当選者数は民議員のそれが各一であったの対し、一～四名であった、被選挙権は民議員のそれが二五歳以上であったのに対して、三〇歳以上に与えられた。

(21) 例えば、特集「革命後一年」『思想界』【韓国】一九六一年四月号の各所。

(22) 李克燦「政治的無関心과　民主政治의　危機」『思想界』【韓国】一九六一年四月号。

(23) このいわゆる「重石事件」については、韓国革命裁判史編纂委員会編『韓国革命裁判史』一、二三〇頁以下等。

(24) 例えば、民主党政権を激しく非難した『思想界』【韓国】一九六一年四月号の巻頭論文は、「英雄的指導者論」であった。

(25) 四月革命直後の『思想界』【韓国】一九六一年六月号には、これらの課題を巡る様々な論文が掲載されている。

(26) 元容奭『韓日会談十四年』（三和出版社【韓国】、一九六五年）三七頁。

(27) 当時の日韓会談に対する李承晩の姿勢については、例えば兪鎮午『未来로　向한　窓』（一潮閣【韓国】、一九七八年）二五二頁以下。

(28) 李承晩の政策については、本書第四章、および、拙著『朝鮮/韓国ナショナリズムと「小国」意識』（ミネルヴァ書房、二〇〇〇年）第八章。

(29) それは典型的には、「四月革命」時に現れた、様々な声明文の中に典型的に現れている。四月革命青史編纂会編『民主韓国　四月革命青史』（成功社【韓国】、一九六〇年）、朴寿万編『四月革命』（四月革命同士会出版部【韓国】、一九六二年）等の各所。

(30) 『朝鮮日報』【韓国】一九六一年一月五日。

(31) 尹天柱「内閣責任政治의 幻想」『思想界』【韓国】一九六一年三月号、一一〇頁。
(32) 厳基衡「韓国政治人들의 前近代性」『思想界』【韓国】一九六一年三月号、一三一頁。
(33) 例えば、社会大衆党の党首は東亜日報グループの徐相日、韓国社会党の党首は銭鎮漢であった。
(34) 先述のように銭鎮漢は一時期、右翼青年運動の指導者の一人であった。
(35) 兪碩鎮「新世代 旧世代間 軋轢」『思想界』【韓国】一九六一年四月号。
(36) 「発刊辞」民主韓国革命青史編纂委員会編『民主韓国革命青史』(民主韓国革命青史編纂委員会【韓国】、一九六二年)。
(37) 「第二輯 革命史」『民主韓国革命青史』一六頁。
(38) 「第二輯 革命史」『民主韓国革命青史』一九頁。
(39) 「第二輯 革命史」『民主韓国革命青史』一八頁。
(40) 「第二輯 革命史」『民主韓国革命青史』一八頁。
(41) 「革命公約」『民主韓国革命青史』二七頁。
(42) 中央選挙管理委員会編『大韓民国選挙史』(中央選挙管理委員会【韓国】、一九六八年)。
(43) 開票が比較的早く進んだ都市部においては尹潽善が優勢であり、東亜日報をはじめとする一部の新聞は、一時は尹潽善の勝利を報じる号外を出すほどであった。
(44) 尹潽善については、差し当たり、尹潽善『救国의 가시밭길』(韓国政経社【韓国】、一九六七年)、同『외로운 선택의 나날』(東亜日報社【韓国】、一九九一年)等。
(45) この点については、本書第五章、参照。

むすびにかえて
(1) キルケゴール「現代の批判」枡田啓三郎編『キルケゴール』世界の名著、五一(中央公論社、一九七九年)三七一頁。
(2) 咸錫憲『苦難の韓国民衆史』金学鉉訳(新教出版社、一九八〇年)三〇二頁。
(3) 兪鎮午『養虎記』(高大出版部【韓国】、一九七七年)三一一頁以下。
(4) 同様のことは朴正熙政権や全斗煥政権についても言うことができよう。

あとがき

明俊の目には、南韓とは怠惰な〈即自体〉であった。それは〈存在しなかった〉〈理想の欠如態〉であった。キルケゴール先生式に言えば、〈実存しない人たち〉の、広場ならぬ広場であった。狂信が恐るべきものなら、〈無理想〉は悲しむべきものであった。ただ長点があるとすれば、そこには堕落できる自由と怠惰し得る自由があった。

（崔仁勲「広場」『現代韓国文学選集』一、金素雲訳、冬樹社、一九七三年、一一三頁）

一九五〇年代韓国の「権威主義体制化」。筆者がこの問題に取り組むようになったのは、いつ頃であったろうか。様々な記憶を呼び起こす中で、ひときわ鮮明に甦ってくるのは、一九九六年冬、二回目の韓国留学時、ソウル大学付属図書館五階の一角にて、解放直後の新聞資料を読み漁っていた頃の記憶である。当時はまだ、後に前著『朝鮮/韓国ナショナリズムと「小国」意識』の各章となる論文を執筆していた頃であり、確か朱耀翰や李承晩の経歴を裏づけるための資料収集の一環として、毎日のように図書館で資料を読んでいたはずである。当時は、主要な政治家の名前をはじめ、一九五〇年代の韓国についてはほとんど何も知らない状態であり、また先行研究も余りないこの時代について、文字通り手探りの状態で「研究のまねごと」――もっともそれは現在もさほど変わらない――を続けていた。

分からないながらも、薄暗い図書館の片隅で何やら資料を読み漁っているうち、一つのことに気づくようになった。それはどうやら一九五〇年代の韓国が、今日の我々が知る韓国ともまたそれまでの研究である程度馴染んでいた近代における韓国とも大きく異なっているという、ある意味では当たり前のことであった。書かれた内容や文体、さらにはそこにおける書き方のトーンに至るまで、全てが馴染みのないものであり、率直に言えば彼らが何を言わんとしているのかさえよく分からなかった。そうこうしているうちに、もう一つのことに気づくようになった。それは、韓国史には、他にも同じような時代があるということであった。即ちそれは日本統治期、それも末期にさしかかった時期の日本統治期がそれであった。もちろん、両者は時期的に近接しており、それゆえ両者が類似しているのは当然であったかも知れなかった。

しかしながら、筆者にはそれまでの研究から分かっていたことがあった。それは、両者を挟む時代、即ち解放から朝鮮戦争までの時代が、この二つの時代のそれとは全く異なる空気を有しているということであった。それは資料からも簡単に読み取れた。何よりも書かれている内容とその量が異なった。そこで語られていたのは、「理想」と「未来」であり、そこでは多くの人々が様々な角度からそれらについて語っていた。同じ人物の伝記でさえ一九四五年八月から一九五〇年五月までの時期のために割かれたページ数は、一九五五年七月から一九六〇年四月までのために割かれたものよりもはるかに多かった。一九五〇年代の韓国には、他の社会には当たり前にあるはずの「何か」が明らかに欠けていた。

個人的な表現が許されるなら、本書は、まさにそのような一九五〇年代の韓国と筆者との葛藤の記録に他ならない。本書は、そのような筆者のこれまでの研究論文をその後の研究動向の進展等により修正されたものに加えて、本書の最終章としての役割を有する書き下ろしのための一章を合わせた形で構成されている。参考のため、論文の初出等は、次のようになっている。

序章　脱植民地化と「政府党」——第二次世界大戦後新興独立国の民主化への一試論——
神戸大学国際協力研究科『国際協力論集』第九巻第一号、二〇〇一年六月
第一章「東亜日報グループ」の登場——日本統治とその構造——
（原題・日本統治期における韓国民族運動と経済の論理——「東亜日報グループ」研究(一)——）
神戸大学国際協力研究科『国際協力論集』第五巻第二号、一九九七年一一月
第二章「正統保守野党」の誕生——米軍政府期の「東亜日報グループ」——
（原題・米軍政期における「正統保守野党」の形成と特質——「東亜日報グループ」研究(二)——）
神戸大学国際協力研究科『国際協力論集』第六巻第一号、一九九八年六月
第三章「正統保守野党」の変質と「東亜日報グループ」の政治的解体——『権威主義的』体制成立の前提条件として——
（原題・「正統保守野党」の変質と「東亜日報グループ」の政治的解体——「東亜日報グループ」研究(三)——）
神戸大学国際協力研究科『国際協力論集』第九巻第二号、二〇〇一年一〇月
第四章「建国の父」とその時代——李承晩再論——
（原題「第二四期公開セミナー報告：李承晩と韓国ナショナリズム」から大幅改定）
『セミナーだより　海』広島朝鮮史セミナー事務局　二〇〇一年秋号
第五章　自由党体制の成立と崩壊——韓国における最初の「権威主義的」体制——
神戸大学国際協力研究科『国際協力論集』第一〇巻第一号、二〇〇二年六月、同第二号、同年一〇月
終章　李承晩以後——四・一九から五・一六へ——
本書のための書き下ろし

また、本書には収録していないが、関連する筆者の研究としては、「韓国における民主化と『政府党』」(西村成雄・片山裕編著『二〇世紀東アジア史像の新構築』青木書店、二〇〇二年)がある。必要であれば、前著『朝鮮/韓国ナショナリズムと「小国」意識』、およびそれ以外の筆者の論考と合わせて本書を理解する参考にしていただければ、望外の喜びである。

これらの論文の初出を一見して明らかなように、本書の基礎となっている研究は、筆者が先に触れた二回目の韓国滞在を終え、その研究の拠点を愛媛大学から神戸大学に移した後に行われたものである。その意味で筆者にとって本書は、一九九七年から今日までにおける神戸大学大学院国際協力研究科での思い出とわかちがたく結びついたものである。六甲山中腹の美しいキャンパスにおける、他大学や他部局では想像もできない自由でゆとりある環境でこそ、これら一連の研究が可能であったという意味において、本書を生み出したのは、まさに神戸大学とそこにおける国際協力研究科という部局であったといっても過言ではない。なかんずく愛媛大学からの転任から今日まで、不必要なまでに強固で、にもかかわらず不安定な自我の所有者である筆者を、同じ講座の上司として辛抱強く御指導下さっている片山裕先生には、感謝の言葉もない。芹田健太郎先生には、筆者の転任手続時の研究科長として、また同じ専攻における経験あるお立場から、研究についてはもとより大学教員としての様々な点についてアドバイスをいただいてきた。五百旗頭真先生と松下洋先生は、筆者にとって研究者として尊敬すべき目標であり、両先生からいただいた様々なご意見は筆者にとって何ものにも代えがたいものである。

本書を考える上では同時に、筆者が一九九七年から今日までの間、国内外の様々なところでいただいてきた多くの人々の助けを忘れることはできない。その意味において、一九九八年から一九九九年におけるハーヴァード大学での滞在は、前著の草稿執筆後、方向性を失っていた筆者の研究の転機となったものであり、客員研究員として受け入れてくださったフェアバンク東アジア研究センターのエズラ・ヴォーゲル先生、そして同大学韓国研究所のエッカルト先生に感謝したい。また、本書の研究の最終段階において、筆者を同じく客員研究員として受け入れてくださった、高麗大学亜細亜問題研究所の崔章集先生他の先生方からのご助力も忘れることはできない。同大学における三カ月の追加的な資料収集がなければ、筆者は本書を完成させることができなかった。

もちろん本書における研究は、それ以前、そして今後も続くはずの筆者の「韓国をケーススタディとする近代化に関する研究」の一部をなすものであり、そこに至るまでの筆者を導いてくださった先生方の名をここから外すことは出来ない。京都大学の木村雅昭先生は、筆者にとって本当の意味で恩師と言える唯一人の人物であり、本書を含む筆者の一連の研究が、少しでも先生のご期待に沿うものであればというのは、筆者の変わらぬ願いである。県立広島女子大学の原田環先生からは、大学院在学時から朝鮮／韓国について何も知らない筆者に対し、研究の初歩から一つずつ御指導をいただくとともに、その研究に対する積極的な姿勢から筆者は多くの刺激を受けてきた。大阪市立大学の大西裕先生は、大学院生時代以来変わらぬ筆者の畏敬する先輩であり、その研究に対する真摯な姿勢と鋭い分析力から得たものは、いかなる書物から得たものよりも大きなものであった。

しかしながら、本書を考える上でそれよりも重要なのは、このような不器用で不十分な文章を立派な書物にして世に出してくださったミネルヴァ書房の皆様のご尽力である。なかんずく杉田啓三社長には、前著『朝鮮／韓国ナショナリズムと「小国」意識』以来、筆者は一貫してお世話になっており、いつしか、社長とミネルヴァ書房に何等かのお返しができれば、と願ってやむことはない。また、担当の田引勝二氏には早い段階の草稿から様々なアドバイスをいただいてきた。また、神戸大学大学院法学研究科の宮本悟君、同国際協力研究科の伊賀司君、金世徳君、田中悟君には自らの勉強で忙しい中、本書の校正のため貴重な時間を割いていただいた。

最後に、私事で恐縮であるが、本書とその基礎となった研究を行った時期は、同時に、筆者が妻・登紀子と出会い、ともに過ごした日々に当たっている。神戸、西宮、ボストン、宝塚、ソウル、宝塚、と研究という名目の下、その生活の拠点さえ定まらず、好き放題に行動する筆者に対し、変わらぬ笑顔をもって迎えてくれた日々なくして、本書はもちろん今日の筆者をも考えることは出来ない。改めて妻に感謝するとともに、妻がこの出版を少しでも喜んでくれれば、筆者にとってそれ以上の喜びはない。

二〇〇三年四月　兼松記念館の研究室にて

木村　幹

《著者紹介》

木村　幹（きむら・かん）

1966年　大阪府河内市（現東大阪市）にて生まれる。
1990年　京都大学法学部卒業。
1992年　京都大学大学院法学研究科修士課程修了。
1993年　愛媛大学法文学部助手。
1994年　同講師。
1997年　神戸大学大学院国際協力研究科助教授。現在に至る。
この間，韓国国際交流財団研究フェロー（1996～97年），ハーヴァード大学フェアバンク東アジア研究センター客員研究員（1998～99年）。高麗大学校亜細亜問題研究所客員研究員（2001年）。
博士（法学）（京都大学）。
著　作　『朝鮮／韓国ナショナリズムと「小国」意識』ミネルヴァ書房，2000年〈アジア・太平洋賞特別賞受賞〉。
『東アジアにおける政府と企業』（共著）関西大学法学研究所，2002年。他多数。

MINERVA 人文・社会科学叢書⑺

韓国における「権威主義的」体制の成立
――李承晩政権の崩壊まで――

2003年6月10日　初版第1刷発行　　検印廃止
2003年12月10日　初版第2刷発行

定価はカバーに
表示しています

著　者　木　村　　幹
発行者　杉　田　啓　三
印刷者　坂　本　嘉　廣

発行所　株式会社　ミネルヴァ書房
607-8494　京都市山科区日ノ岡堤谷町1
電話代表　(075)581-5191番
振替口座　01020-0-8076番

内外印刷・オービービー

ISBN 4-623-03757-6
Printed in Japan

人名索引

あ　行

安在鴻（アン・ジェホン）　81,84,88,107
安昌浩（アン・チャンホ）　159
李仁（イ・イン）　91
李垠（イ・ウン，英親王）　158
李堈（イ・ガン，義親王）　158
李光洙（イ・ガンス）　51,72,91
李康石（イ・ガンソク）　203
李康賢（イ・ガンヒョン）　51,57
李起鵬（イ・ギブン）　195-198,201-205,207-211,215,221,222,229
李克魯（イ・クンノ）　91
李商在（イ・サンジェ）　54
李相協（イ・サンヒョプ）　57,58,72
李在鶴（イ・ジェハク）　176,201
李始栄（イ・シヨン）　89,131,133
李承晩（イ・スンマン）　iii，v，vi,22,23,26,31,32,76,77,89,106,108,109,112-125,127,129-132, 135-137, 141-143, 149-167, 169-171, 174, 175, 186, 188-198, 201-206, 208-211,213-223,227-229,233,234,238-240,244,246,247,250
李淳鎔（イ・スンヨン）　131
李哲承（イ・チョルスン）　124
李青天（イ・チョンチョン）　124,125
李退渓（イ・テゲ）　44
李範奭（イ・ポムソク）　22,23,116,119,132,191,193-195,203
李允栄（イ・ユンヨン）　112,115,116
李完用（イ・ワンヨン）　153
イーデン　99
ウィリアムス　101
ウィルソン　157,158
元世勲（ウォン・セフン）　88,89,91,92,101,108
呉夏永（オ・ハヨン）　126
汪兆銘　79,83,110
大隈重信　52

か　行

姜楽遠（カン・ナクウォン）　124
姜曄（カン・ヨプ）　45
ガンディー，インディラ　25,26
ガンディー，マハトマ　22,109,110
金日成（キム・イルソン）　246
金雨英（キム・ウヨン）　51
金玉均（キム・オッキュン）　153
金穏（キム・オン）　44
金祺中（キム・キジュン）　44,45,47-50
金奎植（キム・ギュシク）　98,107,118,153,163
金暻中（キム・キョンジュン）　44-46,48,49,53
金九（キム・グ）　86,89,94,95,97,108,109,118,162-164,247
金俊淵（キム・ジョンヨン）　51,83,91,126,127,131,140
金承洙（キム・スンス）　98
金性洙（キム・ソンス）　41,42,44-59,65,67,70,80,81,87,88,90,93,94,96,98,99,108,116,118,120,128,131,133,135-137,143,153
金大羽（キム・デウ）　83
金大中（キム・デジュン）　76,251
金度演（キム・ドヨン）　51,89,90,93,120,237
金孝錫（キム・ヒョソク）　124,126,127
金炳魯（キム・ビョンノ）　51,88,91,92,108
金若水（キム・ヤクス）　91,108
金允植（キム・ユンシク）　54
金尭莢（キム・ヨキョプ）　44,45,48,50

金泳三（キム・ヨンサム）　76,251
金季洙（キム・ヨンス）　47,57,70,135
金鱗厚（キム・リンフ）　44
敬順王（キョンスン・ワン）　44
権東鎮（クォン・ドンジン）　45
ケソン　20
ゲルナー，アーネスト　35
高光駿（コ・グァンジュン）　49
高宗（コジョン）　156,159
高鼎柱（コ・ジョンジュ）　49

さ　行

沈之淵（シム・ジヨン）　90
申翼熙（シン・イッキ）　96,97,116,125,126,140,153,183,186,204,210
申性模（シン・ソンモ）　124,127,131,203
スカルノ　14,31,110
スターリン　11,99
セナナヤケ，D. S.　20
徐相日（ソ・サンイル）　89,126,140
徐載弼（ソ・ジェピル）　153,154,156,161
宋鎮禹（ソン・ジンウ）　41,49,51,58,70,80-90,94-98,100,101,103,104,140,153

た　行

ダト・オン　22,23
崔仁圭（チェ・インギュ）　184,186,199-202,215,221,222
崔斗然（チェ・トソン）　51,70,91
チトー　110
張暻根（チャン・ギョングン）　215
張沢相（チャン・テクサン）　22,23,121,124,132,189-192,197,203
張徳秀（チャン・ドクス）　51,70,80,83,84,88-91,93,95,96,98,99,108,140
張勉（チャン・ミョン）　22,23,127,131,132,140,141,189,191,192,195,203-205,208,223,237
朱耀翰（チュ・ヨハン）　51,72,91
趙素昂（チョ・ソアン）　51,116,125
趙炳玉（チョ・ビョンオク）　89,90,101-106,121-123,126-128,131,132,137-142,223,237
曺奉岩（チョ・ボンアム）　133,140
曺晩植（チョ・マンシク）　51
趙碗九（チョ・ワング）　94
鄭雲永（チョン・ウンヨン）　138,139
銭鎮漢（チョン・ジンハン）　123,124
全斗煥（チョン・ドゥファン）　32,76,77,167,173
鄭魯湜（チョン・ノシク）　51
全用淳（チョン・ヨンスン）　138
ドゴール　97,109

な　行

羅容均（ナ・ヨンギュン）　89
中富計太　67
梨本宮方子　158
南宮濬（ナム・グンジュン）　45
ナラヤン　22,23
ネルー　22,23,26
盧泰愚（ノ・テウ）　76
盧泰俊（ノ・テジュン）　124

は　行

朴正煕（パク・チョンヒ）　v,26,32,76,77,151,165-167,173,217,235,240,244-246
朴憲永（パク・ホンヨン）　118,163,247
朴マリア（パク・マリア）　203
朴容益（パク・ヨンイク）　202
朴容喜（パク・ヨンヒ）　51
朴泳孝（パク・ヨンヒョ）　41,58,67,70,134
方義錫（パン・ウィソク）　138
韓熙錫（ハン・ヒソク）　201,202
バンダラナイケ，S. W. R. D.　19
玄相允（ヒョン・サンユン）　51,70
玄俊鎬（ヒョン・ジュンホ）　51
卞栄泰（ビョン・ヨンテ）　197
ビンセント　99
藤原帰一　4,5
フランチェスカ　203,214
白寅基（ペク・インギ）　45

白寛洙（ペク・クゥンス）　49,70,83,88,89,140
白性郁（ペク・ソンイク）　126,127
白斗鎮（ペク・トジン）　197
白南薫（ペク・ナムフン）　89,93,126
ペタン　79,82,83,86,97,109,110
許政（ホ・ジョン）　88-91,93,127,221
許潤秀（ホ・ユンス）　178
ホッジ　101

ま・や行

明済世　125
梁源模（ヤン・ウォンモ）　51
兪億兼（ユ・オクキョム）　51
柳瑾（ユ・グン）　54
柳珍山（ユ・ジンサン）　123,124
兪鎮午（ユ・ジンノ）　118,119,122
兪星濬（ユ・ソンジュン）　54
尹致昊（ユン・チホ）　41
尹致暎（ユン・チヨン）　120-122,124,126,127
尹潽善（ユン・ポソン）　88,93,237,245
呂運亨（ヨ・ウンヒョン）　81-86,88,118,153,162,163,247

ら　行

ラーマン　22,23
ラウレル　83,110
リー・クァンユー　22,23
リム・シチョン　22,23
ルーズベルト　11,99
ロハス　19

事項索引

あ 行

IMP（マレーシア）　22
愛国啓蒙団体　45-47
アイデンティティ　15
アメリカ　11,29,87,88,90,91,99,100,105,108,151,156-162,165,167,224,225,227,228,232,233,251
アルジェリア　11
暗殺　100,104
李起鵬体制　196,198
イギリス　24
維新政権　245
維新体制　v,32
李承晩
　——のハワイ亡命　218,221
　——ライン　150
　——政権　v,122,128,136,137,139,141-143,172-174,176,181,198,199,207,209,215,220,222,223,226,228-234,237,244,245,251
イタリア　11
一民主義　129,176
イデオロギー　24,30,33-35,39,85,92,129,144,145,150,176,238
委任統治　159
院外自由党　130,132,193
インド　2,14,22,24,33,35
　——社会党　22
インドネシア　14
院内自由党　22,130-132,140,193
　——「合同派」　132,193
　——「残留派」　132,133,193
ヴィシー政権　82
上からの革命　14
右派　85,162
蔚山金（ウルサン・キム）氏　42-46,48,55,63,65,134
MEP（セイロン）　19
援助　224,225,232
王政　10
穏健左派　85,114,162

か 行

ガーナ　14
開化　72,115,151
　——派　40,41,67,135,153
海外派　31,161
改憲　125,132,142,207,222-234
開港　44
海東銀行　65
解放　iii,iv,vi,1,24,39,41,42,65,73,75,77-80,82,84-86,88,91,96,97,109,110,114,118,120,121,123,127,128,135,136,138,139,143,144,153-157,161,162,169,187,210,211,213,238,246,249,250,252
カイロ宣言　80,99
科挙　44,154,156
革命　8,13,14,26,30,216-218,221,224-226,232,234-236,239,240,250
「革命的」体制　9,11,12,14,28
過剰忠誠　201
寡頭支配勢力　19,20
寡頭支配層　21,25,27,28
過渡政府　221
カリスマ　15,25,27,28,30,147,211,213,248
　——性　14-17,20,23-25,27,29,31,108,130,144,145,149,152,166,167,169,170,175,194,205,206,210,211,213
　——的指導者　16,17,24,152
咸興タクシー　138
韓国国民党　88

韓国準備委員会　88
韓国独立党　107
韓国版「一カ二分の一政党制」　193
韓国民主党　39,41,51,59,73,78,87,89-94,96-110,112-125,134,138,153,189
韓国民族党　107
関東学会　53
議院内閣制　15,189,208
畿湖学校　52
畿湖興学会　52
金泳三政権　142
旧皇族　158
旧支配層　242,243
旧「政治人」　245
休戦反対運動　229
旧派　140,141,223,224,237
行政顧問　105
嶠南学会　53
共和倶楽部　128
共和党　142
居昌事件　128,131,137,195
キリスト教　90,91,157
クーデタ　8,14
久保田発言　225
暮らせないから変えてみよう　210,229,249
蔵前高工　51
軍事政権　76
軍事独裁政権　5
慶応義塾大学　51,90
警察　101-103,111,120-124,126-128,131,137-140,142,179,195,201
京郷新聞　220
京城帝国大学　118
京城紡織　43,51,56-58,63,65,67,70,80,134-136
権威主義　4
権威主義体制化　1,6,39,169
「権威主義的」政権　77,241,243
「権威主義的」体制　v,3-13,16-18,20,21,28,30,32,34,35,111,113,142,145,149,169,173,179,181,213,214,239,250
——の「再版」　13,27,35
建国　iii,iv,1,107,111,112,135,144,153,154,163,165,169,175,189,198,233,234,246,248
——の父　14-16,20,24,25,39,149,152,166,169,171,175,190,194,207,213,214,216,249
憲法　14,18,116,118,119,130,132,144,167,170,188,189,198,209,223,232,244,250
原理主義　34,35
権力交代　3-5,7-9,14,18,19,21,24,26-30,33,34,145
五・一六軍事クーデタ　v,32,217,241-243,245
江華島事件　153
興業倶楽部　90,91
甲午改革　153,154,156
興士会　123
興士団　52,90,91
公薦　182,184,204,206
皇民化政策　80
高麗大学校　55
高麗民主党　88
国内派　vi,31,39,41,85,88,109,114,161,162,171,185,246,247
国防部　127,139
国民会議派（インド）　22,23,25,35
国民倶楽部　128
国民大会準備委員会（準備委員会）　86,87,89,100,105
国民党　86,107
（台湾）　35
（フィリピン）　19
国民防衛軍事件　128,195
国民防衛隊事件　131,137
国務院事務局　202
国務総理　111,112,115,116,118,119,127,131,132,140,158,188-193,195,197,198,204,209,237
——署理　189,203
国連信託統治案　99

国会　iv,111-113,116-118,124,129-132,141,144,166,171,174,188-190,192,193,197,198,203,204,208,209,223,236,245
——フラクション事件　125
国会議員選挙　77,130,141,167,196,223
（1950年）　125,181,182
（1954年）　182,184,195,210,211
（1958年）　182,184,195,202,205,211
（1960年）　223,224,239
国会議長　126,196,202
湖南学会　45,46,53
湖南財閥　42,43,48,63,118,133-137,139,143,237
コロンビア大学　90

さ　行

在京両班　46,50,79,134
在地地主　55
在地社会　21,24,27,39,49,120,121,127,175,182,185-187,205,206,209
財閥　42
左派　86,97,101,102,106-108,114
左右合作委員会　98,107,108
左右合作運動　107
左右合作七原則　107,108
三・一運動　41,55,86,96,97,114,153-155,157,158
三・一六声明　244
産業資本　42,134
三養社　56
私学熱　52,53
四月革命　v,172,208,210,214-218,220,222,223,227,228,231,233,237-239,241-243
四捨五入改憲　198
『思想界』　216
自治　7
指導される民主主義　11,15
指導力　235-237
地主　19-21,24,31,43,44,48,50,121,123,127,128,133,185
地主資本　42
支配政党　22-25,27
支配勢力　9
社会主義戦線（シンガポール）　22
社会党　125
自由党　22,31,129,130,132,136,141,149,169-173,175-179,181-185,188,191-211,213,220,222-224,230,231,239,241,242
——同福面党・正副統領選挙対策委員会　185
——馬山市党部　178
自由党（フィリピン）　19
自由民主派　140
重要政策委員会　199,200,209
主権国家　15,23,150,161,213
主流派　90-92
小国意識　159
ジョージ・ワシントン大学　156
食堂園事件　58
植民地国家　25,28,39,143,144
自力解放　247
自力養成　161
シンガポール　14,22,24
新韓民族党　107
新興独立国　1,2,4-7,12-15,18,19,22,28,29,31,34,36,39,170,213
新政同志会　128
親日派　42,67,72,82,83,85,86,96-98,109,115,120,121,134,135,138,139,144,238,240
新派　140,141,223,224,237
人民委員会　101
人民行動党（シンガポール）　22
人民社会党　22
新羅会　132
スリランカ自由党　19,20
制憲議会　113,117,118,122,126
——選挙　118,119,124,163,181
西大門景武台　196
正統化　10
正統性　v,28,97,108,110,114,115,144,162,171,179,181,187,207,213,236,237,239,

240, 245-247
正統保守野党　37, 39, 75-79, 93, 111, 113-115, 117, 122, 124, 131, 133-135, 137, 140-144, 164, 166, 169, 171, 182, 186, 193, 194, 222, 223, 244, 251
制度的民主主義　3-5, 9, 14, 16, 26, 28, 29, 32, 167
青年団　102, 121, 123, 124, 128, 137, 139
正副統領選挙　229
（1952年）　191, 210
（1956年）　183, 195, 204, 207, 210, 229
（1960年）　198, 207, 208, 229, 231
政府党　vi, 1, 4, 5, 8, 18, 21, 25-29, 32, 33, 35, 129, 144, 145, 147, 171, 172, 179, 183, 187, 193, 194, 198, 199, 204, 209-211, 213, 230, 250
「政府党」体制　9, 28
西北青年会　121
セイロン（スリランカ）　14, 18-22, 24, 27, 31, 34
選挙　v, 98, 144, 173-176, 179, 181, 198, 206, 207, 236, 245
——により成立する「権威主義的」体制　198, 244, 245, 250, 251
全体主義　4
総務処　190, 202
ソウル大学校　118
ソウルの春　32
族青派（朝鮮民族青年団）　191, 193-195
組織　29, 33, 35, 39, 145, 176, 185, 196, 204-206, 208, 209, 230
ソ連　11, 29, 81, 99, 100

た　行

第一共和国　59, 63, 122, 167, 173, 174, 217-220, 225, 244
第一次世界大戦　11
第一回米ソ共同委員会　107
大邱一〇月抗争　139
大韓革新青年会　123
大韓協会　41, 45, 46
大韓国民党　125, 126, 128
大韓自強会　45
大韓政治工作隊　126
大韓青年団　124, 128, 130
大韓帝国　45, 48, 53, 63, 153, 154, 162, 167, 246
大韓独立促成国民会（国民会）　117, 130, 179
大韓独立促成全国青年総連盟　123
大韓婦人会　130
大韓民国　iii, 71, 75, 78, 100, 111, 112, 114, 115, 118, 119, 121, 122, 126, 127, 135, 136, 139, 141-144, 149-153, 160, 161, 163-165, 167, 171, 189, 203, 209, 213, 214, 223, 232-234, 238, 239, 246, 247
——農民総同盟　179
——臨時政府　71, 80, 86-88, 94-, 99, 102-104, 106-108, 110, 114, 115, 118, 153, 158-160, 162, 210, 246
——労働総同盟　179
大韓労働組合総連盟　130
第五共和国　179
第五次モスクワ三国外相会談　100
第三共和国　166, 244
大同青年団　124
大統領　iii, 15, 17, 19, 108, 109, 112, 113, 115-119, 129, 142, 145, 149, 150, 153, 157, 158, 160, 163-166, 175, 188-194, 198, 210, 219, 221, 246, 250
——間接選挙制　174, 188
——制　15
——選挙　76, 77, 125, 129, 133, 153, 166, 167, 170, 175, 188
（1952年）　140
（1956年）　140
（1960年）　142
（1992年）　142
——中心制　118, 119, 125, 166, 234, 236
——直接選挙制　129, 130, 132, 142, 174
第二革命　241, 243
第二共和国　v, vi, 32, 77, 166, 217, 228, 236, 238, 240, 245, 251

——期　242
第二次義兵運動　49,50
第二代国会　113
太平洋戦争　80,153,161
第四共和国　179
台湾　5,33,35
「妥協的」独立　20
脱植民地化　1-4,6,9-15,19-21,23,27,28,31,145,171,250,251
単独選挙　238
地域主義　32-34
地方議会　188,206
——選挙　174
地方行政研究委員会　199
地方自治体首長　206
地方首長選挙　174
地方選挙　206,210
張勉政権　224,226,227
中央学会　53,54
中央学校　46,53-57,63,65,70,134
中外日報　58
中国　79,90,99,229
中枢院　98
中道派　107
長安派共産党　86
朝興銀行　138
朝鮮王朝　44,48,133,135,153,154
朝鮮過渡議会　98
朝鮮貴族　46,67,72
朝鮮共産党　118
朝鮮建国準備委員会（建国準備委員会）　82-86,88,89,153,162,247
朝鮮殖産銀行　57,65,67,72,135
朝鮮人民共和国（人民共和国）　82,84-86,92,94,97,101,114,153,162,247
朝鮮戦争　iv,65,113,122,125-127,134,136,139,150,172,203,210,224,229,233,239,249,250
朝鮮総督府　iii,iv,52,53,57,65,67,70-72,79-85,91,97,98,104,112,114,115,134,136,143,238
朝鮮日報　58
朝鮮民主主義人民共和国（北朝鮮）　iv,11,127,225,227,229,232,233,246,247
朝鮮民主党　115
朝鮮民族青年団　22
朝鮮民族党　88
通貨危機　iii,75
「伝統的」体制　9,10,26
ドイツ　11
東亜日報　40-43,45,51,56-58,65,70,72,80,81,86,89-92,95,101,115,134,135,220
——グループ　39,41-43,51,55,58,59,63,65,67,70-73,75,78-80,83-93,96,97,109-111,115,118,133,134,140,142-144,149,162,163,169,240
東学農民戦争　49
同化政策　72
東京帝国大学　51,52,90
東本社　81
同友会　90
独立　1,2,6-8,12,14,16,18-21,23,25,29,31,35,112,119,122,143-145,152,153,158,160-162,164,165,209,246
——運動　10,12,20,23,26,27,31,33,41,112,115,119,130,144,145,147,151,158,174,210,228,229,246,251
独立協会　156,159
独立促成　238
——運動　228
土地資本　65,134,139

な　行

内閣　118,188,190,198,204
——責任制　118,119,125,132,222,234,236
内務部　120,122,124,127,131
ナショナリズム　145,228
南満紡績　80,134,135
NIES　33,167
二大政党制　19-21,193
日常　225,248-251

日常の形　250
日韓交渉　225,227,233
日本　11,78-82,86,88,90,91,104,105,114,120,136,156,157,160,161,225,227,228,233
――統治　vi,37,39,40,56,63,70,71,75,79,83,84,91,97,98,115,118,134,136,138-140,143,144,153-155,157,161,167,171,185,187,210,237,246
ネーション　15,23,145
ネットワーク　92,134
農地改革　139,185
農地改革法　123
農民組合連盟　130

は　行

ハーヴァード大学　156
培材学堂　156
朴正熙政権　v,vi,172,245
白山学校　52
八・一二宣言　244
抜粋改憲　209
――案　132
反共　150
反信託統治運動　99,100,102-104,107,114
反対党　27-29
ハンナラ党　35
反民族行為処罰法　123,139
非主流派　90-92
非日常　225,249-251
百五人事件　157
ビルラ財閥　109
フィリピン　14,18-22,24,27,31,34,83,251
副統領　128,131,136,140,191,204,208,210,223,237
――選挙　128,129,133,194,195,204
(1956年)　205
釜山政治波動　131,133,142,189
不正選挙　v,198,200-202,207,208,211,215,217,218,220,221
不正蓄財　218,220,221
普成専門学校　55-57,70,90,134
武装闘争　10-13,26,155,160-162,246,247
武断統治　72
フランス　79,82,83
プリンストン大学　156,158
文化統治　72
分断　153,161,238,249
米軍政府　75,78,97,98,100-106,110-112,114,117,119,121-123,130,135,136,153,162,163,213,251
併合　41,44,50,153-155
平和のための一四原則　157
ベトナム　11
法統　97,162,246
亡命政権　155
亡命政治家　vi,114,213,246
亡命政府　158
亡命独立運動家　31,219
北進統一　227,233
保護国　50
保護条約　153
ポツダム宣言　80

ま　行

毎日申報　57,58
馬山三・一五義挙　175,177,222,241
マレーシア　10,14,22-24
短かった安定期　iv,122,249
南朝鮮単独政府樹立運動　108
南朝鮮単独選挙　228
民主化　1,3,30,34,35,77,145,171,224,243
――宣言　170,251
――闘争　76
民主共和党　32,172,244
民主国民党　39,41,125-133,136-138,140,191,193
民主自由党　142
「民主主義的」体制　3,5,7-9,12-14,21,26,28,30,34,170
民主正義党　142
民主大同派　140

民主党　22,39,41,140,142,177,183,185,193,
195,204,208,210,221-224,226,227,229,
236,238,241,244
——政権　223,231,235,242
民政移管　v,32,166,172,243,244
民政党　244
民政同志会　128
民族運動　40,41,115,155,158,162,239
民族主義　34,150,165
民友会　132
無所属倶楽部　128
明治大学　51,90
モロッコ　10

や　行

両班　44,59
UMNO（マレーシア）　22,23
柳珍山事件　123
輸出主導型発展戦略　33,165
与村野都　37,179,205
ヨルダン　10

ら・わ行

留学　51,52,90,91,105,157
隆熙学校　53
麗順反乱　125
冷戦　29,34,165
列柱化　32,33
YMCA　90,91,157
早稲田大学　50,52,90